JN232994

創ること

護ること

探ること..

福祉社会を拓く途

小松源助、吉澤英子、平山宗宏 全仕事

(序)

　本著『創ること　護ること　探ること‥福祉社会を拓く途』は、小松源助、吉澤英子、平山宗宏先生が大正大学をご退任されるにあたっての記念誌である。

　あえて記念誌という表記を用いず三教授の「全仕事」と題したのは、先生方が昭和、平成の時代に残した足跡そのものが一切の修飾を必要とせず、現在に価値ある実体として存在しているからである。

　先達の仕事をまとめ、正確に記載し、レビューし、解題することは同時代の後進者の務めである。その仕事を三先生方のご退任という節目の折にできることはむしろ私たちにとっての大きな喜びである。そして、そのような方法でのみ非力な後進者である私たちは小松、吉澤、平山先生が残して下さった財産をわずかばかりでも継承できるかもしれないと考えた。また、華美を嫌い地道に学問の本道を歩まれた三先生方のお志に添うものとも推測した。

　その観点から本著は、先生方の全業績を索引し、代表となる論文を読み返し、抄録を手繰れるように編集されている。いわば福祉・保健の事典をひも解くように読んでいただける構成を心がけた。冗長を排し、透明な実質に寄り添ったつもりである。

　いわずもがなであるが、編集を終えた今、先生方を失うことが大正大学のコミュニティにとって、なかんずく、私たち社会福祉学専攻にとってどんなに大きな痛手であるかひしひしと感じられる。それは先生方が巨峰であったという意味のみならず、まだ、厳然として「現役」であるという意味からである。果たして幾人の退役者がそのように存在できるのであろうか。不謹慎ではあるが、このように去られる先生方に大きな羨望と軽い嫉妬の念を禁じえない。このような去り方こそ真に華やかと呼ぶべきなのであろう。

　本著の構成を少し解説したい。第1部、第2部、第3部は各先生方の「仕事史」「代表論文解題」「論文・著作抄録」「業績一覧」で成り立っている。

第4部は先生方が指導された大学院後期課程、前期課程の修了者の博士論文、修士論文の凝縮版が掲載されている。第5部は「遥かなる頂を求めて―私たちの歩んだ途」と題するインタビューを載せている。先生方の研究、教育の深部、そして私生活の一側面をハイライトしたつもりである。

　第1部は小松先生に縁の深い石川到覚先生、第2部は吉澤先生の愛弟子である西郷泰之先生、第3部は平山先生を師と仰ぐ中村敬先生に個別に編集をお願いした。各部を通して、三先生方の研究者と実践者という2つの側面を備えた豊かな経歴、余人をもって代えがたい旺盛な仕事ぶりが余すところなく描かれている。本来は私がこの序で簡単なプロフィールなどをご紹介すべきなのであろうが、各部の生き生きとした「仕事史」の記述は私のくだくだしい説明を無用なものと告げている。是非、各部をご参照いただきたい。

　分厚い業績にやや圧倒されたときは第5部のインタビューに目を移していただきたい。先生方のややシャイな、でもウィットに富んだお人柄に心を休められるであろう。目を転じて第4部では先生方の透徹した教育、指導が理解される。須加、川西、奥田氏らの博士論文は小松先生、金氏の博士論文は吉澤先生、佐鹿氏の修士論文は平山先生の指導によるものである。

　真のオマージュは美辞麗句を費やすことでは表せない。私たちの小松、吉澤、平山先生への深い尊敬と溢れる感謝の気持ちはむしろ私たちを寡黙にさせてしまう。それはある種悲哀の感情に通じているのかもしれない。この記念誌は私たちのわずかな雄弁であり、この著を献ずることをもって、心からなる「ありがとうございます」を申し上げたいと思う。

　恐らく生涯現役であり続けられる先生方には今後も私たちを導いてくださることを懇願させていただきたい。同時に先生方のリタイアメントライフが豊かで幸せに満ちたものであることを心から願わずにはいられない。

　序を締めくくるにあたり、本著の上梓にかかわってくださった多くの方々に感謝したい。

　まず、本著に論文を寄せてくださった著者の方々、発行の後押しをしてくださった大正大学社会福祉学会、発行元のへるす出版の編集部の方々、とくに編集者中村尚氏にはなみなみならぬご尽力をいただいた。また、むずかし

い装幀の注文を見事に仕上げてくださった高橋洋氏、学内の編集に携わった大正大学社会福祉学会記念誌編集委員の西郷泰之、沖倉智美、浅沼太郎の諸氏。皆さま、本当にありがとうございました。

　平成16年1月吉日

　　　　　　　　　　　　大正大学社会福祉学会記念誌編集委員会委員長／
　　　　　　　　　　　　大正大学人間学部人間福祉学科教授

　　　　　　　　　　　　　　　　　　　　　　　野田　文隆

（　　　　　　　目　次　　　　　　　）

　　序―――3

第1部　創る　エンパワメントへの途：小松源助 全仕事―――11
　第1章　小松源助 仕事史概説―――12
　　わが国ソーシャルワークの発展史を具現化する研究・教育の先駆者　12
　第2章　小松源助 仕事を読む―――21
　　「ソーシャルワーク実践理論探究への道程」を読む　21
　　「専門職としてのソーシャルワーク実践の歴史的遺産」を読む　30
　　「ソーシャルワーク実践におけるエンパワーメント・アプローチの動向と課題」を読む　38
　第3章　小松源助 論文・著作抄録―――46
　　ソーシャルワーク実践の源流とリッチモンドの貢献―『貧しい人々への友愛訪問』を中心に　46
　　メリー・リッチモンドの思想と生涯　48
　　アメリカにおけるソーシャルワークの成立過程　49
　　『社会的診断論』以降におけるケースワークの動向　51
　　アメリカにおけるケースワーク発達の基調―レーノルズの軌跡を通して　53
　　ソーシャルワーク実践における機能派アプローチの形成と展開（その1）　54
　　ソーシャルワーク実践における機能派アプローチの形成と展開（その2）　56
　　多問題家族に対する家族中心アプローチの意義と基本的枠組み　57
　　「問題家族」へのソーシャルワーク実践アプローチの展開　59

セント・ポール市における「家族中心計画」についての考察　61
　　　イギリスにおけるFamily Service Unitsの貢献　62
　　　ソーシャルワーク実践におけるストレングズ視点に関する考察　64
　　　家族中心サービスの展開と課題──アメリカにおける試みを中心にして　65
　　　ケースワークの源流と最近のアプローチの動向　66
　　　地域福祉を担う心配ごと相談活動──相談活動の推進をめざして　68
　　　ソーシャルワーク研究における価値と倫理に関する諸問題──ストレングズ視点からの考察　69
　第4章　小松源助　業績一覧────71

第2部　護る　子どもを育む福祉をつくる：吉澤英子　全仕事────77
　第1章　吉澤英子　仕事史概説────78
　　　「研究」と「実践」を時計の振り子のように　78
　第2章　吉澤英子　仕事を読む────90
　　　『児童福祉概説』を読む　90
　　　グループワークに関する論文を読む　99
　　　『養護原理』を読む　106
　第3章　吉澤英子　論文・著作抄録────114
　　　家庭福祉と行政──家庭基盤の確立に向けて　114
　　　コミュニティ・センターの位置づけに関する一試案──大都市における社会福祉協議会の機能との関連から　116
　　　ボランティア活動の課題──福祉社会づくりへの移行　117
　　　障害児の地域におけるケアのあり方とソーシャルワークとしての対応について──母親の意識を中心として　119
　　　福祉教育を考える──今、問われるものは　121
　　　ボランティアの教育と訓練　123
　　　地域に生活の場を失った子どもたち　125
　　　石井十次の施設養護観の背景-1　127
　　　社会的養護の発想の原点を求めて──専門性と人間性をめぐって　129

養護施設と養育家庭制度　130
　　わが国における里親制度の現状と問題点　132
　　更生保護とソーシャル・ワーク　133
　　今日の児童福祉をめぐる問題と今後に向けて　135
　第4章　吉澤英子　業績一覧――― 137

第3部　探る　疫学・保健・子育て支援：平山宗宏　全仕事――――149
　第1章　平山宗宏　仕事史概説―――150
　　医学から保健福祉学への展開　150
　第2章　平山宗宏　仕事を読む―――166
　　予防医学から保健への架橋　166
　第3章　平山宗宏　論文・著作抄録―――195
　　地方自治体の役割と今後の課題　195
　　学校における感染症対策の動向　196
　　新訂小児保健　198
　　少子社会における総合的な子どもの健康づくり施策の確立に関する
　　　研究（研究報告書）　199
　　21世紀における小児保健の課題　201
　　育児の流儀と流行　203
　　子ども虐待防止の手引き　205
　　保健と福祉の統合の時代に―子どもをめぐる保健福祉学を中心に
　　　206
　　新しい母子健康手帳　208
　　これからの母子保健・福祉活動の拠点　209
　　Ｂ型肝炎の母子感染予防対策とその意義　211
　　エイズ教育のあり方　212
　第4章　平山宗宏　業績一覧―――214

第4部　新しい福祉への途――――――――――――――――229
　第1章　サービス評価の種類と満足度調査の位置―――230

第2章　在宅介護を担う介護者の生活満足度に関する研究————252
　第3章　ろう者をめぐるソーシャルワーク実践の基礎的研究————274
　第4章　児童福祉施設における養護原理の確立—中国の児童福利院への提言に向けて————292
　第5章　障害のある子どもの親がわが子を受容する過程と保健福祉の支援—T地域療育センターの来所児と親へのかかわりを通して————311

第5部　記念誌特別インタビュー————————————331
　　遥かなる頂を求めて—私たちの歩んだ途————332

装幀／高橋　洋　Hiroshi Takahashi

第1部

創る

エンパワメントへの途

第1章 小松源助仕事史概説

わが国ソーシャルワークの発展史を具現化する研究・教育の先駆者

石川　到覚

（　　　　　　仕事史へのいざない　　　　　　）

　小松源助先生の「仕事史」は、半世紀を超えるソーシャルワーク研究史であるとともに、それに裏打ちされた教育史そのものが、わが国における戦後ソーシャルワークの研究と教育の歩みであったといっても過言ではない。それらの経緯を深く理解するためには、先生が自ら編まれた著述集ともいえる『ソーシャルワーク研究・教育への道』と題した3部作によって、その研究と教育を展開された経緯や背景を読み取ることができる。
　その第1作目の『ソーシャルワーク研究・教育への道—日社大退職記念随想録』（1993）と第2作目の『（続）ソーシャルワーク研究・教育への道—足跡断面収録集』（1997）に掲載されている主要な研究成果の詳解は、本書の教え子を中心とした人たちの手によって解題されている論文が示しているとおりである。しかしながら、第3作目の『終編 ソーシャルワーク研究・教育への道—大正大学時代の回顧と展望』（2003）は、本書の企画段階では十分に組み入れるゆとりがなかった。そこで改めて先生が積み上げられた仕事史について、それらの内容を加味しながら概説しておくことにする。
　本書で紹介する先生のソーシャルワーク研究・教育とは、リッチモンド研究から始まって、ソーシャルワークの発展史に即して歩み続けた仕事史であ

いしかわ　とうがく　　大正大学人間学部人間福祉学科教授

る。そして、わが国の福祉実践をふまえ、アメリカにおける研究動向を見据えながら、新たな理論をわが国へ導入することに専念された仕事の歴史でもある。さらには、欧米における主要な研究書の翻訳や多くのソーシャルワーク・テキストを生み出すことは、先生なくしては成しえなかったということの意味を、一貫した「仕事史」を通じて読み取ってほしい。

　本書は、先生が社会福祉研究・教育の伝統ある大正大学を退任される記念として、ソーシャルワークを学ぶという後学の人びとにとって最良の水先案内人の役割を担うものである。そして、本章においては、先生の研究と教育と社会的活動から生み出された業績の理解を深めるための道筋を誘う手がかりとして示してみたい。

　したがって、先生のソーシャルワーク研究史の道程については、次章以降の主要論文を解題した論考に譲ることにするが、先生のソーシャルワーク研究と教育および社会的活動を発展させると同時に、深化させていった過程そのものを時系列にしたがって概観してみることにする。

研究史の道筋

　小松先生のソーシャルワーク研究は、第二次世界大戦直後のGHQによる福祉政策の一環としての福祉専門職養成のための教育機関であった日本社会事業専門学校研究科に、第4期生として在籍した1949（昭和22）年に始まる。そこでの谷川貞夫先生と仲村優一先生との出会いから、それらの業績を継承することになったといえよう。

　先生の研究史は、研究科を卒業後、社会事業研修所から国立精神衛生研究所での研究活動に始まり、熊本短期大学おいて本格的なケースワーク研究と教育に専心することとなった。そこでの研究業績は、戦後の混乱期における児童福祉が焦眉の研究課題であったこともあり、児童・家庭ケースワークへの関心に向けられている。それと同時に、アメリカでの方法論にかかわる文献の訳出を手がけ、「ソーシャル・ケースワークの母」と呼ばれているリッチモンド研究に着手することとなった。

　1959（昭和34）年には、福祉現場での実践経験を積みたいと願っていたこ

とから、大学という教育現場からの転出を決意され、大阪府精神衛生相談所での相談活動を中心とした地域活動にも取り組まれた。また、アメリカでの精神医学ソーシャルワークの成果をふまえた実践的な調査研究や事例研究などを行っている。こうした現場経験が、その後の研究活動おいても、実践的な相談活動を重視するという姿勢と視座を堅持される原動力になっている。

　1963（昭和38）年には、母校である日本社会事業大学に戻られたが、ファミリー・ケースワークに関心を寄せていた仲村先生と「日本社会事業大学家庭相談室」の運営に携わったことから、家族へのケースワークを「多問題家族」に対応する家族中心アプローチへと関心を深めていった点については、オーバートン（Overton,A.）・ティンカー（Tinker,K.H.）編『ケースワークノートブック』（1969）を仲村先生や柏木昭先生とともに訳出して、解説論文も併せて提示していることからもうかがわれる。

　その後、1960年代のアメリカにおける社会福祉理論の基本文献となるワインバーガー（Weinberger,P.E.）編『社会福祉論の展望（上・下巻）』（1973）の監訳をはじめとして、その文献が補強された『現代アメリカの社会福祉論』（1978）を引き続き翻訳され、ソーシャルワーク実践の統合を求めたバートレット（Bartlett,H.M.）女史著『社会福祉実践の共通基盤』（1978）に加えて、スペクト（Specht,H.）とベッケリー（Vickery,A.）共著『社会福祉実践方法の統合化』（1980）を岡村重夫先生と監訳されるなどといった社会福祉実践に関する主要文献の翻訳に精力を注がれた。これらの業績は、わが国のソーシャルワーク研究の深化に多大な影響を与えることになった。

　特筆すべきは、小松先生が敬愛してやまないトール（Towle,C.）女史の主著『コモン・ヒューマン・ニーズ』（1990）の再訳出とともに、リッチモンド（Richmond,M.）女史の主著『ソーシャル・ケース・ワークとは何か』（1991）の忠実な翻訳に取り組まれたことであり、その経緯については、初版本を所蔵している吉田久一先生の序文に訳出の意義が込められている。

　さらには、小生も分担の機会を与えられた『ソーシャルワークとヘルスケア―イギリスの実践に学ぶ』（1993）や、『ソーシャルワーク倫理の指針』（1994）などのような時宜を得た訳出は、わが国における社会福祉実践の向上に即応すべき課題にも応えていた。

小松ソーシャルワーク論では、4つの主要アプローチを主張してきたが、「多問題家族アプローチ」に加えた「社会的支援ネットワークアプローチ」については、マグワイア（Maguire,L.）著『対人援助のためのソーシャルサポートシステム』（1994）の訳出で具体化された。また、早くから着目していた「課題中心アプローチ」をドエル（Doel,M.）とマーシュ（Marsh,P.）の共著『課題中心ソーシャルワーク』（1995）の訳出で示し、「危機介入アプローチ」については、アギュララ（Aguileria,D.C.）著『危機介入の理論と実際―医療・看護・福祉のために』（1997）を荒川義子先生との共訳で10年後に改めて再訳出されている。こうした欧米の先進的な研究を詳解する研究業績は、本書に編み込んだ解題論文に紹介されているように数多くある。

　1995（平成7）年に大正大学へ赴任されてからは、アメリカのソーシャルワーク研究におけるパラダイム転換ともいえる新たな動向に注目され、ストレングズ視点（strengths perspective）やエンパワーメント志向（empowerment oriented）という主要概念にいち早く着目したレビュー論文を発表されている。この課題意識が、コックス（Cox,E.O.）・パーソンズ（Parsons,R.J.）共著『高齢者エンパワーメントの基礎―ソーシャルワーク実践の発展を目指して』（1997）や、グティエーレス（Gutierrez,L.M.）とコックスおよびパーソンズ共著『ソーシャルワーク実践におけるエンパワーメント―その理論と実際の論考集』（2000）、およびカプラン（Kaplan,L.）・ジェラルド（Girard,J.L.）共著『ソーシャルワーク実践における家族エンパワーメント―ハイリスク家族の保全を目指して』（2001）などの監訳を手がけることとなった。

　ちなみに、日本社会事業大学在任中に発表された主要な研究論文をまとめた『ソーシャルワーク理論の歴史と展開』（1993）に続く著作として、大正大学で研究された論文を中心に編集された『ソーシャルワーク実践理論の基礎的研究―21世紀への継承を願って』（2002）は、小松ソーシャルワーク研究が継承されるよう願って刊行されたものである。加えて、新たな研究視点の発展を願った「ソーシャルワーク実践における強さ志向の視点をめぐる論点の再検討」（2003）で訳出した解説論文を、『終編　ソーシャルワーク研究・教育への道―大正大学時代の回顧と展望』に収めている。

こうした欧米のソーシャルワーク研究に関する動向を丹念に読み取りつつ、わが国への導入を積極的に推進させるという役割を担い続けている小松ソーシャルワーク研究は、常に新たな理論によって生成され続けている。

教育史の道筋

　小松先生の教育史は、第二次世界大戦の終戦によって海軍経理学校を退学され、旧制松本高等学校で学ばれてから、軽井沢町中学校教諭を勤められたことが出発点であったといえよう。その後、社会事業研修所や国立精神衛生研究所における社会福祉専門職の養成業務に就かれた。そして、熊本短期大学で教鞭をとられたことが、本格的な社会福祉教育の道筋を決定づけている。

　九州・熊本県という研究・教育のフィールドを離れ、精神衛生相談員（現精神保健福祉相談員）として大阪府での実践を重ねられた。そして、母校である日本社会事業大学に戻られてソーシャルワーク教育に専念された時代を「研究・教育の統合期」と自ら称されるように、1963（昭和38）年から1993（平成5）年までの30年という長い期間を社会福祉教育に打ち込まれた。この間、全国から参集した社会福祉を目指す学生を福祉現場や教育現場に送り出され、現在も母校の名誉教授として教育陣に参与されている。

　本務校のほかにも立正大学、東京家政大学、明治学院大学、東洋大学、日本女子大学、東京学芸大学、日本赤十字看護大学、北星学園大学、東北福祉大学、北里大学などの非常勤講師を歴任され、他の専門職養成にも力を注がれて学部教育のみならず、福祉現場の指導者や研究者を養成するための大学院教育にも携わった。

　日本社会事業大学を定年で退任されて東北福祉大学に赴任の後、1995（平成7）年には大正大学へ着任された。その2年後からは、大学院教授として7年間にわたって博士前期・後期課程で学ぶ社会人の大学院生を中心にして、先生が自ら「かなり充実した濃密な期間」といわれるような研究指導にあたられ、教え子を全国各地の大学教員として送り出している。

　ところで、先生のソーシャルワーク教育史の道筋は、テキストとなる研究資料や教科書など多くの刊行物にその足跡を見出すことができるので、改め

て紹介しておくことにする。

　まずは、日本社会事業短期大学編『社会福祉辞典』(1952)の用語解説に始まり、初期の研究資料としては、フリードランダー著『社会事業の方法』(1956)、リットナー著『分離と措置をめぐる諸問題』(1958)やフィリップらの著述の『専門職業としての社会事業』およびパールマン著『公的福祉におけるケースワーク・サービス』(1959)を精力的に訳出され、副読本にされた『ケースワークの基礎知識』(1958)などをあげることができる。

　次に、ソーシャルワーク教育の「教科書」で代表的なものとしては、1960年から80年代の著作を中心に紹介すると、一番ケ瀬康子先生との共著『社会福祉概論』(1965)、木田徹郎・竹中和郎・副田義也先生共編『改訂 社会福祉の方法』(1966)、高沢武司先生との共著『系統看護学講座8 社会福祉』(1968)、小倉襄二・高島進先生との共編『社会福祉の基礎知識―概念・課題の把握』(1973)、小松源助先生編『ケースワーク論』(1975)、山崎美貴子先生との共編『ケースワークの基礎知識』、右田紀久恵・高沢・古川孝順先生編『社会福祉の歴史』(1977)、山崎・田代国次郎・松原康雄先生との共著『リッチモンド ソーシャル・ケースワーク―＜社会的診断論＞を中心に』(1979)、本間真宏先生との共編『社会福祉の方法―福祉対象の理解を目ざして』(1982)、仲村優一先生との共編『講座社会福祉5 社会福祉実践の方法と技術』(1984)、社会福祉士養成講座編集委員会編『養成講座8 社会福祉援助技術総論』『養成講座9 社会福祉援助技術各論Ⅰ』(共に1989)などであるが、その後の改訂版を含めほかにも数多く手掛けている。それらに加えて特筆すべきは、1993年より講義ノートとして毎年改訂されている補助教材『社会福祉援助技術総論の構築を目指して』に小松ソーシャルワーク論が凝縮されていることも忘れてはならない。

　ソーシャルワーク教育にとって必須教材でもある「事例集」の編集では、畠山龍郎先生との共編『事例によるケースワーク演習1―児童・家庭福祉篇』(1979)、荒川義子・田戸静先生との共編『事例によるケースワーク演習2―医療・障害福祉篇』(1980)、根本博司先生との共編『事例によるケースワーク演習3―老人福祉篇』(1981)などがあり、そのほかに全国民生委員児童委員協議会や医療社会事業協会などからも実践的な教材や事例集などを編纂

している。

　こうしたソーシャルワーク教育の道筋は、小松先生の研究史と表裏一体となった講義や演習および研究指導の場で示されていた。それらの教育課程で学んだ多くの学生たちの卒業時には、リッチモンド女史の『告別の言葉』を引用され、教え子たちに将来の「夢」を託された。

社会的活動史の道筋

　小松先生の社会的な活動史としては、まず1965（昭和40）年に仲村優一先生と壬生台舜先生（前浅草寺貫主、元浅草寺福祉会館主任）が発起人となって、民間相談機関の組織化を図った「家庭相談研究協議会（仮称）」の設立準備と、その後の参画過程に象徴される。その理由は、この協議会の設立を時機尚早と判断されても、「家庭相談研究会」として月1回の事例研究会を中心にして続けられ（その縁で浅草寺福祉会館にも嘱託相談員として関与）、その後の研究例会を30年間にわたって主導された姿勢に示されている。この研究会も拡充されるべきとの判断のもとで「東京都民間相談機関連絡協議会」（1997年〜現在）が設立され、そうした経緯もあって改編された協議会の初代会長に就任されることとなった。

　次いで、精神保健福祉活動では、国立精神衛生研究所の研究員として始められた精神科ソーシャルワーク研究の実績や大阪府精神衛生相談所での実践経験から、精神保健福祉の専門職能団体の理論的なリーダーとして、1973（昭和48）年には日本精神医学ソーシャル・ワーカー協会（通称PSW協会、現日本精神保健福祉士協会）の理事長となった。ところが、全国の大学紛争が収束せずに混乱状態のまま、多くの学会のなかでもとくに、精神医学や心理学の関連学会では、反精神医学の思想的な対立が激化するなど、まさに喧騒な情況に陥っていた。PSW協会においても時を同じくして、いわゆる「Y問題（不当な入院を当事者が告発）」を発端とするソーシャルワーカーの立場性の論争に伴う苦難の組織運営を強いられる理事長時代を経ることとなった。だが、その後も協会の監事として長くその任にあたり、全国精神衛生相談員会（現全国精神保健福祉相談員会）の顧問も担っている。

さらには、住民の手による相談活動では、1979（昭和54）年に全国民生委員児童委員協議会・心配ごと相談所委員会幹事長として『心配ごと相談』の刊行に尽力され、相談事例に対するスーパーバイザーとしてのコメントを「家庭事例編」「生活事例編」「運営事例編」で示されている。また、『心配ごと相談』の解説書として『社会資源の手引き』（1982）、『相談技法の手引き』（1983）、『福祉相談の手引き』（1984）などを続けて刊行し、それらが『面接のすすめ方（福祉相談ブックレット1）』（1989）となって全国社会福祉協議会から出版された。そして、全国各地の民生・児童委員の研修会などでの講師や助言・指導にあたられた。

　その一方で、民間の社会福祉現場にも積極的に関与され、社会福祉法人黎明会の評議委員や東京アフターケア協会の理事などを歴任されている。公的な任務では、管理栄養士試験委員、家庭裁判所調査官試験委員、東京都教育相談員、東京都郵政局カウンセラーなどを歴任されたが、なかでも注目すべきは、公衆衛生審議会（現厚生科学審議会）の委員に次いで、医療ソーシャルワーカー業務指針検討会の中心的なメンバーとして、いわゆる医療ソーシャルワーカーの社会的認知向上のための「業務指針」（1989）を示したことである。

　学会活動においては、当初より日本社会福祉学会に参加して理事・監事として深く関与された。また、日本社会福祉実践理論学会では、その発足準備にも尽力されて初代会長としての重責を担った。それらの経緯の詳細については、第20回記念大会（大正大学）での「21世紀の福祉社会を拓く―社会福祉実践理論の展望」と題した小松源助・吉澤英子・平山宗宏教授の鼎談録が学会誌（2004）に掲載されるので参照されたい。

継承すべきこと

　本書を通じて、小松先生の仕事史の継承を志す我々は、先生の50年間のソーシャルワーク研究と教育および社会的活動を支えた理念を受け継ぐ必要がある。また、わが国のソーシャルワーク研究と教育と実践とが培ってきた歴史を引き受ける覚悟も必要になってくる。先生が意図した「仕事史」を正

確に伝えきれたであろうか、継承すべき要点を紹介しえたかどうか誠に心許ない。しかしながら、先生の教えを受けた一人として、敢えて、継承すべき点を自らに課して3点に絞って締めくくりたい。

その第1点は、先生が生涯にわたってソーシャルワーク研究を続けられた仕事史の出発点であってソーシャルワークの源流でもあるリッチモンド研究とともに、第二次世界大戦後のトール研究を改めて再評価し直すことにある。

第2点目は、先生が欧米のソーシャルワーク研究の成果を導入したように、わが国の実態に即した福祉実践の分析を丹念に継続し、海外の研究動向を見据えながらも固有な理論構築が創出できるように目指すことにある。

第3点目は、わが国におけるソーシャルワーカーの国家資格制度によって「社会福祉援助技術」や「精神保健福祉援助技術」と呼称されたとしても、わが国のソーシャルワーク史ないし社会福祉実践史をひも解きつつも新たな概念化を図ることにある。

本書で紹介した小松ソーシャルワーク研究の業績を正しく引き継ぐためには、先生が繰返し説かれたように、先行研究を丹念に跡づけることから研究そのものが始まるのであり、限りなく忠実な検証作業による地道な取組みなくしては、実践さえも成しえないことを銘記しておくべきであろう。

第2章 小松源助 仕事を読む (1)

「ソーシャルワーク実践理論探究への道程」を読む

坂本　智代枝

（　小松源助先生のソーシャルワーク実践理論研究の今日的意義　）

　小松先生のソーシャルワーク実践理論研究は、先生が1949（昭和24）年に社会福祉の世界に入られたところから端を発し、実践から研究、研究から実践、そして実践から研究へと双方向的に、地道にていねいかつ誠実に探究されてこられた道程である。小松先生の研究は、戦後50余年、日本のソーシャルワーク実践研究の視野を広げるともに、第一人者として大きな羅針盤としての役割を担ってこられた。

　一方、戦後の日本の社会福祉実践理論研究は、ケースワークを中心に、一貫して諸外国から導入・翻訳・応用という図式で展開されてきた。言い替えると日本の社会福祉実践理論は、日本の内なるところから生成されたものではなく、外国の諸理論に依存してきたという批判がある[1]。また、日本の社会福祉実践方法は、実践者側が「環境」の変化に素早く対応しようとしてきたのに対し、研究の動きのほうは後になってきており、かつ実践と理論の乖離についても指摘されている[2]。

　しかしながら、小松先生が、社会福祉の方法・技術の観点からのみでなく、リッチモンド（Richmond,M.）のようにその時代の社会福祉問題に取り組み、その実践から理論化してきた研究者の普遍的な「思想」や「価値」を基底に

さかもと　ちよえ　　大正大学人間学部人間福祉学科専任講師

して研究されていることは、日本の社会福祉実践理論の普遍化への重要な指針を示すものでもある。

先生は、長く教育の場に携わるなかで常に、リッチモンド著『告別の言葉』の「実地に即した歩みを続けていくことに専念しなさい」という言葉に忠実に、社会福祉実践現場において実践を絶やさない。先生の研究は、日本の社会福祉実践理論において理論と実践とが乖離している課題に果敢に取り組まれていることに意義がある。社会福祉士、精神保健福祉士が国家資格化されて、時代の要請ととも日本における社会福祉専門職教育の充実がますます求められると同時に、専門職の質が問われる今日、先生の研究成果は日本の社会福祉実践理論の基盤を形成してきたといえよう。

「ソーシャルワーク実践理論探究への道程」解題
小松源助, ソーシャルワーク実践理論の基礎的研究. 川島書店, 2002, pp.1-19.

小松先生が世に出された多くの著書のなかで、本論文が掲載されている『ソーシャルワーク実践理論の基礎的研究—21世紀への継承を願って』は、その冒頭にも述べられているように、先生が東北福祉大学を経て大正大学に就任された10年間、そのエネルギッシュな研究活動のなかからの論文を編集したものである。これは、2部構成になっており、第1部は「ソーシャルワーク実践の基礎にすえるために学んできていた『歴史的遺産』」に再検討を加えた論文、第2部は先生がソーシャルワーク実践から問題意識をもたれ、実践から理論化へと先生のライフワークともなっている「多問題家族」に対応する「家族中心ソーシャルワーク」の基礎的な研究論文となっている。

本論文は、小松先生の実践活動から研究の問題意識が形成された原点と研究基調について、研究の軌跡が描き出され、かつ今後の研究課題へと言及した論文である。

1）小松源助先生の研究の歩み

先生は、「私の歩み」として以下の5段階に示されている。

①出発（日本社会事業専門学校研究科～国立精神衛生研究所時代）

②発展（熊本短期大学時代）
③展開（大阪府精神衛生相談所時代）
④統合（日本社会事業大学時代）
⑤深化（東北福祉大学〜大正大学時代　現在に至る）

　これらは、30年もの長きにわたって日本社会事業大学で研究・教育に携わり、さらにこれまで先生が真摯に実践活動、研究活動と教育活動を中心に、歩んでこられた道程をまとめた『ソーシャルワーク研究・教育への道』（1993）、さらに『（続）ソーシャルワーク研究・教育への道』（1997）に詳細に示されている。ここでは、先生の研究史のなかでの原動力となった生い立ちや教育の背景などが著されていて、先生の研究活動への「思想」や「信念」が形成された過程が心に響いてくる。加えて、先生が、これまでの担当された科目である「社会福祉援助技術総論」の講義概要をまとめた『社会福祉援助技術総論の構築を目指して―講義概要』（1998）を作成され、「はじめに」において「現在、私は『ローマに通じる道』の一つを選択して歩んできたような気持ちになっている。今後に向けて、一つの道に固執することなく、社会福祉サービスの利用者のニーズに対応して創造的に取り組んでいきたいものだと願っている」とあるように、ソーシャルワーク実践理論を学ぶ学生および教育に携わる者への熱い継承の思いとともに、先生のたゆまぬ研究者としての姿勢と強い志が伝わってくる。

　これまでの研究活動から発表された多くの論文のなかから9編を選定して編集されたものとして、1993（平成5）年、日本社会事業大学を退官されるときに発表された『ソーシャルワーク理論の歴史と展開』がある。副題として「先駆者に辿るその発達史」とあるように、ソーシャルワーク実践理論研究を先駆者に学び、日本における社会福祉実践理論の発展を希求して研究し、理論化を試みた論文集である。その内容は以下のとおりである。

①アメリカにおけるソーシャルワークの成立過程
②メリー・リッチモンドの思想と生涯
③『社会的診断論』以降におけるケースワークの動向
④アメリカにおけるケースワーク発達の基調
⑤ケースワーク論の展開

⑥ケースワークの理論的基盤をめぐる回顧と展望
⑦社会福祉実践活動における方法の統合化
⑧社会福祉実践における社会的支援ネットワーク・アプローチの展開
⑨社会福祉実践におけるパラダイム転換の動向

　先生の50年の歩みには、常にアメリカのソーシャルワーク理論の先駆者から学び、わが国の社会福祉の方法論の発展へと打ち込まれた先生の研究に対する姿勢が論文一つひとつに刻み込まれている。

2）研究の「問題意識の形成」

　これまでの研究の「問題意識の形成」となったのが、大阪府の精神衛生相談所における社会福祉実践活動で、先生は「その後の発展の土台は相談所における実践を通して築かれたといっても過言ではないと確信している」と述べておられる。その前には、熊本短期大学で教育の場に携わるが、実践現場でケースワーカーとしての経験の必要性を痛感し、教職を捨てて実践から学び、そこから得た問題意識を研究に結びつけようとされた。そして、先生はその後の研究テーマともなった問題意識を以下のように示されている。

①児童の問題にしろ、夫婦間の問題にしろ、家族全体とかかわっていく必要が出てくる場合が多くなってきたが、「家族診断」や「家族面接」をどう展開したらよいか。

②精神衛生相談を展開していく場合、他の関係機関、専門職、職場などと連携し、支援体制を整えていく必要があるが、具体的にどのように展開していったらよいか。

③とくに精神障害をかかえ、それ以外にも複雑な生活問題をかかえていると思われるのにもかかわらず、援助を拒否したり、援助に抵抗したりする場合、どのように対応していったらよいか。

④精神衛生相談所においては、すでに慢性的な状態に置かれている場合と、危機的状態に置かれており早急に対応することが必要であるとみられる場合とがあるが、それぞれどのように配慮することが必要か。

⑤精神衛生相談においては、精神科医、心理専攻者、ケースワーカー、また場合によっては保健師がチームで対応することを原則にしている

が、具体的にはどう展開するか、また、そのなかでケースワーカーはどのような役割を果たしたらよいか。

　実践のなかから理論化しようとする、実践と理論を結びつける努力を惜しまない先生の姿勢は、我々にソーシャルワーク研究の基本姿勢を示されている。

3)「研究の基調」と研究の特徴

　本論文の2つ目の柱である「研究の基調」では、先生の研究の方法と特徴が示されている。

　　①方法・技術論の基底になっている「思想」の研究
　　②方法・技術論の「共通基盤を構成する基本的枠組み」の研究
　　③共通基盤を支える基礎理論となる「基本的視点」の研究
　　④方法・技術論を具体的に展開するために必要な「新しいアプローチ」の研究

　①の「思想」の研究では、「社会福祉の方法・技術論というと、どうしても方法・技術というレベルの側面に目が向けられ、それだけに終ってしまいがちになるが、その基底になっている『思想』(『人間観』『社会観』)をたんに抽象的にではなく、これまで方法、技術論を発展させるのに貢献した人物の生涯をとおして学びとっていくことが必要である」という観点から、アメリカを中心にリッチモンド、タフト (Taft,J.) とロビンソン (Robinson,V.)、レイノルズ (Reynolds,B.)、トール (Towle,C.) を選択し、基底にある「思想」を整理している。社会福祉の方法・技術は、「思想」や「価値」が基盤となって実践活動へと導かれるものでなければならないという先生の強い信念がうかがえる。

　②の「共通基盤を構成する基本的枠組み」の研究では、バートレット (Bartlett,H.M.) 著『社会福祉実践の共通基盤』[3)] を、「方法・技術モデル」から「専門職モデル」への視点の転換の必要性と専門職モデルの「共通基盤」の基本的枠組みを体系化したことで意義があるとして、訳書として出された。この研究は、日本における社会福祉の方法技術論の統合化や専門職化に多大な貢献をもたらした。さらに、先生が「社会福祉援助技術総論」において、

バートレットが構築した枠組み（準拠枠）に依拠して、「小松試案」へと発展させたことの意義は大きい。

③の「基本的視点」の研究では、②の「共通基盤」の「基本的視点」（basic perspective）において、「システム理論」と「生態学（エコロジー）」に注目して、論及している。これは、ソーシャルワーク理論の「生活モデル」へと発展していく契機となった。

④の「新しいアプローチ」の研究では、現場の実践経験のなかから生まれた問題意識から発展し、(1)「多問題家族」（multiproblem family）に対する家族中心アプローチ（family centered approach）、(2) 危機介入アプローチ（crisis intervention approach）、(3) 社会的支援ネットワークアプローチ（social support networks approach）、(4) 課題中心アプローチ（task centered approach）の新しいソーシャルワークの動向に敏感かつ貪欲に、実践に必要な理論を論及してこられた。

4）「社会福祉援助技術総論」への展開

　先生は、これまで担当されてきた講義概要を整理し、『社会福祉援助技術総論の構築を目指して』（1998）という冊子を公表された（表1）。そのなかで、先生はソーシャルワークの体系化を試みている。バートレットが構築した枠組み（準拠枠）に依拠しながらも、新しい動向をふまえて修正されている（図1）。

5）深化すべき研究課題

　先生は、50年間の研究の成果を体系化するなかで、以下のような課題をふまえ、再検討し、かつ20世紀後半から「ポスト・モダニズム」（post-modernism）をもとに展開されているパラダイム転換の動向とその関連で注目されてきた「ストレングズ視点」（strengths perspectives：強さ志向の視点）について研究への強い決意を表わしている。

　　①用語の統一と概念整理が適切になされていないため、曖昧さが残ってしまっている。

　　②「方法・技術」のなかでもケースワークが主流になって、たとえばグ

●表1 『社会福祉援助技術総論の構築を目指して』の構成

目次 第1章　社会福祉における援助技術の意義と特質 　1．社会福祉のとらえ方 　2．社会福祉援助活動（実践）のとらえ方 　3．社会福祉援助技術の体系化と相互関連のとらえ方 第2章　社会福祉援助技術の歴史的発展 　1．発展の源流 　2．リッチモンドの貢献 　3．ミルフォード会議とその成果の意義 　4．「診断主義」と「機能主義」の対立と展開 　5．シャルロット・トールの貢献 　6．新しいアプローチの展開 第3章　社会福祉援助技術の共通基盤 　1．社会福祉援助技術の準拠枠 　　(1)　バートレットの試み 　　(2)　小松試案 　＜参考資料＞ソーシャルワーク実践の基礎的定義 第4章　社会福祉援助技術の基礎となる価値と倫理 　1．価値の意義 　2．社会福祉援助技術における価値の種類 　3．倫理の意義 　＜参考資料＞ 　　日本ソーシャルワーカー協会倫理綱領 　　医療ソーシャルワーカー倫理綱領 　　日本精神医学ソーシャル・ワーカー協会倫理綱領 第5章　社会福祉援助技術の基礎理論 　1．社会福祉援助技術の「焦点」 　2．一般システム理論 　3．生態学（エコロジー）―「生態学的パラダイム（見方）」 第6章　社会福祉援助活動の基になる援助組織の特質 　1．援助組織の意義 　2．援助活動に影響する援助組織の要素 　3．援助組織におけるソーシャルワーカーの役割	4．課題 ＜補章＞「燃え尽き症候群」への対応について 　1．経過 　2．「燃え尽き症候群」のとらえ方 　3．「燃え尽き症候群」のあらわれ方 　4．「燃え尽き症候群」の影響 　5．「燃え尽き症候群」への対応策 第7章　社会福祉援助過程の基本的枠組みと概念 　1．援助過程のフローチャート（流れ図） 　2．援助過程の基本的概念 　　(1)　クライエントのサービス・アクセス権 　　(2)　「4つのシステム」 　　(3)　「クライエントとしての立場（地位）」 　　(4)　パートナーシップ 　　(5)　アセスメント 　　(6)　インターベンション 第8章　社会福祉援助技術におけるコミュニケーションと面接 　1．コミュニケーションの特質 　2．福祉面接の基本 　＜参考資料＞面接の基本的技法の概要 　3．家庭訪問面接 　4．記録 第9章　社会福祉援助技術における新しいアプローチの動向 　1．家族中心アプローチ―「多問題家族」を中心にして 　2．危機介入アプローチ 　3．課題中心アプローチ 　4．社会的支援ネットワーク・アプローチ 　5．ケースマネージメント・アプローチ 第10章　社会福祉援助技術の「事後評価」方法 　1．社会福祉援助技術における「評価」の種類と相互関連 　2．「事後評価」の基本前提 　3．「事後評価」の方法 ＜参考資料＞社会福祉における「評価」の意義と課題

資料：小松源助『ソーシャルワーク実践理論の基礎的研究』川島書店，2002, p.16.

●図1　社会福祉実践の基本的枠組み（小松試案）

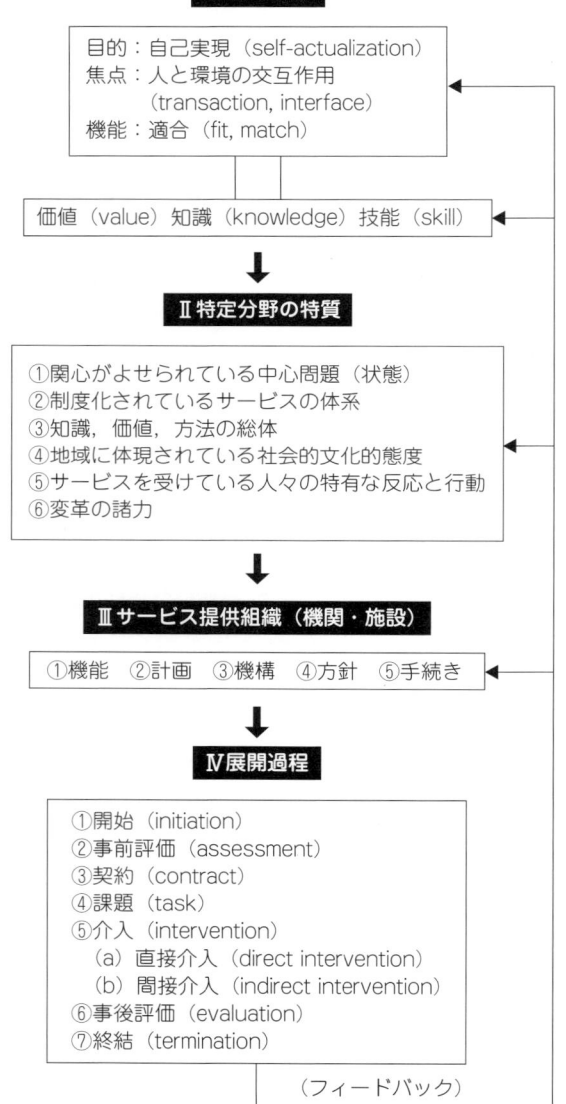

I 基本要素

目的：自己実現（self-actualization）
焦点：人と環境の交互作用
　　　（transaction, interface）
機能：適合（fit, match）

価値（value）知識（knowledge）技能（skill）

II 特定分野の特質

①関心がよせられている中心問題（状態）
②制度化されているサービスの体系
③知識，価値，方法の総体
④地域に体現されている社会的文化的態度
⑤サービスを受けている人々の特有な反応と行動
⑥変革の諸力

III サービス提供組織（機関・施設）

①機能　②計画　③機構　④方針　⑤手続き

IV 展開過程

①開始（initiation）
②事前評価（assessment）
③契約（contract）
④課題（task）
⑤介入（intervention）
　(a) 直接介入（direct intervention）
　(b) 間接介入（indirect intervention）
⑥事後評価（evaluation）
⑦終結（termination）

（フィードバック）

資料：小松源助『ソーシャルワーク実践理論の基礎的研究』
　　　川島書店，2002, p.17.

ループワークなどの動向や成果が十分に取り入れられていない。
③教育課程における「社会福祉援助技術総論」と「援助技術各論」および「援助技術演習」との関連性が十分に配慮されていない。
④「社会福祉方法・技術」に関する「実証的研究」(リサーチ) について、その意義や方法に関して具体的に十分言及されていない。

〔　ソーシャルワーク実践理論研究の21世紀への継承を願って　〕

　先生の50年間のソーシャルワーク実践理論研究は、新しいソーシャルワーク理論の動向に敏感に学び、日本に素早く紹介したうえで、リッチモンドからの学びに象徴されるように、理論の基盤になる普遍的な「思想」や「価値」を基底に体系化を試みてきたところに特徴がある。図1にもあるように、基本要素は「自己実現」「人と環境の交互作用」であり、社会福祉実践現場でクライエントの一人ひとりに人間として出会い、「自己実現」と「人と環境の交互作用」に焦点を当てて実践するとともに理論化することを我々に継承しようとされている。そのような先生の厳しくかつ温かいまなざしが我々に勇気を与える。

文　献

1) 岡本民夫：戦後日本における社会福祉実践理論の展開．仲村優一・他編，講座戦後社会福祉の総括と21世紀への展望Ⅳ　実践方法と援助技術，ドメス出版，2002，p.44.
2) 久保紘章：社会福祉実践方法と人と環境への視野．仲村優一・他編，講座戦後社会福祉の総括と21世紀への展望Ⅳ　実践方法と援助技術，ドメス出版，2002，p.159.
3) Bartlett, H.M.: The common base of social work practice. National Association of Social Workers, 1970 (小松源助訳：社会福祉実践の共通基盤．ミネルヴァ書房，1978〔復刊第2版，1989〕).

第2章 小松源助仕事を読む (2)

「専門職としてのソーシャルワーク実践の歴史的遺産」を読む

河野　聖夫

(　　「専門職としてのソーシャルワーク実践の歴史的遺産」解題
　　　　　小松源助, ケアマネジャー　2:78-81, 1999.　　)

1）論文の時代的な位置

　小松源助先生の研究功績は、ご自身も述べられているようにソーシャルワーク実践理論の歴史的発達過程、ソーシャルワーク実践における共通基盤、ソーシャルワーク実践に要請されている新しいアプローチの3つを基調にとらえられる[1]。またその指標は、今日的な社会福祉援助技術総論の教育・研究という具体的な取組みのなかにあり、さまざまなフィールドの援助職者たちと接点をもち続けている。筆者がここで解題を試みる表記の論文は、最初『ケアマネジャー』第2号に掲載され、後に『ソーシャルワーク実践理論の基礎的研究』（2002）に所収されたものである。本論文の発表された1999（平成11）年は、既知のごとく介護保険制度の施行前夜というべきときにあり、当時自ら聞き及んだ同誌の編集者の弁によれば、論文の掲載は介護支援専門員としてケアマネジメントに着手しようとする多くの専門職者たちへのメッセージの意図が組み込まれている。論文が掲載された同誌の紙面枠は「保健・医療・福祉サービスの歴史」とされ、小松先生の前後を挟むかたちで創刊第1号に「わが国の看護職100年の歴史」（金井一薫先生）、第3号に

こうの　せいお　医療法人財団加納岩加納岩総合病院医療福祉相談課長

「コミュニティケアの展開に見るイギリスのソーシャルワーク史」（金子光一先生）の各論文が掲載されている。そして、このコーナーに載せられる編集者の説明においては、「今後、より一層の連携が求められる保健・医療・福祉の各専門職の歴史をひもとき、それぞれの職種が、いつ、どのように誕生し、なぜ現在のような形態に至ったのかをみていく」と一貫した導入が示されている[2]。

2）論旨の基軸

　一方、小松先生の論文の書き出しは、「介護保険制度におけるケアマネジャーは、保健・医療・福祉の各専門職による連携のもとに業務を展開していく新しい職種であるが、……」と始まる。こうしてみるかぎり論文掲載の主旨は、少なくとも先生の基調である「ソーシャルワーク実践理論の歴史的発達過程」の研究に依拠する発信であり、その対象が「介護保険制度におけるケアマネジャー」であることは明らかである。では先生による発信において、どのようなメッセージが込められているのであろうか。先生は冒頭において、論文の意図と焦点を、「福祉の専門職は、ケアマネジメントの共通基盤の確立に、また独自な役割の遂行にどのように貢献しているかが問われ」ているとして、それまでになされてきた「意欲的な試み」の意義を明らかにしていくこと、また「今後においても活かしていくべき」諸点の概観に置いている。そして、その諸点は「慈善組織協会運動と友愛訪問」「公的扶助サービスにおけるソーシャルワーク実践」「多問題家族運動とソーシャルワーク実践」「ストレングズ視点に基づくエンパワーメント・アプローチの展開」の4つの枠組みによって構成されている。この構成は、先生の研究における3つの基調を漏れなく反映している。つまり、4段の枠組みを歴史的発達過程によって時系列的に整理したうえで、その各過程から見出される今日のソーシャルワーク実践の共通視点に焦点化し、それによって「ソーシャルワーク実践を活性化し、革新していく方途が示されている」と示唆する。これには、まず1つに歴史的先駆者の功績から諸理論の意味づけを行う一方で、そこから感じとられる時代的な問題意識によって、常に新しい研究成果に関心を払おうとする先生の研究姿勢がある。2つ目として、研究を通じて諸理論の現代

的有用性に言及することで、フィールドの実践者に向けた示唆を行うという、先生の教育・研究の手法、温故知新ともいうべき視座が見出されてくる。

3）公的支援の効率性とNPOの可能性

　先生は自らの初期の研究業績の一つに、「リッチモンド（Richmond, M.）研究」をあげているが、これは常に継続されてきたように感じられる。本論文においては、「公的救貧の浪費と非効率、私的慈善事業の混乱状態」の打開策として「慈善組織協会」による援助活動を位置づけ、「協力、調査、登録、建設的事業、友愛訪問、教育に分けての考察」に成果を言及する。なかでも、「友愛訪問は全面的にボランティア」が原則であったこと、「継続的な家庭訪問」を実践したこと、援助内容が「ケース会議において検討された」ことに着目しながら、「家庭訪問を基盤とするソーシャル・ケースワーク（ソーシャルワーク）の体系化」が図られたことを先駆的業績としてとらえている。

　公的支援の効率性は、限られた財源や社会資源の適用をめぐって、今日の課題にも通じるところがある。その打開策としては、社会化した介護問題を例にたとえるならば、フォーマルとインフォーマルな資源の協力体制、介護認定調査や地域のニーズ調査、介護支援専門員などの専門職創設やNPOの法制化、介護保険制度の施行、居宅型のサービス提供を意図した訪問によるケアマネジメント（相談・支援体制を含む）の強化、さらに福祉的なマンパワーの拡充など、歴史的な成果との共通点が多い。また、介護支援専門員による月単位の継続的な居宅への訪問（施設の場合は面接など）や「サービス調整会議」「ケア担当者会議」なども、歴史的に見出される手法に類似する。もちろん問題の諸点や所在の違いは否定できないが、ソーシャルワーク実践の歴史的な遺産としてこれらの共通性を認識するのは、さほどむずかしいことではないだろう。キーワードは、「民間活力への着目」「訪問による支援」「継続と連携」などである。

4）利用者本位とニーズの重視

　本論文における次の諸点は、技術優先や機関中心的なあり方に対する「ク

ライエント中心の視点」によるソーシャルワーク実践の展開に向けられる。本論文で紹介されているトール（Towle,C.）著の『コモン・ヒューマン・ニーズ』は、先生自身によって訳出されている[3]。この訳出書には、小松先生によって「社会福祉援助の基礎」という副題がつけられるとともに、トールに関する研究が「訳者あとがき」として収められている。そこでの評価は、「ソーシャルワークのすべての分野および関連専門職種における援助活動をすすめるにあたって基本となる古典と評価されるようになってきている」と述べ、「今後に継承・展開していくことが不可欠」な意義について言及している。

　今回の論文における諸点の再整理は、人間の行動における「ストレスに対する正常な反応」を理解すること、「法令の内容と機関の方針の意味」を考察すること、「権利・欲求・義務と関連させながら」ソーシャル・サービスを適切に運用していくことによって示している。論文の掲載当時、日本は社会福祉基礎構造改革のさなかにあった。1998（平成10）年に取りまとめられた「社会福祉基礎構造改革（中間まとめ）」「社会福祉基礎構造改革を進めるに当たって（追加意見）」における改革の理念は、①個人の自立を基本とし、その選択を尊重した制度の確立、②質の高い福祉サービスの拡充、③地域での生活を総合的に支援するための地域福祉の充実の3つの大きな柱によって構成されていた。また、後の介護保険制度においても、「利用者本位」の仕組みと「利用者自身によるサービスの選択」を基本としている。いずれも「クライエント中心の視点」の具体化として位置づけられるものであり、人間と法令を適切なサービスの運用というかたちで結びつけようと願う『コモン・ヒューマン・ニーズ』における不可欠な意義の展開ともとらえられるものである。

5）家族支援とアプローチ

　「多問題家族」という表現は、その本来の意味する意図によって「極度に不利な条件におかれている家族」などとの言い替えが行われたと、先生は別の論文で述べている[4]。そして、それぞれの家族が独自な側面をもっているとしながらも、多くの家族に共通する側面として「すべて、多くの問題をか

かえており、そして地方自治体社会福祉部のワーカーたちにとって重荷になっている」点や、その「一般に、必要不可欠とみなされている家族全体へ援助していくことができないでいる」状況をあげている。これらを、多くの介護サービス・メニューとパッケージをもって対応しようとしている、今日の家族介護の問題に適用するならばいかがであろうか。経済問題や住宅問題などをかかえながらも、在宅生活を望む要介護者と介護負担に苦悩する家族との間にあって、いかにケアマネジメントを図り支援していくかを苦慮するケアマネジャーの様相に似ているとも感じられる。問題の所在は、家族それ自体にあるのではなく、重なり合う諸事情のなかで生じる支援策の限界、援助職者側の手立ての不足にあるのではないかとの考えは誤りであろうか。

　今日の援助職者やケアマネジャーたちが、本論文を通じて多問題家族運動の展開の歴史に学ぶとすれば、以下の2つの枠組みに要約されよう。第1に、「あらんかぎり家族に出向いていく、家族を全体として理解し処遇する、家族とワーカーの関係の基礎をパートナーシップにおく、家族と地域社会資源とを結びつけるという諸点を柱にした『家族中心ケースワーク』を体系づける」視点である。これらは、居宅訪問による相談支援、家族システムとしてのクライエント・システムへの理解と介入、契約に基づく対等な信頼関係の形成、クライエント・システムと介護支援等の社会資源システムとの応答性の促進として、現代的理解へと発展的に考察できる。いうまでもなく、ここで述べられる家族とは、クライエントを含む家族のことである。第2は、基本的な取組みとして「ケース会議方式、集中的ケースワーク方式、複合サービス方式、地域発展方式、その他の方式の組み合わせ」によってなされる、活動の展開である。ソーシャルワークやケアマネジメントとの読み替えが必要だが、新たな方法論への思考を提起する内容である。

6) 自立支援に有用と考えられるアプローチの要素

　今日的な方法論の思考を進めるうえで、先生はストレングズ視点に基づくエンパワーメント・アプローチを提示する。エンパワーメントは、「実践の哲学、アプローチ、あるいは方法として、ソーシャルワーク実践を再考するための一つの方向性を提供している」ソーシャルワーク実践のための理論で

ある[5]。またストレングズ視点は、エンパワーメント・アプローチの実践における援助職者の準拠枠[6]とされ、「『能力、可能性、資源、治癒力などのプラスの側面』に焦点を定める」ことである。これは、クライエントが有する力（パワー）に注目することによって、クライエントに内在化する強さを引き出すことで局面を打開の方向へ展開しようとする考え方である。そしてエンパワーメント・アプローチは、そのための具体的な実践方法といえるものである。エンパワーメント・アプローチは、「『医学モデル』の限界を乗り越えようとする一連の努力のなかから生成・発展してきているところに基本的特質がある」と述べられているが、「生活モデル」を基盤としたアプローチの一つとみることができる。

「医学モデル」は、「生活の中で生じる個人の心理・社会的な問題を病気と同様に捉え、直接的な特定の原因を探りそれを治療（除去）することによって問題を解決しようとする考え方」[7]である。一方の「生活モデル」は、「人間を能動的で成長の可能性をもつ存在として認識し、問題を生活問題として人間と環境の不適応状態と理解する。そして問題の解決は、人間の適応能力の強化と、人間に対する環境の応答性の増大を図ることによって対応しようと考える」ソーシャルワークの実践モデルである[7]。つまりエンパワーメント・アプローチは、「否定的な価値づけや体験から生じる個人・集団の生活力（パワー）の喪失を軽減し、障壁となる要素を削除することによって生活力の回復と再獲得を図ろうとする」ソーシャルワーク実践である。これらの視点とアプローチは、介護保険制度の主旨における自立支援に向けた実践において有用と考えられる。要介護状態の発生は、ケアニーズや生活上の障害、介護負担ばかりを浮き上がらせ、要介護者における生活の可能性や、内在する生活力の可能性を見過ごしてしまう傾向にある。しかしながら、要介護の状態に陥った人びとにも、生命の可能性と生活への力は必ず存在している。ケアマネジャーや多くの援助職者たちが、それらの可能性をいち早く見出し、内在する生活力の引出しや強化に支援の方向性を向けていくならば、要介護状態の改善や自立の拡大は決して遠い目標ではなくなると確信する。その意味においても、ストレングズ視点に基づくエンパワーメント・アプローチの展開は、今日、注目すべき援助実践の一つといえよう。

7）論文主旨の時代的意義と特性

　ここまで、本論文の構成に従いながら各段の主旨をとらえ、歴史的遺産と考えられる要素をとらえつつ、今日的な実践への適用を考察してきた。構成は、ソーシャルワーク実践の基盤形成をリッチモンド以来の歴史的過程からとらえ、実践の姿勢や基本視点に結びつく基軸を示したうえで、具体的実践に向けての方向性とその展開への示唆を行っている。諸点は、ボランティアからNPO活動、家庭訪問から居宅訪問、クライエント中心から利用者主体、コモン・ヒューマン・ニーズからニーズ充足を重視した制度化、家族への着目と家族支援、そして、ストレングズ視点とエンパワーメント・アプローチといったキーワードに示される。そしてそのキーワードは、新たなソーシャルワーク実践の展開に向けた示唆に富んでいる。私たちは、先生の業績を通じて多くのメッセージを受け取り、いかにして明日のソーシャルワーク実践へと発展させていけるのであろうか。

　先生の研究視点は、当初よりクライエントの「秘められた可能性」への着眼と、援助職者による「開発への取組み」に向けられてきている[1]。探究心の照準は、歴史的形成過程や新しい展開過程とともに、そこで出会う多くの功績者にもていねいに向けられており、人物を通じての方法論研究という独自の研究基盤を確立してきている。時にはそのていねいさと功績者への謙虚な姿勢によって、かえって論説や主張の弱さを批判する指摘もなされたことがある。しかし先生は、常に論者や実践者の業績と思想にも敬意を払い、注意深い吟味を通じてわが国のソーシャルワーク実践者たちへ情報提供と示唆を行ってきている。当然のごとくソーシャルワーク実践は、人びとが行うものであり、そこでの歴史は人びとの功績によって残されていくものである。そして、その人びとの取組みそれ自体が新たなソーシャルワーク実践を開発し、その発展を導いていく。だからこそ、歴史的遺産への着眼による研究とその発信は、わが国のソーシャルワーク実践の発展に貢献する。この論文の本当の意義は、読み手の実践者たちがおのおのの胸の内に何かしらのメッセージを感じ取り、それをもってソーシャルワーク実践の展開に向かってこそ、先生の真意となって示されるといえるのではないだろうか。

文　献

1) 小松源助：(続) ソーシャルワーク研究・教育への道—足跡断面収録集．1997．
2) ケアマネジャー 創刊号〜第3号，中央法規出版，1999.7〜2000.1．
3) C.トール著，小松源助訳：コモン・ヒューマン・ニーズ．中央法規出版，1990．
4) 小松源助・仲村優一・他編：多問題家族へのアプローチ．有斐閣，1985．
5) L. M. グティエーレス・他編著，小松源助監訳：ソーシャルワーク実践におけるエンパワーメント—その理論と実際の論考集．相川書房，2000．
6) 小松源助：ソーシャルワーク実践におけるストレングズ視点の特質とその展開．ソーシャルワーク研究 22(1)，相川書房．1996．
7) 川池智子・田畑洋一・他編著：現代社会福祉概論．学文社，2001．

第2章 小松源助仕事を読む(3)

「ソーシャルワーク実践におけるエンパワーメント・アプローチの動向と課題」を読む

奥田　啓子

（　　　　　　　は　じ　め　に　　　　　　　）

　今日、「エンパワーメント」という言葉は多様な領域あるいは文脈で用いられ、福祉分野における援助実践を表現するうえでも、ある意味では"便利"な言葉として使われてきている感がある。しかし、本論文をはじめとして、海外の動向を注視し率先してわが国に紹介してきた小松源助先生の一連の研究は、ストレングズ視点（強さ志向の視点）に基づくエンパワーメント・アプローチの理念が、ソーシャルワーク実践の真髄にかかわるものとして今後の研究のなかに正しく位置づけられることを意図し、その展開を追って緻密に積み上げられてきたものである。小松先生は、エンパワーメント・アプローチのアメリカを中心とした動向について体系的に紹介した本論文の発表に続いて、『高齢者エンパワーメントの基礎』（1997）、『ソーシャルワーク実践におけるエンパワーメント』（2000）、『ソーシャルワーク実践における家族エンパワーメント』（2001）の3冊の翻訳を手がけている。また、エンパワーメント・アプローチを基礎づけるストレングズ視点に関する論文も発表してきた[1]。

　論文冒頭にも示されているように、エンパワーメントという言葉はアメリカの研究者ソロモン（Solomon,B.）によってソーシャルワーク実践の基本的

な概念として初めて用いられたものである。しかし、小松先生はもちろん、このソロモンの研究にたまたま着目したわけではない。長い研究と実践の軌跡の必然的な結果として、「エンパワーメント・アプローチ」の展開が小松先生の磁場に入ってくることになる。その軌跡に基礎づけられたエンパワーメント・アプローチを検討するために、本稿ではまず論文の概要を述べた後、2つの視点から考察してみたいと考える。

「ソーシャルワーク実践におけるエンパワーメント・アプローチの動向と課題」解題

小松源助, ソーシャルワーク研究 21(2):76-82, 1995.

1) 論文の概要

論文の冒頭ではハルトマン（Hartman,A.）の言葉を引用しながら、エンパワーメント・アプローチの体系化がアメリカを中心として進められ、「ソーシャルワーク実践における共通基盤の再構築と具体的方法（ストラテジィ）の再転換が意欲的に試み始められようとしている」という今日の状況が紹介されている。さらにその動向が、今後のソーシャルワーク実践の方向性を左右するものであるという小松先生の認識がまず示される。

論文では、エンパワーメント・アプローチの発達過程と今後に向けた動きと課題が、代表的なアメリカの論者の研究を介して論じられている。エンパワーメントは一般に紹介されているように、1960年代の公民権運動をはじめとする社会的・政治的運動を背景とした「力の行使」の経験を軸としながら登場してきた概念である。機会の平等を中心としたさまざまな政策的取組みにもかかわらず、なお執拗に存在し続ける人種差別や偏見……。ソロモンはそれを「パワーの不均衡」という概念によって理解していこうとする。ソロモンの定義によればソーシャルワーク実践におけるエンパワーメントとは「スティグマ化されている集団の構成メンバーであることに基づいて加えられた否定的な評価によって引き起こされたパワーの欠如状態を減らすことを目指して、クライエントもしくはクライエント・システムに対応する一連の諸活動にソーシャルワーカーがかかわっていく過程である」とされる。また、

エンパワーメント・アプローチの具体的な目標として、クライエント主導の問題解決とそれを促進するパートナーとしてのワーカーのかかわり、また抑圧的な社会制度の否定的な影響を減じていく活動の援助等が提示されている。

　ソロモンを起点としたエンパワーメント・アプローチはその後黒人だけではなく、パワーレスの状態に置かれている高齢者や障害者、エイズ患者などに対する援助実践についても拡大して用いられるに至っている。このエンパワーメント・アプローチの継承と拡大について、小松先生は4点の注目すべき動向をあげている。第1は「パワー」に依拠したソーシャルワーク実践の統合化への動きであり、第2はエンパワーメント・アプローチと不可欠な関係にあるストレングズ視点の必要性が強調され、相互に連携しながら展開をみせてきていることである。そして、第3は生態学的視点に基づく「生活モデル」におけるエンパワーメントの重要性の認識とその適用の拡大である。そして第4に、とくに集団志向のエンパワーメント・アプローチに関心が寄せられている点が指摘されている。

　一方で、エンパワーメント・アプローチの体系化も1990年代以降、意欲的に進められてきている。本論文ではそのなかでもとくにリー（Lee,J.A.B.）によって構築された「5つのビジョン」と「8つの原則」という包括的な概念枠組みの体系が紹介されている。このようにソロモンの取組みから20数年を経て、エンパワーメント・アプローチは大きな展開をみせ、実践における具体的な取組みも豊富に蓄積されてきている。論文のまとめとして、小松先生はグティエーレス（Gutierrez,L.M.）の研究を示しながら、現在の一つの到達点とさらに今後の発展に向けての方向性を示唆している。

　グティエーレスはエンパワーメント・アプローチの著名な研究者として知られるが、小松先生は『ソーシャルワーク実践におけるエンパワーメント』のあとがきで、グティエーレスについて「多文化コミュニティ実践および有色婦人エンパワーメント」の研究者として紹介している。同書をみてもグティエーレスが、多様に蓄積されてきているエンパワーメント・アプローチの実践を精査しながらエンパワーメントの原則を導き、さらに実践者や研究者に対し専門職としての役割について厳しい問題提起を行っていることが理解

される。本論文のなかで先生は、グティエーレスの提起するエンパワーメント・アプローチを推進する前提条件としての「4つの心理的変化」、さらにパワーを増強していく特有の技法について論じている。そして最後に、体系的で具体的な施策レベルのエンパワーメント・アプローチの展開として、ワーカーとクライエントのパワーの増強を支援するヒューマンサービス組織の管理運営面の修正といった課題についてグティエーレスが実証的に検討を進めている点に、とくに注意を促している。

本論文はアメリカを中心としたエンパワーメント・アプローチの展開のエッセンスを読み取り、わが国に紹介するとともに今後の方向性を示唆する重要な研究業績であり、ソーシャルワーク実践研究の展開過程を幅広い観点から一貫して注視し続けてきた小松先生にして執筆が可能となった論文である。また、引用文献と註釈の豊かさは先生の論文に共通するものであるが、そこには研究の「継承」への意図が色濃くにじむ。

2)「エンパワーメント・アプローチ」の思想的土壌

ストレングズ視点（強さ志向の視点）やそれに依拠するエンパワーメント・アプローチの理念が、ソーシャルワーク実践の歴史のなかに当初から息づいてきたものであることは多くの研究者の指摘するところである。小松先生もそれを認めながら、エンパワーメント・アプローチの意義について「現時点において一定の概念を中心に総合化・明確化して概念的枠組みを構築し、それにしたがってソーシャルワーク実践として展開していこうとしている」点にあると述べている。

小松先生は、ソーシャルワーク実践の方法・技術論の発展に貢献してきた人物の生涯をたどり、その「思想」から学ぶことを自身の「研究の基調」の一つとしてきた。以下では、小松先生の「思想」研究のなかからエンパワーメント・アプローチの理念に連なる軌跡について、リッチモンド(Richmond,M.)、レイノルズ（Reynolds,B.)、トール（Towle,C.）に焦点を合わせて点描してみたい（タフト〔Taft,J.〕とロビンソン〔Robinson,V.〕については後述する)。

リッチモンド研究は常に小松先生の学究生活とともにあり、『ソーシャ

ル・ケース・ワークとは何か』(1991) の翻訳をはじめとして、リッチモンドの生涯、実践と研究の歩みが先生によって明らかにされてきた。今日に至るまでソーシャルワーク実践の歴史の節目には、必ず原点としてのリッチモンドへの回帰が叫ばれる。そして、多くの論文にたびたび引用される次の一節には、人間本来の強さへの信頼が表現されており、ソーシャルワーク実践の根本理念として現在に通じるものである。

「人間は依存的な飼いならされた動物ではない。人間が他の動物と異なっているこの事実は、人間の福祉のための計画を作成し、実行していくのに人間を参加させていく必要性を立証している。個々人はそれぞれ自分自身の意志と目的をもっており、受身の役割を演ずるのには全く適していない。人間は、受身の役割を演ずるときには、堕落してしまうのである」[2]。

さらに同書が、ヘレン・ケラー（Keller,H）とそのすぐれた教育者であったサリヴァン（Sullivan,A.）女史との関係を綴った序論から始められていることは、その思想を表現して象徴的である。サリヴァン女史はヘレン・ケラーの「高度に社会化されたパーソナリティ」を解放し、その発達のために「環境資源」を積極的に活用する。さらに「際立った直感的なソーシャルワーク感覚によって、自分の知識を補いうるものであればいかなる専門知識であれ」その助力を求める労を惜しまなかった。そしてサリヴァン女史は「ヘレンの大望や、この子の精神的要求について（中略）賢明にも謙虚であった」と述べられている。この記述には、クライエントの「強さ」を見出し、それを尊重してエンパワーしていくという実践の原型がみられよう。

レイノルズについて小松先生は、論文「アメリカにおけるケースワーク発達の基調——レイノルズの基軸をとおして」[3] を著している。自らソーシャルワーク専門職のなかの「一匹狼」と称したレイノルズは、リッチモンドを敬愛する一人でもあった。「精神医学の氾濫」と、個人を対象とする「セラピィ」への専門職志向を強めていくソーシャルワーク実践の趨勢にあっても、レイノルズは「環境」や「社会的争点」へのかかわりを重視するソーシャルな視点を堅持し続けた例外的存在であった。先生はレイノルズの生涯を詳細に追いながら、ケースワークにおける「成長哲学」理念の提示、さらにケースワーク発達史において初となる「自己決定」を根幹にした「ケースワーク

の新しい哲学」の確固たる主張など、その業績について高く評価している。

そしてレイノルズとほぼ同時代を生きたトールは、公的扶助にかかわるソーシャルワーク実践のあり方についての研究に意欲的に取り組んだ[4]。それは大恐慌から第二次世界大戦に至るアメリカの社会変動期に、援助を必要とする新たな対象者が大量に出現した状況を背景としている。トールは「公的扶助事業と個人の成長がきわめて密接に関係している」という視点に立って、社会的サービスを受ける権利を基礎に「与えられること」から生じる屈辱感や拘束感を減じ、「自尊心を保持し、回復することによって自立への意欲を持つようになること、絶望や自己卑下よりも希望と革新に支えられてストレスに打ち勝とうとする」ことの重要性を自身の実践の経験をもとに指摘している。トールはまた、社会的文脈のなかで人間を理解していこうとしたリッチモンドの視点の「再評価」を主張した一人でもある。小松先生はかつて「1945年という日本の混乱期に、アメリカでは既に人権の尊重を基礎とした『コモン・ヒューマン・ニーズ』と題するこのような本がまとめられていたことを後に知って驚愕した」と語ったことがあった。

いずれにせよ、小松先生がその思想に大きな関心を寄せてきた人物の視座は、そのまま今日のエンパワーメント・アプローチの理念に連なっていることが理解される。

3)「エンパワーメント・アプローチ」の理論モデルとしての土壌

小松先生は最近、「ソーシャルワーク実践における機能派アプローチの形成と展開」（その1〔1999〕・その2〔2001〕）を発表している。しかし、先生が機能派アプローチについて関心をもち、いくつかの論文を発表した時期は1950年代に遡る。診断主義派と機能主義派の間の論争については、わが国にも断片的に紹介されてきていたが、先生は上記の最近の論文のなかで（とくに「その1」）、機能派アプローチの形成と展開について文字どおり「可能なかぎり原典に当たりながらリアルに検証する」ことを目指して、タフトとロビンソンの生涯の歩みを跡づけ、考察を進めている。クライエントの選択の自由と自己決定、クライエントとワーカーの関係性、クライエントを中心とする人間のもつ変化への可能性の重視、機関と機関の置かれている地域社会

を代表するソーシャルワークの推進……といった視座は、「成長の心理学」に基礎づけられた機能主義派の理論モデルを支えるものであり、先生が指摘するようにエンパワーメント・アプローチ等今日の実践を支える理論的ルーツとして、再評価の機運が高まっている。タフトとロビンソンが教職にあったペンシルベニア・ソーシャルワーク学校からは、先生が「その2」で明らかにしたように、機能派アプローチの流れをくむ多彩な人材が輩出されてきた。同論文の最後に紹介されているように、たとえば「ペン・アプローチ」と呼ばれるソーシャルワーク実践の原則に集約されて今日にその流れを伝えている（その第一の原則には「クライエントのエンパワーを促進する」があげられている）。先生はソーシャルワーク実践のすぐれた先達の足跡をたどりながら、今日のエンパワーメント・アプローチに続く鉱脈を探り続けてきたといえよう。

　本論文のほか、エンパワーメント・アプローチに関する小松先生の一連の研究から改めて気づかされるのは、アメリカを中心としたソーシャルワークの実践・研究・理論的蓄積の豊かさ、そしてそれと表裏をなす深い学問的な探求と厳しい論戦の歴史である。論文でも指摘されているように、わが国でもエンパワーメントに連なる実践が意識化されないまま多様に積み上げられてきているであろうと考えられる。小松先生の研究に学びながら、エンパワーメント・アプローチの概念枠組みのもとで、わが国なりの実践と理論の体系化を図っていく努力が今後に求められている。

おわりに

　大正大学に社会福祉学専攻の大学院が開設された1997（平成9）年4月、小松先生は私たち一期生に、分厚い一冊の文献を手渡してくださった。『（続）ソーシャルワーク研究・教育への道』（1997）である。文字で埋まる本のなかでひときわ目を惹くのは、アメリカの慈善組織協会運動50周年を記念する大会ポスターである。リッチモンド自らのデザインによるその素朴なポスターには一本のトーチが掲げられ、「手から手に光を、時代から時代へ生命を」の文字が添えられている。

ソーシャルワークの長い実践と研究の実績を21世紀につなげる理念として、パラダイムの転換を内包するエンパワーメント・アプローチが小松先生の水先案内によってわが国に展開していくことは大きな意義をもつ。多くの人びとの手を経てきたトーチは、さらに豊かな輝きと生命を注がれて明日への歩みを続ける。

文　献
1) 小松源助：ソーシャルワーク実践におけるストレングズ視点に関する考察．大正大学大学院研究論集 22, 1998.
2) M.リッチモンド著，小松源助訳：ソーシャル・ケース・ワークとは何か．中央法規出版, 1991, p.162.
3) 小松源助：アメリカにおけるケースワーク発達の基調—レイノルズの基軸をとおして．ソーシャルワーク理論の歴史と展開，川島書店, 1993（初出は1983年）．
4) C.トール著，小松源助訳：コモン・ヒューマン・ニーズ．中央法規出版, 1990.

第3章 小松源助論文著作抄録

S＝昭和 H＝平成

論文・著作名：ソーシャルワーク実践の源流とリッチモンドの貢献 　　　　　　―『貧しい人々への友愛訪問』を中心に
共著者名：　　　　　　　　　出典：ソーシャルワーク実践理論の基礎的研究
刊行年：2002（H14）年　　巻・頁：pp.43-69
Keyword：メアリー・リッチモンド、貧しい人々への友愛訪問、 　　　　　友愛訪問の理念と原則

＜概略＞

　現代ソーシャルワークの創始者であるメアリー・リッチモンド（Richmond,M.）は、1899年に『貧困者への友愛訪問』を著した。本文献は、わが国にほとんど紹介されていないリッチモンドの処女作である本書の内容、意義、特質について紹介し、検討することを中心にして、ソーシャルワーク実践の源流とリッチモンドの貢献について論述している。

＜内容＞

1．本書の意図と構成

　本書においては、慈善組織協会活動の「組織化」の側面よりも、その根幹をなすものとして重要視されてきた「友愛訪問」（裕福な人びとがボランティアとして貧しい人びとを訪問し友愛関係を結べるようにする活動）としてなされている「慈善になる援助活動」を効果的に進めるための、

「資格条件」と「基本原則」に焦点を当てて考察を展開しようとした。
2．友愛訪問の基本的な理念と原則
　リッチモンドは「友愛訪問は、貧しい人々の家族の喜び、悲しみ、判断、感情、生活についての見方全体について、内面にわたって、また絶え間なく理解し、共感していくことなのである」と述べている。これは「強い一般的な主張のみでは十分ではない。むしろ小さな部分を辛抱強く研究することによってのみ、また実際の条件に即してつねに原則を改めながら適用することによってのみ進歩がなされる」という信条に基づくものであった。
　理念の第1は、「個性」を尊重していくという点であり、これは貧しい人びとの側のみならず訪問員側も含めて個性を尊重していくことの重要性を力説している。
　理念の第2は、友愛訪問員が貧しい人びとと、その家族に対して「真の友」としてかかわっていくということで、さまざまな場面における具体例を通してそれを考察している。
　リッチモンドは、救済に関する考え方の変化にふれて「慈善として与えられる現金と品物はそれ自体として何ら道徳的な特性を持っていない。（中略）すべては、『いかに与えるか』によっているのである」と述べて、救済について「6つの原則」を示している。
　さらに救済の原則をもふまえ、最後の章において「友愛訪問にかなり普遍的に適用する若干の原則を明確にするように努力してみたい」として6点に分けて考察を試みている。
3．本書に対する評価―リッチモンド研究の課題
　本書に対してドル（Drew,P.）は、「友愛訪問員に必要な原則と技法を記述し、友愛訪問としてなされる包括的処遇について初めて考察が加えられている。リッチモンドの名を全国的に知らしめるにいたった」と総括している。最後に著者はリッチモンドの活動と業績に対して、「その遺産を正しく21世紀に継承していくようにしなければならないであろう」と結んでいる。
　　　　　　　　　　　　　　　　　　　　　　　（文責：中山　幸代）

| 論文・著作名：メリー・リッチモンドの思想と生涯 |
| 共著者名： 出典：ソーシャルワーク理論の歴史と展開 |
| 刊行年：1993（H5）年　巻・頁：pp.33-67 |
| Keyword：メリー・リッチモンド、貧困者への友愛訪問、慈善の協力、社会的診断論、ソーシャル・ケース・ワークとは何か |

＜概略・内容＞

1．出発（1861～1889年）

アメリカ・イリノイ州のベレビィレで出生、ボルチモアに移った後、両親が結核で死亡し、祖母と叔母に養育された。16歳でハイスクールを卒業後、2年間ニューヨーク市で庶務事務員として働き、その後ボルチモアで会計係や庶務補助員の職につくが、仕事は単調なものであった。

2．ボルチモア時代（1889～1900年）

ボルチモア慈善組織協会の会計補佐の職を得、慈善組織運動について指導を受け、友愛訪問員の仕事にも携わった。2年後財政の健全化を果たした功により、1891年総主事に選出された。1899年に『貧困者への友愛訪問』を著し、ソーシャルワークにおける指導的人物として広く認められるに至った。友愛訪問は慈善組織運動の根本理念を生かすものであり、慈善組織化に関連した協力、調査および登録などのすべてのものは、友愛訪問に帰着していくべきであるというのが基本的立場であった。

3．フィラデルフィア時代（1900～1909年）

当時困難な状態にあったフィラデルフィア慈善組織協会の総主事に就任し、改革を進めて再組織化に成功した。1901年に論文「慈善の協力」において、「現代慈善事業が困窮している家族を助けようと努力する場合における資源」を知り、それらとの同意と協力の必要性を強調した。彼女は慈善の資源を家族、個人、近隣、市、私的慈善団体、公的扶助資源の円環として示した。この時代彼女は、地域の社会改革の指導者になった。当時の慈善組織事業は、「貧困の撤廃」を求めて社会改革のみを主張するグループが主流を占めており、ケースワークと社会改革との相互関連性を認識させることが彼女の重要な課題であった。

4．ニューヨーク時代（1）（1909～1917年）

ラッセル・セイジ財団の慈善組織部部長に就任し、「研究、指導および出版」活動に専念。慈善組織部は、彼女の指導のもとにソーシャルワークに対する教育と訓練にあたった。1917年『社会的診断論』を出版し、高い評価を得た。同書の目的は、ケースワークが共通に所有することのできる知識、方法を確立することによって、ケースワークを専門的な水準にまで高めようとすることであった。必要な技術として「臨床的調査」の社会的価値を強調し、「社会的診断」の過程を体系化し、基礎づけた。

5．ニューヨーク時代（2）（1917～1922年）

1922年『ソーシャル・ケース・ワークとは何か』を出版。「ケースワークは、個別的に、人間とその社会的環境との間に、意識的に適応をもたらすことを通じてパーソナリティを発達させるところの過程からなりたっている」と定義し、専門的技術として、①個性および人的特徴についての洞察、②社会的環境の資源、危険および影響についての洞察、③心と心の直接的活動、④社会的環境を通じての間接的活動の4つをあげた。

6．晩年（～1928年）

最後の10年間は婚姻法の問題の研究に力を注ぎ、『婚姻と国家』の校正段階であった1928年9月12日に「がん」で死去。彼女が愛していたボルチモアに葬られた。

（文責：中山　幸代）

S＝昭和　H＝平成

論文・著作名：アメリカにおけるソーシャルワークの成立過程	
共著者名：	出典：ソーシャルワーク理論の歴史と展開
刊行年：1993（H5）年（初出1979〔S54年〕）	巻・頁：pp.1-32
Keyword：救貧院、慈善組織協会、セツルメントハウス運動、全米慈善・感化会議	

＜概略＞

著者は本論文において、ソーシャルワークの成立と発展に貢献したリッチモンド（Richmond,M.）の生涯と功績を理解するために、リッチモンドが活躍する前の段階、すなわち19世紀の近代アメリカ社会の形成と成熟

期を背景に、多くの人びとによってなされた慈善活動の発展とソーシャルワーク誕生の歴史を明らかにしている。

とくに、救貧院、慈善組織協会、セツルメントハウス等のイギリスから導入された諸活動のアメリカ社会における独自の展開を分析している。なかんずく、生活困窮者を道徳的欠陥視する慈善から正確な調査を重んじる科学的博愛や慈善の組織化を経て、科学的視点と社会的正義に基づくソーシャルワークの成立に至る過程が、さまざまな人びとの活動と思想の織りなす発展的流れとして明瞭に分析されている。

＜内容＞

1．救貧の推移

19世紀初頭のアメリカにおいて、増加する貧困者対策として各州に委員会が設置され、救貧法への批判とともに、救貧院や労役場および専門分化した州立施設が普及する経過を概観している。さらに、19世紀中葉、救貧院の劣悪な環境に対抗して、さまざまな私的慈善組織が設立され、その道徳的救貧観による活動のなかから発生した科学的博愛活動の端緒を示している。

2．ソーシャルワークの端緒

19世紀後半、急速な産業化と恐慌などによる貧困者の増加を契機に各州慈善局や慈善組織協会およびセツルメントハウス運動の普及による慈善の組織化が進むとともに、その活動として貧困者との友愛的接触、実態の正確な調査、社会改良の理念など、個人と社会に注目した科学的博愛の進展とソーシャルワークの端緒の発生を明らかにしている。

3．ソーシャルワークの形成

1890年代にリッチモンドらによって生活困窮は個人と社会の相互作用によると提唱され、セツルメントレジデントの社会改良運動と相まって発展した経過を明らかにしている。また、リッチモンドの提唱した福祉の専門教育が全米各都市の学校設立に発展するとともに、全米慈善・感化会議など広域的組織の進展、各慈善組織の多様な機関誌の発行等による情報交換や理論化の促進などソーシャルワーク基盤形成の過程を分析している。

4．ソーシャルワークの発展

　20世紀初頭にリッチモンドが『社会的診断論』を刊行するなど、ケースワークが普及し方法や技術は深化するが、その過程で専門性に疑問が示されると、さらに技術への傾斜を深めることとなった経過を概観している。併せて、家族、精神医学、医療、学校、産業等の各分野にソーシャルワークの専門分化が進むとともにソーシャルワークの共通基盤への模索が始まった経過を分析している。　　　　　　　　　　（文責：佐藤　祐香）

S＝昭和 H＝平成

論文・著作名：『社会的診断論』以降におけるケースワークの動向
共著者名：　　　　　　　　出典：ソーシャルワーク理論の歴史と展開
刊行年：1993（H5）（初出1979〔S54〕年）　巻・頁：pp.69-84
Keyword：リッチモンド、ミルフォード会議、診断派・機能派

＜概略＞

　著者は本論において、リッチモンド（Richmond,M.）の業績を『社会的診断論』が刊行された時期以降のケースワーク理論の深化と全国的普及を示すところから始め、その後、ケースワークの心理学的偏向の時代を経て、第二次大戦後のリッチモンドの再発見と、リッチモンドを継承した新たなソーシャルワークの展開に至るまでの経過を明らかにしている。

　本論の特徴は、まず第1に、リッチモンドの業績が時代を超えたソーシャルワークの普遍的な基盤を提唱したことを示している。第2に、ソーシャルワーク理論がその時代の科学的成果や社会調査による成果を吸収しながら形成されてきたことを指摘している。第3に、時代を超えてソーシャルワークの統合の努力が継続されてきたことを示している。第4に、現代ソーシャルワークの多様な展開に立って、今後の新たな統合を課題として指摘していることがあげられる。

＜内容＞

1．リッチモンドにおけるケースワークの動向

　リッチモンドが『社会的診断論』執筆以降に重視した点、すなわち社会

的治療の重視、社会的諸関係を包括的に調整することによりパーソナリティの発達を目指した点など、心理・社会的ケースワーク理念の発展過程を述べている。

2．「精神医学の氾濫」とその影響

　1920年代にケースワークは精神分析的精神医学に深く影響を受けるようになり、リッチモンドのケースワークは次第に省みられなくなった経過を概観している。

3．ミルフォード会議とその成果

　1923年から5年間、ミルフォードにおいて6つの全国組織によってケースワークの基本的枠組が検討され、ジェネリック・ソーシャルケースワークを提唱した報告書を中心に紹介している。この報告書の内容はリッチモンドを継承したものだったが、現実のケースワークがその後も心理学への傾斜を深めた経過を指摘している。

4．「セラピィ」への偏向

　1930年代から40年代にかけてケースワークがいっそうフロイト心理学への傾斜を深め、診断派と機能派の分化・対立が深刻化したが、反面、ケースワークの内容を豊かにした点やその心理的偏向による限界を示している。

5．ケースワークにおける新たな発展

　第二次大戦後の社会的変動のなかで生じたリッチモンドの再発見に基づくソーシャルワークの新たな展開を取り上げている。その内容としては、トール（Towle,C.）らによる心理的偏向の批判と理論的統合の試み、パンフリー（Pumphrey,M.）らによるリッチモンドの歴史的再評価およびジャーメイン（Germain,C.）、マイヤー（Meyer,C.）、サイポリン（Siporin,M.）らによるシステム理論や、エコロジー的視点によるリッチモンドを継承した新たな理論の展開などの動きを明らかにしている。（文責：佐藤　祐香）

第3章 小松源助 論文・著作抄録

S=昭和 H=平成

論文・著作名：アメリカにおけるケースワーク発達の基調 　　　　　　―レーノルズの軌跡を通して
共著者名：　　　　　　　　　出典：日本社会事業大学研究紀要
刊行年：1983（S58）年　　巻・頁：第29集、pp.85-122
Keyword：自己決定、ケースワークの新しい哲学、一匹おおかみ

＜概略＞

　ソーシャルワーカーの同一性を探求していくルーツとなる人物として、『ソーシャルワーク』誌はロウエル（Lowell,J.）、リッチモンド（Richmond,M.）、アダムス（Addams,J.）とともに、レーノルズ（Reynolds,B.）をあげている。レーノルズは社会正義に立脚し、精神医学の氾濫のなかにあっても「セラピィ」におぼれることなく、「自己決定」を根幹にした「ケースワークの新しい哲学」を主張した。それはケースワーク発展史上はじめての主張であり、意義深い。

　レーノルズは当時のソーシャルワークや精神医学のいずれにも属さない「一匹おおかみ」であったが、豊かな経験と名声によってスミス大学ソーシャルワーク大学院副学部長に招聘され、教育・研究活動に携わることになった。

　社会的責任感をもって実践活動に取り組んできたレーノルズは、教育・研究活動を多面的に推進しながら、社会活動にも積極的にかかわった。そのなかで、専門職団体や社会福祉体制を一部のエリートが支配することに異議を唱え、ランク・アンド・ファイル運動にかかわり、「ケースワークとは何か、現在の社会においてケースワークが果たす任務は何か」を問い直そうとした。こうしたなかで限定されたケースワークのとらえ方を打破し、新しい哲学に立脚したケースワークの発達を図ろうとした。その過程で「ソーシャルワーク教育において最大の弱点は理論ではなく、理論の実践への適応である」とし、スーパービジョンやコンサルテーションの必要性を訴えた。また、ソーシャルワークは生活の一部であるとし、新たな実験を試み、『ソーシャルワークと社会生活』を著して、産業におけるソーシャルワークの先駆者となった。こうしたレーノルズの情熱的な取組みは、

若きソーシャルワーカーたちのためにとまとめられた自伝、『海図のない旅』に集大成されている。
本論文は、レーノルズの語録を交えてその生涯とアメリカのソーシャルワーク発展の基調を、織りなすような臨場感をもって余すところなく伝えている。

＜内容＞
1．レーノルズ研究の意義
2．「海図のない旅」への出発（1886～1913年）
3．ソーシャルワーカーとしての修練（1914～1924年）
4．ソーシャルワーク教育・研究・社会活動の展開（1925～1937年）
5．新しいソーシャルワーク実践の開拓（1938～1947年）
6．『海図のない旅』の完成（1948～1978年）

（文責：新保　祐元）

S＝昭和 H＝平成

論文・著作名：ソーシャルワーク実践における機能派アプローチの形成と展開（その1）		
共著者名：	出典：ソーシャルワーク実践理論の基礎的研究	
刊行年：2002（H14）年	巻・頁：pp.71-106	
Keyword：機能派アプローチ、診断派アプローチ		

＜概略＞

　本論文では、診断派アプローチ（diagnostic approach）との対立を通して注目されていた機能派アプローチ（functional approach）について、その後両派が統合化していく過程でその関心が薄れていることから、機能派の意義と特質についてまとめることを目的として、機能派アプローチの形成と発展に寄与したパイオニアの生涯と思想、実績がまとめられている。

　まず、機能派アプローチが形成・推進される以前の1920年代に、すでにその基盤があったことを、パイオニアとしてのタフト（Taft,J.）とロビンソン（Robinson,V.）、その拠点であるペンシルベニア・ソーシャルワーク学校の研究成果を通して示し、次に、1930年代の機能派アプローチ形成

と発展の状況について説明している。

<内容>

1. 1908年のシカゴ大学で出会ったタフトとロビンソンは、協働関係を築きながら機能派アプローチを中心とした研究で成果を上げ、ペンシルベニア・ソーシャルワーク学校の教育に寄与した。
2. ペンシルベニア・ソーシャルワーク学校は、人間行動に対する社会学的アプローチを強調し、個人が多様な社会関係に影響されることの重要性を確認するなど、機能派アプローチ形成の拠点として重要な役割を果たした。
3. 1919年の全国ソーシャルワーク会議で、「精神医学的観点」の重要性が強調され、支配的勢力となり、タフトとロビンソンもランク（Rank, O.）の精神医学の影響を受けた。
4. タフトは、処遇場面ではランク派のセラピィの方法を採用していたが、精神分析に力点を置いて直接的な経験を軽視することなく、セラピィとケースワークを区別しその相違点を明確にする課題に取り組んだ。ロビンソンは、ワーカーに絶え間ない自己訓練を要求し、「専門職としての自己の発達」の重要性を説いた。
5. 著者は、タフトの論文のなかで、①援助過程を基本とする、②援助過程においては機関の機能のみをコントロールする、③ワーカーの専門的な技能（スキル）の発達を不可欠の課題とするという3つの点に注目している。
6. ロビンソンは、ソーシャルワーク実践における技能の独自性、専門のソーシャルワーク学校の技能教育の方法、その技能の承認状況について問題提起し、その体系化の努力が機能派アプローチを形成した。
7. 機能派アプローチの適用分野は、児童養育委託サービスの分野で最初に形成され、次に公的扶助サービス、家族福祉サービスに拡大した。
8. ペンシルベニア・ソーシャルワーク学校の責任者を務めたプレイ（Pray, K.L.M.）は、専門職としての目的の遂行は、機関によって規定されコントロールされた機能の範囲に定められ、結果は他の人の力によって決定づけられることを認識すべきであり、ワーカーは訓練を受け、専

門職として実践するなかでも自己を発達させることが求められると主張した。

（文責：君島　菜菜）

S＝昭和　H＝平成

論文・著作名：ソーシャルワーク実践における機能派アプローチの形成と展開（その2）	
共著者名：	出典：ソーシャルワーク実践理論の基礎的研究
刊行年：2002（H14）年　巻・頁：pp.107-130	
Keyword：機能派アプローチ、ソーシャルワーク実践理論、ケースワーク基本概念	

<概略>

　ここでは、機能派アプローチの画期的業績とみなされたスモーレイ（Smalley,R.E.）の著書『ソーシャルワーク実践理論』（Theory for social work practice. 1967）を中心に、機能派アプローチの特質について、①機能派アプローチと診断派アプローチの対立・抗争をめぐる動向、②機能派アプローチの深化とスモーレイによる体系化の道程、③『ソーシャルワーク実践理論』の時代背景と意図、④ソーシャルワーク実践の目的と範囲および方法、⑤ソーシャルワーク実践の基盤と原則、⑥ソーシャルワーク実践の継承と課題の6テーマに分けて検討している。

<内容>

1．1947年、プレイ（Pray,K.L.M.）の「ソーシャル・ケースワークの一般原則をめぐる再論」報告から、機能派と診断派の対立・抗争は表面化した。同年、アメリカ家族サービス協会が両派合同でケースワーク基本概念の検討委員会を設置したが、両派の概念には明らかに相違があり、とくにパーソナリティの発達と構造、発達に影響する要因の概念は大きく異なり、用いられる方法・技法もまったく異なるという結果となった。

2．1950年代、機能派アプローチは発展の第2段階に入った。ペンシルベニア・ソーシャルワーク学校がペンシルベニア大学に統合され、スモーレイら教授陣が補強され、大学院となってすぐれた博士論文が公刊されたこと、ソーシャルワーク学校の学術誌が刊行されたことも機能派アプローチの発展に大きく影響した。

3．スモーレイは、ソーシャルワーク教育において、「サイコセラピィ」と異なる「精神医学ソーシャルワーク」の独自性を明確にしようとした。また、『ソーシャルワーク実践理論』が出版された1960年代は、アメリカのソーシャルワークの変革の時期であったが、機能派ソーシャルワークは、人間がもっている創造的可能性と人間の発達に影響する社会的・文化的要因の重要性を強調する「成長する心理学」を基盤としており、その目的を社会的な観点から規定したため、社会的問題から関心がそれることはなかった。

4．スモーレイは、専門的ソーシャルワーカーは地域社会に即したソーシャルワーク・プログラムを運営・発展させていく責任をもっているとし、実践の方法については、ケースワークからソーシャルワーク教育までを1次的方法と2次的方法に区分し、方法ごとにその特質を確認することによって、ソーシャルワーク実践の体系化を促進しようとした。

5．スモーレイは、ソーシャルワーク実践に共通する包括的な基盤を「心理的基盤」「社会的基盤」「過程的基盤」という三本柱にまとめ、その意義について解明している。　　　　　　　　　　（文責：君島　菜菜）

S＝昭和　H＝平成

論文・著作名：多問題家族に対する家族中心アプローチの意義と基本的枠組み
共著者名：　　　　　出典：ソーシャルワーク実践理論の基礎的研究
刊行年：2002（H14）年（初出1965〔S40〕年）　巻・頁：pp.166-177
Keyword：多問題家族、家族中心処遇計画、家族機能様式概要

＜概略＞

　「多問題家族」は、1950年代からアメリカなどにおいてソーシャルワークの対象課題として広く認知され、実践方法が研究されてきたが（イギリスでは1940年代に「問題家族」として注目された）、わが国ではこのような分野の活動が乏しいことから、著者は、本論文を「多問題家族」の概念や活動に関する概観の試みとして序説的に位置づけている。

　「多問題家族」は重複する社会的問題をもつとともに、家族による問題

の認知や対処の仕方に特徴があり、家族中心アプローチはこのような家族に対するソーシャルワークの処遇方法として発展した多彩な活動を含んでいることを明らかにしている。

　著者は、多問題家族へのアプローチは、その名称上の問題や概念が不十分であることおよび実験的な域を出ない処遇方法などの課題があるけれども、多数の事実認識や問題意識を基盤として、地域社会のなかで体系づけられたソーシャルワークの重要な活動領域であり、これらの課題解決や今後の発展が期待されることを指摘している。

＜内容＞

1．多問題家族へのアプローチ

　著者は多問題家族研究の欧米における興隆にふれ、今後、わが国でも取り組むべき課題として問題提起を行っている。

2．多問題家族の概念

　アメリカにおいて多問題家族概念が認知された経過を明らかにしている。すなわち、1949年、セント・ポール市と周辺地域で行われた地域社会調査において、多くの費用とサービスを集中しているにもかかわらず効果が上がらない少数（6％）の家族を把握し、その処遇を地域機関全体で検討したことが契機となったことを示している。

3．多問題家族の特質

　多問題家族の特徴と対策を次のように示している。①家族の特徴として、社会的問題が重複して存在し、問題の慢性的経過や処遇への抵抗および地域・社会機関への不信などを示している。②多問題家族に対する実験的試みとして、家族中心処遇計画による長期間の家族中心ケースワーク活動が行われた。③多問題家族の診断尺度の例として「家族機能様式概要」を紹介している。④アメリカやカナダ各地で多問題家族の概念、家族診断、処遇等の研究や実践が発展し体系化されてきた経過を分析している。

4．多問題家族の処遇

　①各地で行われてきた多問題家族に対する処遇方法の分類例として、ラーゲィ（Lagey,J.C.）とアウレス（Ayres,B.）によるものを紹介している。すなわち会議方式、集中的ケースワーク方式、複合サービス方式、地域発

展方式、その他の方式に区分されている。②著者はこれらの方法が相互に関連しており、強調点の違いで区分されるにすぎないことを指摘している。③これらの処遇方法の内容は、多様な関係者の連携、専任職員による集中的家庭訪問、ケースワーク・グループワーク・コミュニティオーガニゼーション等の併行実施、地域社会への働きかけ、ボランティアやホームヘルパーの活用、母子の再教育などの広範な方法を含んでいることを明らかにしている。 （文責：佐藤　祐香）

S＝昭和 H＝平成

論文・著作名：「問題家族」へのソーシャルワーク実践アプローチの展開
共著者名：　　　　　　　　出典：ソーシャルワーク実践理論の基礎的研究
刊行年：2002（H14）年（初出1966〔S41〕年）　巻・頁：pp.179-202
Keyword：社会的問題集団、同質集団、精神的未成熟

＜概略＞

　著者は、「問題家族」をめぐる問題がイギリスの現代社会的サービス体系にきわめて重要な意味をもっていることを前提に、その概念をめぐって行われた初期段階の論争に焦点を当てている。すなわち、初期の「問題家族」概念には、以前から存在した生物学的（優生学的）観点や同質集団的視点が含まれていた。この視点が論争の末に否定され、その後に「精神的未成熟」概念が加えられたが、この概念にも批判が生じた。著者は、「問題家族」概念によって処遇活動が普及する一方で、概念をめぐる論争によって検討が深まり、家族中心アプローチの理論と方法が発展してきた過程を明らかにするとともに、ソーシャルワークの基本的な課題を提示している。

＜内容＞

1．問題家族の意義

　イギリスにおける「問題家族」概念が、ベバリッジ勧告による福祉推進の過程で、一般的な社会保障や福祉サービスでは解決できない福祉対策上の重要課題と位置づけられ、実験的活動と調査が数多く行われるとともに、

概念をめぐって社会福祉サービス体系にかかわる基本的課題を含む論争が展開されたことから、この時期の研究の意義を重視している。

2．問題家族の概念をめぐる動向

1）著者は、1929年、イギリスにおける精神欠陥者の実態調査において下層階層で精神的欠陥や多くの社会的問題をもつ家族が注目され、生物学的欠陥をもつ同質的集団すなわち「社会的問題集団」と規定された観点が、1943年の調査で提起された「問題家族」概念に無批判に継承された経過を分析している。

2）1940年代の家族中心アプローチの初期段階において、「問題家族」概念の問題を含みつつも処遇活動が普及し、公的および民間の家族福祉機関の整備と組織化が進展した経過を明らかにしている。

3）1950年代に、「問題家族」の根拠のない生物学的、同質集団的視点に対して事例調査に基づいて強い批判が提起され、さらにその後、精神医学的視点による「情緒的未成熟」概念に対しても心理経済的ストレス説に基づく批判による論争が行われた。著者は、これらの論争を経て家族中心アプローチがさらに検討され、個別化の重視や処遇方法の多様化などによって発展してきた過程を分析している。

4）現在まで問題家族の名称を巡って議論されているなどの課題を示している。

3．今後の研究課題

著者は今後の研究課題として、イギリスにおける民間家族福祉組織 Family Service Units の研究、アメリカの多問題家族およびわが国の動向などをあげている。また、アメリカでは「多問題家族」に代わり「危険な状態にある家族」の名称が普及しつつあることを指摘している。

（文責：佐藤　祐香）

S＝昭和 H＝平成

論文・著作名：セント・ポール市における「家族中心計画」についての考察

共著者名：　　　　　　**出典：**ソーシャルワーク実践理論の基礎的研究

刊行年：2002（H14）年　**巻・頁：**pp.203-240

Keyword：家族中心ケースワーク、問題家族、共同（集団）経験

＜概略＞

　問題家族への接近法を、セント・ポール市のFamily Centered Project（FCP）による実験計画の経過と特質をもとにかいまみ、家族中心ケースワークの基本概念と方法を導き出すための検討を行っている。

　それは、これまでクライエント個人を援助することは知っていたものの、家族全体を動かしていくことを知らなかったため、問題がしばしば問題の起こったときだけの個人およびその場での対処に終わってしまうことから、個人の問題を含めて家族全体の問題に着目した処遇の発展が必要であるとの認識による。

　そこでFCPは、多問題家族を選定し、さまざまな所属機関の1人のケースワーカーが家族全体のニードに取組み、家族中心処遇方法の発展を体系化していくための共同経験の場を用意した。こうして問題家族を援助していくために地域社会資源を動員し、関係機関相互の連携と調整を効果的に図る手順の確立を目指したのである。この実験経過は、ケースワークやコミュニティ・オーガニゼイションおよびリサーチなどの発展に著しく貢献した。それは共同経験（集団経験）の成果という特質をもっている。

　この経験と成果は『ケースワーク・ノートブック』として出版され、家族に基礎を置く公的福祉行政と査察指導の原則に貢献するとともに、家族員の問題に着目した家族中心処遇が地域の各機関で日常業務に導入されるに至った。本論文には、この間の経緯を、FCPの調査概要および事例への取組みによる成果を紹介するかたちでまとめられている。

＜内容＞

1．背景：1947年にFamily Unit Report Studyと称して地域福祉組織化への機構改革を試みた調査研究ですぐれた業績をもつビュエル（Buell,B.）

から提案を受け、地域福祉組織化の進展を図ろうとして生まれたFCP実験計画実施への経緯が述べられている。
2．実現化への経過と基本理念
3．運営機構の特質：コミュニケーション・オーガニゼイション領域の実験として出発し、集団経験が処遇概念と方法を発展させた。
4．家族の特質とケース事例
5．家族中心ケースワークの基本概念と方法：家族を全体として理解していく指針を「社会診断のための模索」としてまとめ、パートナーシップなどの援助方法を概説している。
6．家族中心処遇が公的機関に定着していく効果とその発展が述べられている。 　　　　　　　　　　　　　　　　　　　（文責：新保　祐元）

S＝昭和 H＝平成

論文・著作名：イギリスにおけるFamily Service Units の貢献
共著者名：　　　　　　　　出典：ソーシャルワーク実践理論の基礎的研究
刊行年：2002（H14）年　巻・頁：pp.241-270
Keyword：多問題家族、問題家族、家族ソーシャルワーク、家族中心アプローチ

＜概略＞

　英米の多問題家族へのアプローチは、1960年代末に途絶えてしまった。その背景にある理由を1978時点でのイギリスの民間機関、ファミリー・サービス・ユニット（FSU）が地域を基盤にして実践する多問題家族（イギリスでは、問題家族という用語を使うのが一般的）へのアプローチとその援助活動を紹介し、そこにソーシャルワークの基本があるのではないかと問い直している。全体の構成は、①問題意識、②FSUの先駆的活動とその前史、③組織構成と運営の特徴、④援助対象すべてが問題家族であるが、その実態と援助活動の根底にある問題の基本的とらえ方、⑤発展してきたサービスの一覧と家族ソーシャルワーク活動の詳細な事例、⑥今後の課題の6つに分かれている。

<内容>

1．1970年代、問題家族に対する取組みは、家族自体を問題視するのではなく、これら家族がかかえる問題の背景に、社会の問題があることに焦点が移るようになってきた。
2．イギリスには、1941年、戦前からのクエーカー教の信念に基づき、説諭ではない、具体的手助けとわかりやすい親密な関係をつくり、問題家族へ積極的にかかわる援助活動があった。
3．1980年の時点では全国に22カ所の支部があり、独立採算の運営を行い、財政は公的補助8割、そのうちの大半が人件費である。
4．対象となる家族は、すべて地方自治体社会福祉部から見放された問題家族である。これら家族に特徴的な、「情緒的に未成熟」な点に着目し、家事や両親の教育など、具体的な援助を提供し、基本的な人間関係をつくり、心理的にも改善していくことを目指している。
5．サービスプログラムは支部によって異なるが、家事援助、家族治療を含む家族ソーシャルワーク、子ども、成人、両親対象グループワーク、コミュニティワーク、相談、教育、制度利用などがある。
6．FSUは、1970年代末まで、個人のパーソナリティに忍耐強くつき合う専門技術訓練の場として、指導的・推進的役割を果たし貢献してきた。しかし、専門職化し、他機関も同様の活動をするようになり、民間機関として新たな独自性や活動展開が求められてきている。その一つに方法の統合がある。

（文責：鈴木　孝子）

論文・著作名：ソーシャルワーク実践におけるストレングズ視点に関する考察
共著者名：　　　　　　　　　出典：ソーシャルワーク実践理論の基礎的研究
刊行年：2002（H14）年　巻・頁：pp.131-152
Keyword：ストレングズ視点、エンパワーメント

＜概略＞

　ストレングズ視点は1990年代のアメリカにおいて登場した新しい試みである。日本でも注目されているが、まだ導入段階にあるといえる。ストレングズ視点に結びつく理念や概念は、ソーシャルワーク実践の歴史的発展過程において、リッチモンド（Richmond,M.）ら先駆者の業績をみれば確認できる。ここでは、その形成要因として近年の試みを取り上げて、それらがストレングズ視点に与えた影響について考察している。ストレングズ視点を体系化する試みとして、サリーベー（Saleebey,D.）の研究を取り上げており、ストレングズ視点の前提条件や鍵となる概念について概観している。また、最近の実践動向に言及し、ストレングズ視点に基づくソーシャルワーク実践における今後の検討課題を示している。

＜内容＞

1．ラップ（Rapp,C.A.）の指摘によるとストレングズ視点は、重度で慢性的な精神障害者に対する試みから始まり、近年は対象者や領域を拡大して適用されるようになっている。アメリカでは、ストレングズ視点を一つの実践準拠枠として導入しようとする試みが進められている。また、エンパワーメントを目指す実践の前提として、ストレングズ視点を基本に据える試みが推進されるようになっている。

2．ストレングズ視点は1980年代後半から90年代初めに登場した。その形成要因について、直接的な影響を与えた近年の取組みとして、①ラップらによる「ストレングズモデル」、②ウェイク（Weick,A.）による「ヘルス（健康）モデル」、③ゴールドシュタイン（Goldstein,H.）による「ヒューマニスティックアプローチ」を取り上げて考察している。

3．ストレングズ視点を体系化する試みとして、サリーベーの研究を取り

上げている。サリーベーはストレングズ視点を概念化するうえで一定の前提条件があると述べ、「ストレングズ視点の原則」を5項目に整理している。さらに、「鍵となる概念」として、①エンパワーメント、②成員性、③復元力、④治癒（癒し）と全体性、⑤対話と共同、⑥疑惑の払拭を提示している。

4．今後の検討課題として、マイリー（Miley,K.K.）らが実践過程を「対話」「発見」「進展」の3つの局面に再編成し、ワーカーとクライエントのパートナーシップを重視する点、また、「問題、病理中心」から「ストレングズ中心」さらには「解決中心」へと基本的あり方の転換が図られようとしている点、そして「文化固有のストレングズ」を重要視する点を指摘している。　　　　　　　　　　　　　　（文責：廣澤　昇）

S＝昭和 H＝平成

論文・著作名：家族中心サービスの展開と課題―アメリカにおける試みを中心にして
共著者名：　　　　　　　出典：社会福祉援助活動のパラダイム
刊行年：2003（H15）年　巻・頁：pp.13-32
Keyword：家族中心実践、家族療法運動、家族保全サービス、ハイリスク家族

＜概略＞

アメリカでこの30年間に発展してきた家族中心サービス、あるいは家族中心実践は、日本の児童福祉、児童精神保健、少年審判分野のソーシャルワーク実践にとっても示唆に富む展開となっている。本論文では、アメリカにおける家族中心サービスの展開と体系化の傾向を紹介し、解説している。

＜内容＞

Ⅰ．問題意識

アメリカの家族中心サービスの発展と体系化は、日本の児童福祉、児童精神保健、少年審判にも示唆するところが大きいと考える。

Ⅱ．家族中心サービスの展開過程

家族中心サービスの源流は、1954年から始まった家族中心計画であり、

その後家族療法運動の展開とそこからの影響を大きく受け、家族を単位とするアセスメントや処遇技法を取り入れ、1970年代末には、家族保全運動、とくにホームビルダーズの実践が、家族中心計画を再生したかたちで浮上することになる。1980～90年代には、それまでの実践への批判を受け、貧しいひとり親家族や薬物中毒の母親に起こりがちな、子どもへの虐待・放任に対する実践と方法を確実なものにし、反省し、成果を上げていることを報告している。

Ⅲ．家族中心サービスプログラムの全体関連性／Ⅳ．家族中心サービスの体系化をめぐる課題／Ⅴ．今後への期待

　家族保全運動の先駆者といえるカプラン（Kaplan,L.）は、複合問題家族（ハイリスク家族ともいう）に対する実践のなかで、今でいう10の家族中心プログラムを紹介している（1986）。その一つにホームビルダーズがあり、このモデルは、多様な展開をみる家族保全運動のなかでもすぐれた実践活動である。しかし、初期に開発された集中的家族保全サービスのほかに、その後、家族支援サービス、家族保全サービスと3類型のさまざまなサービスプログラムが生まれてくる。これらサービスの体系化も一つの課題であるが、この実践が革新的なところは、基本的な考え方にある。たとえ児童虐待をする親であっても、児童や家族の権利を擁護し、家族のもつ強さを評価して、家族のニーズと見方を尊重するという意味で、新パラダイムであり、児童福祉の新しいモデルといえる。（文責：鈴木　孝子）

S＝昭和 H＝平成

論文・著作名：ケースワークの源流と最近のアプローチの動向	
共著者名：	出典：（続）ソーシャルワーク研究・教育への道
刊行年：1997（H9）年　　巻・頁：pp.131-152	
Keyword：ケースワーク、リッチモンド、トール	

＜概略＞

　ケースワークの基本的な理解をするうえで、そのルーツをふまえて検討していくことが重要である。ここでは、リッチモンド（Richmond,M.）と

トール（Towle,C.）のケースワーク論を取り上げて、その特質について論じている。代表的な著書として、リッチモンドでは『社会的診断論』と『ソーシャル・ケース・ワークとは何か』、トールについては『コモン・ヒューマン・ニーズ』を取り上げている。ケースワークの基本的視点や社会福祉の人間理解などの諸点について整理しており、そこには現在にも通じる視点がすでに述べられていると指摘している。ケースワークの歴史のなかで多様なアプローチが発展してきた。具体的なアプローチとして、①危機介入、②多問題家族へのアプローチ、③社会的支援ネットワーク・アプローチに注目し、それらの特質について概観している。

＜内容＞

1．ケースワークのルーツとして、リッチモンドとトールの業績を取り上げてその特徴について整理している。

2．ケースワークを最初に体系化したリッチモンドのケースワーク論の特質として、「個別援助と社会改良の2つの視点を関連づける」「ケースワークの共通基盤を明確にする」「具体的な取り組みや経験を重視し、その中から一定の原理・原則を導き出す」「クライエントの主体性を尊重する」「社会的諸関係を調整することによって、パーソナリティの発達を図る」といった5点をあげている。

3．トールは公的扶助で扱った事例の検討を通して、ケースワークの原理・原則を明らかにし、『コモン・ヒューマン・ニーズ』として出版した。同書でトールは、ケースワークは手順や機関中心ではなく、クライエント中心に展開しなければならないとしている。また、ケースワークの立場から人間理解を深めようと試みたことは、現在のノーマライゼーションの理念にもつながるものである。

4．ケースワークはリッチモンドとトールをルーツとしながら、現実の状況に応じて多様なアプローチを発展させてきた。具体的なアプローチとして、①危機介入、②多問題家族へのアプローチ、③社会的支援ネットワーク・アプローチを取り上げて、それらの意義と特徴を整理している。ケースワークの基本を学ぶとともに、現場の実践に即して、各アプローチを生かすことが重要である。　　　　　　　　　（文責：廣澤　昇）

S＝昭和 H＝平成

論文・著作名：地域福祉を担う心配ごと相談活動—相談活動の推進をめざして
共著者名： 　　　　　　　出典：（続）ソーシャルワーク研究・教育への道
刊行年：1997（H9）年　　巻・頁：pp.176-195
Keyword：心配ごと相談活動、生活問題、生活意識、ニーズの確認、プライバシーの保護

<概略>

　1960（昭和35）年から、社会福祉協議会において行われてきた「心配ごと相談所」活動の果たしてきた歴史的な役割をふまえ、21世紀を目前にした社会福祉の新しい動向と展開内容に言及し、今後の心配ごと相談活動の方向性と課題、留意する点について指摘している。社会福祉の新しい動向と展開内容のとらえ方として、「生活問題の動向」「生活意識の動向」について理論的な考察を加えたうえで、その基本的な視点のもとに社会福祉の制度改革や新しい実践のあり方を模索する必要があるとしている。また、心配ごと相談所活動の歴史的経過から、1983（昭和58）年にまとめられた運営指針に立脚した相談の必要性を指摘し、地域福祉相談としての心配ごと相談活動の展開の課題と、そのすすめ方の留意点について言及している。

<内容>

1．著者は、社会福祉の新しい展開には、「生活問題の動向」と「生活意識の動向」をとらえる視点からの改革が必要として、生活問題を人生80年、慢性病、家族危機などの時代に特有な動向をふまえて理解することと、生活意識の動向を人権意識の高揚とノーマライゼーション理念の浸透のなかでとらえることと整理している。
2．心配ごと相談活動の歴史的な経過をふまえて、民生児童委員の活動全体のなかでの相談活動の位置づけと、社会福祉協議会を主体とした活動のあり方についての反省点を指摘している。
3．地域福祉相談としての心配ごと相談活動は、地域中心の相談活動であり、その活動に留意することを次項4にあげる3点に集約している。
4．心配ごと相談は、①地域住民の相談ニーズを中心にし、②地域にある

社会資源と提携して支援体制を確立し、③来談者との信頼関係の確保のためのプライバシー保護が必要とされる。
5．さらに相談活動のすすめ方として、相談に至るまでの経路をふまえた検討と、住民に対する情報の提供、援助の手を差し伸べて出向いていく相談の必要性を強調している。
6．援助結果を確認してフォローアップすることと、利用者から学ぶ姿勢が必要とつけ加えている。 （文責：荒田　寛）

S=昭和 H=平成

論文・著作名：ソーシャルワーク研究における価値と倫理に関する諸問題―ストレングズ視点からの考察
共著者名： 　　　　　　出典：ソーシャルワーク研究
刊行年：2000（H12）年　巻・頁：26(2)、pp.4-10
Keyword：エンパワーメント・アプローチ、ストレングズ視点、自己決定の原則、健康

＜概略＞
　ソーシャルワーク実践のパラダイムの転換が進展するなか、専門職としてソーシャルワークの共通基盤の中核である価値と倫理に関する諸問題に対応するには、エンパワーメント・アプローチの重要性を再確認する必要がある。とくにその基底にある「ストレングズ視点」の内容を明確にし、認識を深めていくことが求められている。ストレングズ視点は、1970年代後半より医学モデルを批判し、それに対峙した生活モデルが評価され、提唱されてきたことに連動しながら、独自の発展状況を示している。著者は、ソーシャルワークが医学的モデルから脱却して、その指針となる価値観と役割期待が一致する枠組みを示すために、ストレングズ視点の発展の歴史的経過を概観し、基本的な構成要素を明確に示している。

＜内容＞
1．ストレングズ視点は、1982年のカンザス大学の精神障害者を対象にしたケースマネージメントにおいて、「自分自身の能力や関心を発展させ、ニーズを表明することを学ぶ」活動が評価されたことに端を発している。

2．精神障害者に対応するケースマネージメントにおけるストレングズモデルは、1988年にラップ（Rapp,C.A.）によって集大成され、また1997年には、ストレングズ視点は精神障害者以外にも拡大され、個人に対応するソーシャルワーク実践から地域組織開発などに、またソーシャルワークの教育訓練にも活用され、すべてのサービスにおいて肯定的な結果を示したとまとめている。

3．ウェイク（Weick,A.）はカンザス大学の経験をもとに、「エコロジカル視点」の意義を認めつつも、生態学よりも「ヘルシー」（健康）を採用することによって、ストレングズ視点の独自性を求め、その基本的構成要素3点を次の4〜6にあげてまとめている。

4．ストレングズ視点は、パラダイム転換の中心に「自然治癒力」を据え、自己決定の原則を強調し、技法に頼らないでクライエントとの関係という媒介により、ニーズを達成する環境を創造し、共に変化する過程にかかわるとしている。

5．また、児童期の発達だけでなく成人期の成長課題である健康の構成概念にも循環的に展開されるとしている。

6．そして、自己決定の原則の抑制や制限に対して、「内部からの知識」の意義を強調し、内部能力が生き生きとした見解を生み出すとしている。

7．著者は、ストレングズ視点の提起する論点が、ソーシャルワークの価値と倫理に関する問題を考慮するにあたって重要であると示唆を与えている。

（文責：荒田　寛）

第4章 小松源助 業績一覧

●著書

S＝昭和　H＝平成

著書・学術論文等の名称	単著・共著の別	発行・発表年	発行所・発表雑誌等
社会福祉の方法	共著	1966(S41)年	誠信書房
戦後日本の社会事業	共著	1967(S42)年	勁草書房
異常心理学講座 全3巻	共著	1968(S43)年	みすず書房
ケースワーク論	共編著	1975(S50)年	有斐閣
戦後社会福祉の展開	共著	1976(S51)年	ドメス出版
日本のケースワーク	共著	1978(S53)年	家政教育社
リッチモンド ソーシャル・ケースワーク―＜社会的診断論＞を中心に	共著	1979(S54)年	有斐閣
事例によるケースワーク演習1―児童・家庭福祉篇	編著	1979(S55)年	川島書店
事例によるケースワーク演習2―医療・障害福祉篇	編著	1980(S55)年	川島書店
事例によるケースワーク演習3―老人福祉篇	編著	1981(S56)年	川島書店
社会福祉概論 第2版	共著	1981(S56)年	医歯薬出版
社会資源の手引き	共著	1982(S57)年	全国社会福祉協議会
社会福祉の方法	共著	1982(S57)年	建帛社
精神障害者福祉論	共著	1982(S57)年	相川書房
相談技法の手引き	共著	1983(S58)年	全国社会福祉協議会
社会福祉実践の方法と技術	共著	1984(S59)年	有斐閣
異常心理・総論	共著	1984(S59)年	新曜社
多問題家族へのアプローチ	共著	1985(S60)年	有斐閣
社会福祉の現代的展開	共著	1986(S61)年	勁草書房
現代子ども大百科	共著	1988(S63)年	中央法規出版
社会福祉援助技術総論	共著	1989(H1)年	中央法規出版
社会福祉援助技術各論Ⅰ	共著	1989(H1)年	中央法規出版

著書・学術論文等の名称	単著・共著の別	発行・発表年	発行所・発表雑誌等
面接のすすめ方（福祉相談ブックレット1）	単著	1989(H1)年	全国社会福祉協議会
社会福祉の開発と改革	共著	1990(H2)年	中央法規出版
精神保健の法制度と運用	共著	1990(H2)年	中央法規出版
福祉相談におけるプライバシー問題	共著	1991(H3)年	全国社会福祉協議会
ソーシャルワーク理論の歴史と展開	単著	1993(H5)年	川島書店
ソーシャルワーク研究・教育への道	単著	1993(H5)年	自費出版
社会保障制度と生活者の健康[3] 社会福祉 第7版	共著	1994(H6)年	医学書院
（続）ソーシャルワーク研究・教育への道	単著	1997(H9)年	自費出版
社会福祉援助技術総論の構築を目指して	単著	1998(H10)年	自費出版
ソーシャルワーク実践理論の基礎的研究	単著	2002(H14)年	川島書店
終編 ソーシャルワーク研究・教育への道	単著	2003(H15)年	自費出版

● 学術論文

S＝昭和　H＝平成

著書・学術論文等の名称	単著・共著の別	発行・発表年	発行所・発表雑誌等
ケースワークにおける相互関係の意義	単著	1954(S29)年11月	熊本短期大学論集 第10号
被保護階層の特質とその要因	単著	1955(S30)年12月	熊本短期大学論集 第11号
家族診断と家族ケースワーク	単著	1960(S35)年	大阪精神衛生 5(5・6), 大阪精神衛生協議会
精神衛生相談所におけるPSWの役割と期待	単著	1961(S36)年3月	精神衛生資料 第9号, 国立精神衛生研究所
大阪精神衛生相談所における相談活動の実態	単著	1961(S36)年	大阪精神衛生 6(5), 大阪精神衛生協議会
ケースワークの領域と現況	単著	1964(H39)年	青少年問題 11(12), 青少年問題協議会
St.Paul市におけるFamily Centered Projectについての考察	単著	1964(S39)年5月	日本社会事業大学研究紀要 第12集

第4章 小松源助 業績一覧

著書・学術論文等の名称	単著・共著の別	発行・発表年	発行所・発表雑誌等
多問題家族の社会的機能様式とその移動の評価方法についての考察	単著	1965(H40)年5月	日本社会事業大学研究紀要 第13集
イギリスにおける《問題家族》への接近をめぐる諸問題（一）	単著	1966(S41)年3月	日本社会事業大学研究紀要 第14集
多問題家族への接近	単著	1966(S41)年	医療社会事業 13(12)，日本赤十字社
性格障害をもつクライエントの処遇について	単著	1967(S42)年	社会福祉研究 No.1，鉄道弘済会
メリー・リッチモンドの思想と生涯	単著	1971(S46)年3月	社会事業研究所年報 第7・8号，日本社会事業大学
援助効果の評価をめぐって	単著	1972(S47)年10月	医療と人間 と 3号，勁草書房
アメリカにおけるケースワークの発達	単著	1974(S49)年10月	社会事業史 第2号，日本社会事業史研究会
社会福祉実践活動における方法の統合化	単著	1976(S51)年	社会福祉研究 No.19，鉄道弘済会
アメリカにおける社会福祉教育の動向	単著	1977(S52)年	社会福祉研究 No.20，鉄道弘済会
60年代における新しいソーシャル・ワークの動向	単著	1978(S53)年3月	日本社会事業大学研究紀要 第24集
多問題家族へのアプローチをめぐる動向	単著	1982(S57)年10月	日本社会事業大学研究紀要 第28集
アメリカにおけるケースワーク発達の基調―レーノルズの軌跡を通して	単著	1983(S58)年3月	日本社会事業大学研究紀要 第29集
社会福祉における「評価」の意義と課題	単著	1983(S58)年	社会福祉研究 No.33，鉄道弘済会
社会福祉方法原論序説	単著	1983(S58)年	社会福祉学 24(2)，日本社会福祉学会
社会的援助方法論	単著	1985(S60)年	心と社会 No.42，日本精神衛生会
ソーシャル・サポート・ネットワークの実践課題	単著	1998(S63)年	社会福祉研究 No.42，鉄道弘済会
ケースワーク	単著	1993(H5)年11月	調研紀要 第62号，家庭裁判所調査官研修所
社会福祉援助技術総論の回顧と展望	単著	1994(H6)年3月	日本社会事業大学研究紀要 第40集

著書・学術論文等の名称	単著・共著の別	発行・発表年	発行所・発表雑誌等
ソーシャルワーク実践におけるエンパワーメント・アプローチの動向と課題	単著	1995(H7)年	ソーシャルワーク研究 21(2)，相川書房
日本におけるアセスメント理論の展開	単著	1995(H7)年9月	社会福祉援助技術の現状と展望，第2回テルウエル社会福祉セミナー報告集，電気通信共済会
ソーシャルワーク実践におけるストレングズ視点の特質とその展開	単著	1996(H8)年	ソーシャルワーク研究 22(1)，相川書房
ソーシャルワーク実践におけるストレングズ視点に関する考察	単著	1998(H10)年3月	大正大学大学院研究論集 第22号
ソーシャルワーク実践における機能派アプローチの形成と展開（その1）	単著	1999(H11)年3月	大正大学大学院研究論集 第23号
専門職としてのソーシャルワーク実践の歴史的遺産	単著	1999(H11)年10月	ケアマネジャー 第2号，中央法規出版
「問題家族」へのソーシャルワーク実践アプローチの展開	共著	2000(H12)年1月	現代イギリス研究，大正大学イギリス研究会，こびあん書房
ソーシャルワーク研究における価値と倫理に関する諸問題	単著	2000(H12)年	ソーシャルワーク研究 26(2)，相川書房
ソーシャルワーク実践の源流とリッチモンドの貢献	単著	2000(H12)年3月	大正大学大学院研究論集 第24号
ソーシャルワーク実践における機能派アプローチの形成と展開（その2）	単著	2001(H13)年3月	大正大学研究紀要 第86号
社会福祉方法・技術論確立への経緯	単著	2002(H14)年	講座戦後社会福祉の総括と21世紀への展望 Ⅳ，ドメス出版
家族中心サービスの展開と課題	単著	2003(H15)年	社会福祉援助活動のパラダイム，相川書房

●その他

S＝昭和 H＝平成

著書・学術論文等の名称	単著・共著の別	発行・発表年	発行所・発表雑誌等
社会福祉論の展望（上，下） Perspectives on social welfare (Weinberger,P,E. [ed.], 1969)	監訳	1973(H48)年	ミネルヴァ書房
社会福祉の基礎知識	共編著	1973(H48)年	有斐閣
ケースワークの基礎知識	共編著	1977(S52)年	有斐閣
現代アメリカの社会福祉論 Perspectives on social welfare, 2ed. (Weinberger,P,E. [ed.], 1974)	監訳	1978(S53)年	ミネルヴァ書房
危機介入の理論と実際 Crisis intervention: Theory and methdology （Aguileria,D.C., Mes-sick, J.M., 1974)	共訳	1978(S53)年	川島書店
社会福祉実践の共通基盤 The common base of social work practice （Bartlett,H.M., 1970)	翻訳	1978(S53)年	ミネルヴァ書房
社会福祉実践方法の統合化 Integrating social work methods (Specht,H., Vickery,A. [eds.], 1977)	監訳	1980(S55)年	ミネルヴァ書房
社会福祉主事の職務としての生活指導の方策についての研究	単著	1986(S61)年	東京都社会福祉事業研究員の研究報告書，東京都民生局
現代社会福祉辞典（改訂新版）	共著	1988(S63)年	全国社会福祉協議会
社会福祉実践基本用語辞典	監修	1989(H1)年	川島書店
ソーシャルワーカーの倫理綱領―その基本資料	編・訳	1989(H1)年	悠久書房
コモン・ヒューマン・ニーズ―社会福祉援助の基礎 Common human needs, revised ed. (Towle,C., 1987)	翻訳	1990(H2)年	中央法規出版
ソーシャル・ケース・ワークとは何か What is social case work? (Richmond,M.E., 1922)	翻訳	1991(H3)年	中央法規出版

著書・学術論文等の名称	単著・共著の別	発行・発表年	発行所・発表雑誌等
ソーシャルワークとヘルスケア―イギリスの実践に学ぶ Social work and health care (Taylor,R., Ford,J. [eds.], 1989)	監訳	1993(H5)年	中央法規出版
対人援助のためのソーシャルサポートシテム―基礎理論と実践課題 Social support system in practice: A generalist approach (Maguire,L., 1991)	共訳	1994(H6)年	川島書店
ソーシャルワーク倫理の指針 Social work ethics on the line (Levy,C.S., 1993)	翻訳	1994(H6)年	勁草書房
課題中心ソーシャルワーク Task-centred social work (Doel,M., Marsh,P.1992)	共訳	1995(H7)年	中央法規出版
社会福祉基本用語辞典	編著	1996(H8)年	川島書店
高齢者エンパワーメントの基礎 Empowerment-oriented social work practice with the elderly (Cox,E.O., Parsons,R.J., 1994)	監訳	1997(H9)年	相川書房
保健医療行動科学事典	共著	1999(H11)年	メヂカルフレンド社
ソーシャルワーク実践におけるエンパワーメント―その理論と実際の論考集 Empowerment in social work practice (Gutierrez,L.M., Parsons,R.J., Cox,E.O. [eds.], 1998)	監訳	2000(H12)年	相川書房
ソーシャルワーク実践における家族エンパワーメント―ハイリスク家族の保全を目指して Strengthening high-risk families: A Handbook for practitioners (Kaplan,L., Girard,J.L., 1994)	監訳	2001(H13)年	中央法規出版

（作成：浅沼　太郎）

第2部

護る

子どもを育む福祉をつくる

吉澤英子 全仕事

第1章 吉澤英子仕事史概説

「研究」と「実践」を時計の振り子のように

西郷　泰之

> 1 「泣き虫」と「ガキ大将」から「『浮浪児』との出会い」
> ―日本女子大学入学まで
> （1947〔昭和22〕年以前）

「英子」先生誕生

　「親代々の江戸っ子」として、現在のお住まいでもある渋谷区初台のご自宅でご誕生になる。1929（昭和4）年の11月のことであった。お父様は逓信省のお役人で福島のご出身、お母様は地主の家のお生まれである。お祖父様のお名前の一字「栄」を取って栄える子「栄子」に、利発な子になってほしいとの願いから同音の「英」をかけて「英子」と命名される。

　小学校は地域の幡代小学校で、低学年のうちは引っ込み思案のめそめそしているお子さんであったようだ。しかし、いわゆる9歳の壁を越える頃から、ガキ大将として活発な個性を発揮することとなる。小学4年生から男の子にもまさる活発な子どもに一転し、自転車を後ろ向きで乗り回したり、近所の原っぱや林での木登り、ヤギにまたがった写真の記録もある。当時、近所には牧場が多く、戦後牛乳に困らなかったという幸運な地域でもあった。

さいごう　やすゆき　大正大学人間学部人間福祉学科教授

大声で歌、そして旋盤工

東京都立神代高等女学校在学中は健康優良な生徒として、全校のうち体力検定上級者ベスト3に入っていらしたようだ。体力検定上級とは、縄跳び、単棒投げ、1,000m走、重量運び（重い物を持って100m何秒で走れるかを競う）、走り高跳び・走り幅跳び、平均台を何秒で渡れるかなどの運動能力と成績によって選出されるものである。

こうしたリーダーシップや体力、成績がその後の第二次世界大戦中の学徒動員や疎開生活でも生かされることになる。福島に疎開する直前、鉄道省輸送作戦本部（物資や人的な鉄道輸送の計画）で算盤の計算に明け暮れたり、学徒動員中の班別活動で班長になり空襲の際、狭く真っ暗な防空壕の中で班員の元気を出すために「むかしむかし♪そのむかし♪椎の木……♪」などいろいろな歌を率先して歌ったりしていたそうだ。疎開先の福島での高等女学

●吉澤英子　年表

年　月	内　容
1929年11月	現在の渋谷区初台で出生
1942年 5月	学徒動員として軍需工場などで働く
1947年 4月	日本女子大学社会福祉学科入学
1952年 4月	卒業後、同大学研究室助手に就任（1956年に講師）
	※この頃、僻地等での子ども会活動の主宰や障害児療育キャンプへの参画、横須賀キリスト教社会館での夏期学童保育事業の総リーダー等の活動に取り組む
1959年 4月	東京都目黒区の児童養護施設「若葉寮」に指導員として勤務（日本女子大学非常勤講師兼務）
	※若葉寮と大学非常勤講師の激務が重なり肋膜炎で入院
1962年	ボランティア東京ビューローの設置および、その代表幹事に就任（東京都社会福祉協議会内）
1964年	日本女子大学助教授。東京都児童福祉審議会委員（1988年まで）
	学園紛争時、日本女子大学社会福祉学科主任、紛争収拾と同時に退職
1973年	東京都ボランティアコーナー初代運営委員長
1975年 6月	日本総合愛育研究所研究第9部長（1993年まで）
1976年 4月	関東学院大学教授に就任
1977年 5月	中央児童福祉審議会委員（1995年まで）

年　　月	内　　容
1980年　4月	東洋大学教授に就任
1981年　4月	東京ボランティアセンター初代所長（1986年3月まで）
1981年　7月	東京都社会福祉審議会委員（1998年5月まで）
1983年　5月	中央社会福祉審議会委員（1993年まで）
1987年　4月	日本社会福祉学会理事
1988年　4月	大正大学文学部（現人間学部）教授に就任
1993年　4月	全国養護施設協議会委員（2000年まで）
1994年　6月	日本社会福祉実践理論学会監事（2001年まで）
	日本学術会議社会福祉・社会保障研究連絡委員会委員（2001年まで）
1996年 10月	児童健全育成推進財団企画調査委員会委員
2001年　2月	厚生労働省児童家庭福祉総合研究評価委員
2001年　5月	埼玉県児童福祉審議会会長

校生活では、動員先が軍需工場で旋盤工の仕事をし、砲弾などの部品の製造が担当であった。

2 「もく拾いの親方」が「服装デザイン」を学び、「リュックをかつぎ僻地」へ行く
――実践活動期＝日本女子大学学生・助手・講師時代
（1947〔昭和22〕年から1960〔昭和35〕年まで）

　大学生時代、吉澤先生がお世話になっていた松本武子先生（故人）に赤ちゃんが誕生。しかし、当時は物不足のためミルクが入手できず、吉澤先生が毎日、松本先生の息子さんのために近所の畜産農家から牛乳を分けてもらい、一升瓶に詰めて西生田校舎まで運ばれたという。そんな戦後の大混乱期に、吉澤先生は大学生時代を過ごされた。その頃のエピソードを紹介しよう。

ディズニーランド方式の導入

　1947（昭和22）年に日本女子大学校に入学される。最初は西生田校舎に通い、その1年後新制大学となったため、新制1年生からは目白校舎に通われた。旧制から新制への学制改革の転換期にあって、都合5年間日本女子大学

に在籍し、新制の第2回の卒業生となる。

　日本女子大学祭（第1回目白祭）がはじめて行われたとき、吉澤先生は新制大学4年生であった。外部からのお客様を受け入れての祭りであることから、大学当局もさることながら学生自身がきれいな祭りを創出しようということになり、清掃委員会が組織されその清掃委員長に就任、「もく拾いの親方」とあだ名されたこともある。当時、道路に落ちている吸殻を拾い、乾かし、紙で巻いて再生タバコをつくっていた人たちがおり、「もく拾い」と称されていたが、吉澤先生を始めとする清掃委員はこの人たちの風体と同じく大きなかごを背中に担ぎ、ピンセットを大きくしたようなものを持って学内を歩き、ごみのない祭りを生み出したのである。「自発創生」を基本とする日本女子大学の徹底した自治的指導が生み出した活動の一つともいえよう。現在、かごこそ担がないが、ディズニーランドでも常に清掃スタッフが営業時間中に清掃を行い、いつもきれいな「夢」のテーマパークを維持している方式の先取りともいえるのかもしれない。

水天宮・蠣殻町の芸者置屋で

　学生時代のボランティア活動は、水上生活者の家庭やその子どもへの援助活動、BBS運動が代表的である。東京下町の水天宮にある芸者置屋の子どもたちのため、生活調査や個別調査をきっかけに子ども会活動を行った。水上生活者に対しても、慈恵会医科大学の学生などと協力して保健医療福祉活動を展開している。その活動は、性病の感染予防、子どもや家庭のための文化的活動、水上生活学校などの取組みの手伝いから始まった。当時、伝馬船・だるま船（ごみや汚物を輸送する船）の乗組員はきわめて貧しく、住まいは船の舳先で、三畳間ほどの広さに5～6人で生活を営んでいた。子どもたちは水上生活学校での寮生活。先生はそこでの学習指導などの活動に取り組まれた。こうした学生時代の活動場所が下町で東京の東部、お住まいが東京の西部であったため、帰宅時間が遅くなりしばしばお母様からのお叱りを頂戴したようだ。

　非行少年関係の活動にも積極的取り組まれている。BBSの活動の草創期に、東京千駄ヶ谷にある東京保護観察所分室に学生の活動団体の事務所を設け、

保護観察官の関与のもと、地区ごとに活動グループの組織化をするなどの実践をされている。初台のご自宅に、担当した少年が「かくまってくれ」と突然訪問することなどがあり、またしてもお母様のお叱りをいただくことになる。

　こうした活動家としての合間に、服装デザインを当時最先端の「ドレメ」式で学ばれ、洋裁なら何でもこなす技術を培い、その後日曜日には竹田宮の奥様に料理を習いに行かれたという。しかし、当時は食糧難であることから料理の材料は持参方式であったため、物不足の時代の横浜にメリケン粉を買いにいくという苦労もあったようだ。

児童福祉への入り口は、「浮浪児」たちの栄養失調の姿をみて

　大学生時代は、吉澤先生の研究や実践の原点を形づくる時代であった。日本女子大学で社会福祉を学ぶことを決めたきっかけが、疎開から帰ってきたときにみた上野の「浮浪児」たちの、泥と汚れまみれつ姿、そして栄養失調で膨れたお腹であった。また、先生の人生の目標ともなった理念や生き方と出会ったのも大学生の時期である。それは良寛の人間味であり、シュバイツァーの思想と実践である。こうしたきわめて活動的な学生時代を経て、新制2回生として日本女子大学を卒業した。卒業後は有馬嗣郎先生のいらした横浜家庭学校に就職が決定しており、担当の部屋まで決まっていたが、結果的には菅支那先生（故人）と松本先生の説得で大学に助手として残ることになった。

学生との協働活動—僻地巡回と「やくざ」との「つきあい」

　日本女子大学では当時、助手は学生のリーダーとして担任制を敷いていた。こうした師弟同行の校風もあり、学生と一緒の、協働した活動が推進されることになる。吉澤先生が助手から専任講師になる頃についてである。

　まず紹介したいのが僻地での活動である。日本基督教奉仕団の武間謙太郎先生からの依頼で、僻地である岩手県奥中山の健康・経済・生活調査を行った。日本基督教奉仕団のセンターの開設に向けたニーズ調査である。この時期と前後して岩手県社会福祉協議会の見坊一雄氏、後の全国社会福祉協議会

事務局長と出会う。そこで同じ岩手県の、リアス式海岸地域の生活の困難や文化的支援の遅れを聞き、日本女子大学の学生に働きかけてバザーで活動資金を集め、古本・児童文化財などを収集し、子どもと青年を対象とした活動のための備品も用意した。毎年夏休みを利用して、2週間程度の日程で、古本などを担ぎ徒歩で地域を巡回し、各地区では子ども会の活動を行った。新制8回生を中心とする活動である。当時の地元紙には、女子大生のこうした活動の成功を冷ややかにみる見出しもつけられたようだが、毎回成功を収めることとなり、地元の櫻楓会（日本女子大学の卒業生の会）のメンバーが盛岡駅まで出迎え、成功を称えてくださったという逸話が残っている。

また、東京では足立区の興野町で学童保育のはしりの活動にも取り組んでいた。それを聞きつけた朝日イブニングニュースの責任者がプレハブの家＝ミゼットハウスを寄付してくれたことで、地域の保育園の園庭に、その後小学校の裏庭に「日本女子大学家庭福祉センター」として開設された。学童保育事業のほか、相談、教養講座、栄養・医療講座などの活動を実施している。ここでの実践はその後「大都市周辺地域における福祉活動上の問題」（1966）や「多問題家族への多面的、組織的アプローチの必要性」（1967）などの論文として研究、分析されている。

そのほか、新宿区にあったヤクザ系の方が所有しているきわめて劣悪な施設・設備の母子寮での、10数人の学生との子どもたちのための活動をし、その間ヤクザへの対応をされたようだ。そして同じく新宿区内の南蔵院で隣保館的活動を、週1回リヤカーでオルガンを運んで実施し、子ども会的な活動と親のための教育を目的とした活動も行っている。

「現場」に飛び出し、倒れる──後藤正紀先生（当時の目黒若葉寮寮長）との実践

こうしたきわめて精力的な実践活動と研究活動を展開していた日本女子大学専任講師であった頃、東京・目黒の若葉寮寮長の後藤先生（故人）から採用の打診があった。後に後藤先生は「まさか来てくれるとは思わなかった」とうれしい誤算であった感想を漏らされている。施設としては、吉澤先生のために3畳間をつくって歓迎してくれた。うれしいプレゼントではあったが、畳の下から冬は寒風が吹き上がってくる簡素な部屋だったそうだ。

一児童指導員として働くということで就職したが、周囲からの期待や注目は大きく、主任の肩書きをもってほしいとの寮長の依頼があったり、福祉新聞には「助教授の栄光を振り切って」というテーマのもと、変わり種物語として大学の先生を辞して福祉の現場に出たという主旨の見出しが躍ったそうだ。児童養護施設の一児童指導員をしながら、施設の休日には日本女子大学での講義するという休みなしの生活であったという。とにかく若葉寮で担当した14人（男子中学生ばかり）の子どもたちとがっぷり組んだ生活が2年を迎える前に、過労のしるしが湿性肋膜炎というかたちで出てしまう。約10カ月間、世田谷区の国立病院で入院闘病生活を送ることとなった。

　若葉寮在職期間中は、子どもの処遇もさることながら、駒場地区地域懇談会（地域住民、東京大学の先生、東京大学駒場寮の学生、消防署長や町会や小学校などがメンバー）を組織し、施設の子どもと地域との交流や、施設の子どもたちの生活向上のための地域組織活動にも力を入れている。向ヶ丘遊園のコテージでのキャンプや、施設の環境整備のためのワークキャンプなどもこの懇談会から始まった活動である。

人間として「命拾い」した

　当時若葉寮で吉澤先生が担当した14人の子どものなかからは、郵政省の国家公務員や、TBSのボイラー技師、1級建築士なども出ている。最も吉澤先生が心配していた子どもに、「オンリー」や「パンパン」といわれた母親に捨てられて施設に入所となった子どもがいた。中学卒業後も不安定な生活を続けていたが、最近連絡があり、部下を100人ぐらいもつ建築土木会社の社長になっていたことがわかったという。その人がいうには、吉澤先生に出会えて、人間として「命拾いした」そうだ。つまり、人生をまっとうに生きられたと振り返られている。

　人間として当時は「てれてれしていた子」だったが、ピアノをやりたいというその子の希望をきちんと受けとめ、先生の同級生のところへ習いに行かせたそうだ。交通費は吉澤先生の自腹である。それまでの先生はうるさいだけだったけれど、吉澤先生には受けとめてもらえた実感がもてたとも回顧されている。

3 半ば強引に進めた「ボランティア東京ビューロー」
―設置からボランティアセンターの創設期
（1961〔昭和36〕年から1986〔同61年〕）

　肋膜炎が癒えて、1961（昭和36）年4月から再び日本女子大学非常勤講師に就任のかたわら横須賀基督教社会館家庭相談所主任の仕事に就くなど、研究と実践の活動を再開した。その翌年の1962（昭和37）年には東京ボランティアビューローの設立に奔走し開設に至った。そして1964（昭和39）年、日本女子大学に専任講師として返り咲いた。この頃から東京・浅草の浅草寺福祉会館で、その後西巣鴨の「とげぬき地蔵」生活館での地域福祉活動や相談活動にも精力を傾けられている。『浅草寺社会事業史の研究』をみると、「吉澤の最も大きな功績は、浅草寺福祉会館の事業にそれまでの『個別相談事業』に『地域福祉事業』の発想を加えた点であろう」とある。また、とげぬき地蔵生活館での相談活動は現在も続いている。

　吉澤先生の活動や研究のなかで軸となるものはいくつかあるが、ボランティア活動の振興に関してもその軸の一つである。学生時代からのボランティア実践を基盤に、その後もボランティアの振興に力を入れ続けていた。先生ご自身の表現では「半ば強引に」ボランティア東京ビューローを設置し、東京都社会福祉協議会内にデスクを置き開設したそうだ。1年余の後すぐ閉鎖となるが、その後の東京ボランティアコーナーや、全国的なモデルにもなっている東京ボランティアセンター（現東京ボランティア・市民活動センター）の開設につながり、初代所長を勤めた。

　この時期の活動は非常に多彩である。まさに油が乗り切った時期といえよう。研究活動も日本総合愛育研究所（現日本子ども家庭総合研究所）の研究第9部長として本格化し、中央児童福祉審議会、中央社会福祉審議会等の委員や、日本社会福祉学会理事、日本児童学会常任理事などを歴任されている。この時期の論文や著作は先生の業績総数の約半数にのぼる。書籍では誠信書房から出版されている『養護原理』（1967）や、光生館から出版された『児童福祉概説』（1976）が初期の代表的なものである。また、コミュニティセ

ンターやグループワークに関しての研究も初期に活発であった。その後、1970年代後半は社会福祉やグループワークなどに関する基本的な書籍を手がけられ、次第に裾野を広げられていくのが1980年代前半である。関東学院大学在任中、同大学の研究紀要に発表された「石井十次の施設養護観の背景」(1980)や「社会的養護の発想の原点を求めて」(1986)を全国社会福祉協議会養護施設協議会編の書籍に執筆するなど、児童養護施設に関する著作や研究は先生の研究生活全体を通じて継続的になされているが、そのほかボランティアや、児童館、施設における人間関係、施設職員研修なども研究や著作の対象となっていた。

　この時期も含めて吉澤先生のライフワークといえるものは、児童福祉と地域福祉、そして方法論の3つの領域であろう。児童福祉の原点として、児童養護、そして児童館や子ども会などの健全育成課題があげられる。地域福祉はボランティア活動やコミュニティセンターに関して、そして方法論としてはグループワークやコミュニティワーク、チームワークについて実践と研究を重ねられてきたといえよう。

4　地域福祉施策の策定と後進の育成
―大正大学在任中の活動
(1987〔昭和62〕年から現在)

　1988〔昭和63〕年に重田信一、原田正一先生をはじめとする大正大学の社会福祉学科に請われて移籍された。この頃を筆者は、地域福祉施策の策定と後進の育成期として位置づけたい。先生の社会的活動がまさにそのことを物語っている。

　この時期も、「大都市における児童養護ニーズの測定に関する研究」(1988)を委員長としてまとめられるなど児童養護関係の研究や著作活動を継続されながら、地域福祉、ボランティア、子育て支援、処遇職員のあり方などに加え、高齢者福祉や高齢者の社会参加などについても発展させていった時期である。

　そして先生の実践活動はますます活発になってゆく。まず、地域福祉施策

の策定への貢献についてだが、市町村でいうと市川市、新宿区、渋谷区、調布市、豊島区、台東区、都道府県でいうと東京都、埼玉県、川崎市、横浜市について集中的にかかわられ、現在はお住まいの渋谷区については精力的にかかわっておられる。同区の社会福祉協議会やボランティアセンター、区行政では要介護認定の審査会、防災会議、基本構想、老人保健福祉計画などまさに総合的に関与されていることがわかる。

　後進の育成については、日本子ども家庭総合研究所研究評価委員をはじめ、厚生労働省児童家庭福祉総合研究評価委員、そして日本学術会議社会福祉・社会保障研究連絡委員会委員などを歴任されていることが物語っている。また研究会も委員長として、出版物は編者としての活動が多くなっている。本務校の大正大学では、1996（平成8）年より大学院の初代専攻長として、その後は大学院の専任教員として教育活動に専念されている。社会福祉現場の専門職が院生のほとんどを占める大正大学大学院で、高度な実践者や研究者の育成に取り組まれている。

　この時期の途中、1989（平成元）年が吉澤先生の還暦にあたる。還暦を記念して関係者から寄せられた未公開の文書から、吉澤先生の足跡をたどってみよう。

　まず、重田信一先生である。『吉澤英子先生の気概』と題された重田先生の文書がある。その最後に「私は親代々の江戸っ子ですと、例の歯切れのよい……江戸っ子口調で言い切られたことがあります」と吉澤先生の気概の原点を紹介されている。

　阿部志郎先生は、吉澤先生の横須賀基督教社会館での夏期学童保育での総リーダーとしての活動にふれながら、「温かい人格と、日々自らを新しくしていくたゆまぬ努力と、そしてその底を流れるボランティア・スピリットには30年前も、今も全く変わらぬ深い感銘を与えられている」と、求道者のような生き方を高く評価されている。

　戦後の児童養護施設の先駆者であり、児童福祉法の制定にかかわられた故松島正義先生の文書には、吉澤先生との出会いが書かれている。松島先生が「日本女子大で児童福祉論の講義中、ほとんど質問をする学生がいないなか時に質問されたのが誰あろう、今日の吉澤英子先生である」と述懐されてい

る。そして、最後に吉澤先生の激務を心配され「そして健康第一主義のお暮らしを祈る」と閉じられている。

　松本武子先生の文書は、「顧みますと、ながい間に、私が彼女にしてあげたことよりか、彼女から助けていただいたことの方が遥かに多いような気がいたします」という文章で始まっている。一升瓶での牛乳の配達などのかかわりを話されているのではないだろうか。そして、吉澤先生が助手として勤め始めた頃を振り返り、その頃の光景を紹介している。「研究室の窓側の一番端の机に座っていた後ろ姿が今も私の目に浮かぶのです。研究室のドアを開けて入ると真っ先に吉澤さんの後ろ姿が目に入りましたので。こうして吉澤さんの姿は永遠に命のある限り、私の眼にのこっているでしょう」と。

　最後に、愛隣会の鮎川英男先生から寄せられた文章である。若葉寮で一緒に仕事をされたことを思い出しながら「或る日、若葉寮に参りましたら、先生がタワシでビニール製の畳を一心不乱に磨いておられました。……『先生、なにもそこまでなさらなくても』と申し上げましたところ……『子供達が外で遊び回り汚れたままの足で又タタミの上を、走り回っています。足を洗って上がっていらっしゃいと言葉で注意するのは簡単ですが、それよりも寧ろこの様に綺麗にしておくと、子供達が、こんな綺麗なタタミを汚してはならないと、自分で気付く。そのことが大切だと思います』とおっしゃっていました」との逸話を紹介されている。

5　「研究と実践を時計の振り子のように」と4つの慣用句

　吉澤先生の生き方は、先生自身よく口にされるこの言葉、「研究と実践を時計の振り子のように」に集約されているのではないだろうか。社会福祉学というきわめて現場を重視する学問を自ら社会福祉の実践者であり続けることで築きあげてきたことは、ここまでの記述で十分にご理解いただけることと思う。

　そしてもう一つ先生がよく使われる言葉に「一人を生きて、みんなで生きる」がある。自立と協働を示唆した言葉だ。この言葉は一人の人間の生き方としても理解でき、社会福祉の実践者の実践訓としても理解できる。そして、

この言葉は吉澤先生ご自身の教員としての人生訓であるとも思う。先生はご自身を厳しく律し、教員としての役割を半世紀にわたって担われてきた。「一人を生きて」と、ご自身に厳しくあるからこそ学生に尊敬され、学生から信頼され、学生にていねいな指導ができたのではなかろうか。そして、「みんなで生きる」という姿勢をおもちだったからこそ温かみがあり、慕われる存在であったのだと思う。不肖の弟子の筆者自身も吉澤先生からの鋭いご指導と温かい思いやり、励ましをいただくことが多くあったが、そのたびに先生を自分の生涯の指導教授（これは筆者が勝手に思っていることである）として誇らしく思ったものである。
　吉澤先生の慣用句はあと2つある。「理想高く、心豊かに」と「異質の統合」である。前者は説明を要さないであろう。後者は研究や実践の場面で、多様な専門家や多職種間の協働の必要性と協働の成果への期待を説明したものである。
　取材の過程で、少し前の『クロワッサン』（マガジンハウス）の記事「女の新聞」に、定年後の先生の夢を発見した。記者の質問に「世代間の交流の場（サロン）をつくりたいんです」と話されている。新しい実践の開始宣言なのだろうか。いつでも夢や次の目標をもっていらっしゃるのも先生らしいところである。
　江戸っ子かたぎの歯切れのいい口調で、今後ともお元気で「研究と実践」にご活躍されることを祈りたい。

第2章 吉澤英子仕事を読む (1)

『児童福祉概説』を読む

山本　真実

（　　　　　　は　じ　め　に　　　　　　）

　恩師吉澤英子先生のご退官にあたり、先生の論文を解題させていただく機会を頂戴したことを光栄に思う。先生の長い教育・研究生活のなかにおいては、いまだ若輩者の筆者は末席に座することも許されるべきではない新参者であり、自らを先生の教え子であると名乗ることすらも憚られる存在であると自覚している。しかし、幸運にも先生が長年かかわられた恩賜財団母子愛育会の旧愛育研究所（現在の日本子ども家庭総合研究所）に筆者も勤務し、大正大学大学院において先生に師事し教えを受けことが、今回の光栄な機会を頂戴したゆえんであろう。いまだ児童福祉研究者として途上にある筆者が、先生の著である『児童福祉概説』について解題させていただくことは、はなはだおこがましいといわざるをえないが、先生から受けた教えの一つひとつを思い出しながら、また自分自身の研究に対する自戒・自省を込めて書かせていただくこととした。

やまもと　まみ　淑徳大学社会学部社会福祉学科専任講師

『児童福祉概説』解題
吉澤英子，光生館，1976.

1）本書の特徴と視点

　現在、『児童福祉論』などと題されているいわゆる児童福祉の現状を概観する「教科書的」な書籍が多く出版されている。とくに、大手出版社が社会福祉士資格取得のための国家試験対策本を揃って出版しているため、日本の児童福祉行政や施策、事業を網羅・概観した書籍は多数にのぼっている。それぞれが特徴を出しながら構成しようとしているようだが、共通してみられる傾向として、歴史的記述が少なく、目まぐるしく改正される法律・制度や事業の紹介に多くを費やしていることが指摘できる。また、その時どきの政府が対応する児童関係事業を網羅的に紹介・説明することに紙幅を費やして終わってしまっている感がある。それは、国家資格取得対策という性格によるものでもあろうし、日本の児童福祉行政そのものが、非常に事後対応的、現象対応型であるという傾向を反映したものであるともいえる。そして、さらには日本の児童福祉政策そのものに貫かれる「理念」の解明が不十分であるという、研究アプローチ面の未熟性によるものであるともいえるだろう。現在の児童福祉研究において政策理念研究という視点から論じる者（筆者も含め）の責任である。

　著者は本書を通じて、児童福祉理念をもつことの重要性を訴えている。「児童観」の分析にこだわり、それから派生するものとして「児童福祉観」を訴え、日本の児童福祉行政、実態をとらえようとしている。換言すれば、「児童福祉理念」として一貫した概念を有することの必要性を訴えているともいえる。著者は当時から行政主体の縦割り主義に留まらず、行政と児童福祉現場での実践をつなぐ共通の視点を有することの重要性を指摘している。加えて児童、高齢、障害という対象主義を超え、「地域」という「面」を単位とした共通の視点を常に意識している研究者である。また、別の著作ではあるが、人間の一生、すなわちライフステージという「線」を単位とした福祉アプローチを論じるなど、個別単体に対する事後対応になりやすい日本の

児童福祉行政からの脱却を主張している者でもある。

著者は、児童福祉を社会福祉の一分野として、それ単体でとらえるのではなく、児童の生活を中心に複層的・重層的にかかわり合うものとしてとらえる必要があると考えている。その複雑な対象をどのような断面で切り取るか、また整理するかを決定し、国民レベル・社会レベルで合意形成を図ることが、総合的な児童福祉のレベルアップに資するものであるとの考えを、本書を通じて感じ取ることができる。

2）本書の構成と要旨

本書『児童福祉概説』の各章を通じて、全体に貫かれている視点は「児童中心」であろう。それは、要保護児童、一般児童、要保育児童という行政が便宜上、事業運営上分類してきたものではなく、すべての児童に共通に有する「一個人としての生存権」に基づく考え方である。その権利を守るために、「大人と社会がしなければならないこと」として児童福祉行政をとらえることが著者のスタンスである。第Ⅰ章において、児童福祉法のみならずその他の児童関連法案が、日本の児童福祉概念に影響を与えていることを指摘し、そのうえで児童福祉法によって規定された事業や実施主体が「児童」にどうかかわっているかを整理している。本章の最後には、まさに著者が本書を通じて訴えたかった視点が次のように書かれている。「児童福祉そのものが力動的概念であり、福祉を増進させることに対して、社会人、地方自治体、国がその責務をいかに考え、いかに果たすかにかかっているからである。児童とその福祉に対する理念は、おとなによって必然的発展をとげる方向になければならない、すなわち歴史の上にたったものでなければならないのである」。

第Ⅱ章では、当時の社会動向をふまえながら、児童を取り巻く環境の変化によってもたらされた問題点をあげている。本書が書かれた1960年代後半には、核家族化、家庭機能の変化、親の保育・養育努力の欠如、特殊児童の増加、児童の非行化、情緒不安定児童の増加など、現在においてさらに深刻化している問題がすでに表面化していた。これらの児童を取り巻く問題に対応するため、ソーシャルワーク的手法によって児童福祉の重要性を論じてい

る。事例紹介を通じ、それらから炙り出される児童の基本的ニード把握を行うという手法である。とくに児童の成長プロセスに応じた人間関係、対人関係に焦点を当て、児童福祉が扱うべき範囲・対象を明らかにしようと試みている。本章は、ソーシャルワーカーとしても児童養護施設で勤務した経験をもつ著者が、理論と実践をつなぐ研究を完成しようとした軌跡、成果であると評することができよう。ソーシャルワーカーとしての著者の視点は、本書全体を通して随所に現れており、行政の事業を単に紹介するに留まらない独自の研究視点を醸し出している。

第Ⅲ章「児童観の諸相とその背景」では、歴史的分析という手法をとりながら児童観をていねいに分析し、現代の児童対策の根底にあるものを探ろうとしている。前述したように、ソーシャルワーカーとしての福祉実践現場を基礎とした視点からの児童福祉観の提示が、本書の1つ目の特徴とすると、2つ目の特徴として、この歴史的研究からの児童福祉観の分析があげられる。著者は、現代の児童福祉を形づくる児童観を語るには、そのルーツや経緯を押さえることが不可欠であるとして、日本の児童観について順次分析している。「『申し子』観と仏教思想の実践対象としての児童」「親の私有物視と社会的保護の必要な存在としての児童」「国の『資源化』視と国力増強を担う児童」「『児童の社会的存在』の確認と基本的人権の確立」「親の『邪魔物』視と過重な負担を負わされている児童」と時代背景を押さえながら、当時（1960年代後半）までの日本の児童観を分析している。本章で著者が試みた作業は、かなり膨大な労力を要したものと推察できる。大学院在学中に、筆者が目先の行政施策分析に流されがちであったとき、歴史研究をふまえることを教えていただいたことがあるが、本章はまさに、その手本ともいえる構成となっている。

第Ⅳ章では、現在もかろうじて日本の児童福祉行政の根拠法となっている児童福祉法や、児童福祉理念としてとらえられる児童憲章の背後に流れる児童観について、さらに論じることによって、次章の第Ⅴ章「児童福祉の実際」に連なる解釈を示している。それは、現実の社会においては、法に基づき、事業が実施されている以上、そこでうたわれている概念の分析を避けては通れないからであろう。

第Ⅴ章では、児童福祉全体を理解するうえで「養護」形態を整理しながら考察するという形式をとっている。著者は、一般的な「養護」イメージではなく、家庭での養護、すなわち一般家庭児童をも含めてとらえることが必要であると考えている。このすべての児童を対象として、実際に児童福祉行政で実施されている事業や提供場所、実施主体を整理したうえで、「家庭養護」と「社会的養護」ともに対応する分類として、「通園型養護」「施設収容型養護」「家庭型養護」の3つを示し、それぞれで実施されている施設および事業サービスを整理するという形式をとっている。ここでも単に現状施策を紹介するのではなく、提供者である専門職員の種別ごとのかかわり方に焦点を絞る等の工夫が凝らされている。

　終章の第Ⅵ章では、「児童福祉の課題」と題して「家庭の機能の変化への対応」「コミュニティ・ケアの思考から試行へ」の2点をあげている。とくに前者の家庭機能についての課題は、本書の視点である「大人と社会の責務」として児童にかかわることの重要性とともに強調されている課題である。とくにベビーブームも去り、年少人口の減少が深刻に問題視され始めた1970年代半ばにあって、さらなる家庭機能の変化は大きかったに違いない。また、2つ目の「コミュニティ・ケア」は、地域という「面」で児童問題に対応することこそ、その構成員である家庭をも巻き込んだ総合的な児童福祉観を確立することになると述べており、著者のその後の社会的活動を示唆する内容となっている。

3）当時の時代背景と本書への影響

　本書が出版されたのは、1976（昭和51）年であるが、著者の主張を形づくった時代として、1960年代前半、1960年代後半から70年代前半にかけての時代背景について簡単にふれておきたい。

　1955～64年つまり昭和30年代は、1956（昭和31）年の『経済白書』にある「もはや戦後ではない」という有名な言葉で幕を開けた。時の内閣は所得倍増計画を打ち出し、その後10余年間の高度経済成長によって工業化、都市部への人口移動・集中、農村の過疎問題が発生し、社会の構造変化が顕著になった時代である。この変化は社会福祉全体に大きな影響を与えた。児童

福祉行政においても、1945〜54年（昭和20年代）の戦災孤児や引揚孤児の保護収容などの応急的な擁護・戦後処理から、一般児童を含めた幅広い内容の施策体系への転換がみられた。今でこそ当然視されている「治療から予防へ、さらに積極的な健全育成へ」という、本来児童福祉法が目指した方向への転換が具体的に図られる試みがなされた時期であった。とくに1959（昭和34）年の国連総会における「児童権利宣言」の採択は、その後の考え方に大きな影響を与えたことが、当時の論文等から推察できる。実際に年少人口の数値的減少によってではなく、児童の生活環境や教育機会の不均衡がもたらす児童の資質や能力格差が、将来の日本社会において大きな問題となるという視点に基づいて「次代を担う児童への施策充実」が認識された時期であった。

1965〜74年の昭和40年代には、さらに日本経済は高度成長の歩みを続けた。その成果を福祉に重点的に配分するべきであるという声が聞かれるようになり、「福祉なくして成長なし」「福祉優先」等のスローガンがうたわれた。昭和40年代においては、児童福祉については障害児施策と母子保健施策の拡充がみられ、そのほか児童手当の創設、保育施策の強化、社会福祉施設緊急整備5カ年計画の策定が行われた。

この時代を通じて、児童福祉に対する見方は、現在の児童福祉において前提となっている「児童の権利擁護」という考え方の萌芽がみられたことがわかる。そのなかで、本書を通じて著者は、いち早くその概念をベースとして児童福祉行政施策を組み立てていく必要性を訴えている。1990（平成2）年以降、いわゆる平成時代の児童福祉は、もっぱら「少子化対策」という看板を掲げながらの児童福祉行政になっており、減少する出生数・児童人口に歯止めをかけることが、政策の効果と考える傾向が強くなり、少子化対策が政策そのものの目的となってしまっている感が否めない。そのなかで「子どもの権利」や「子どもの育ちの環境整備」という質的な議論を基軸としての政策展開に力を注ごうとしても、軽視されるという現状があるように思う。人口減少前の昭和30年代、家庭や社会の変化という児童を取り巻く新しい環境が、直接子どもたちに影響を与えた時代を生きた著者にとって、「保護者」「母親」「家庭」という基本的ユニットの重要性が非常に強いものであったこ

とが、本書の随所から見受けられる。それは、時に現在においては非難される危険性のある表現や用語が用いられているものの、当時の議論や意識のなかでは当然のことであったろう。子どもを一人の人間としてみているからこそ、大人や社会に課せられた責務は重い。その鍵を握るのが「家庭」であることを再確認するべきであるとの著者の主張は、血縁関係に基づく「家族」としてではなく、対象児童の養育にかかわる集団として「家庭」をとらえていることで、現代においても十分に意味ある主張といえる。

4）本書の意義

　前述したように、本書は児童福祉をとらえる視点として「一個人としての生存権」に基づき、その権利を守るために、「大人と社会がしなければならないこと」としてとらえている。このスタンスをより具体的に社会福祉として生かすことを目的としている以下の3つの視点が、本書の意義であろう。

　1つ目は、「長期的な展望にたった理念の形成が必要であり、その理念形成は常に実践現場の実態を反映したものでなければならない」という点である。これは、著者が常に福祉実践現場で起こっている現状と政策立案側の事情とをつなぐ架け橋となるような研究をしなければならないと主張していることからも大切な主張である。相互間に断絶があるからこそ、子どもにとっての不利益が生じ、場当たり的な、継続しない対応に終始する実態が起こっていると警鐘を鳴らしている。この現実は本書が書かれて約25年が経過した現在もそのままであり、著者の視点は現在にもなお生き続けている。

　2つ目は、昭和30年代から試みられている要保護児童の養護と一般児童の健全育成を「児童」という共通の対象としてとらえる視点の重要性である。市町村のみならず国の行政担当部署も、児童を分類し、対応しているため、私たち国民の意識においても要保護児童を「特別な子ども」としてとらえ、生活のなかから排除する傾向を生み出している。行政が策定するエンゼルプランや次世代育成推進計画なども、要保護児童は対象としないという自治体が多い。少子化対策を使命とした児童福祉行政は、児童福祉が「児童」のための社会サービスであることを忘れてしまっているかのようである。

　3つ目は、常に「地域福祉をつなぐ複眼的視点をもつ必要性」である。著

者は日頃から地域へのかかわりをもつ視点をとても大切にしている。児童養護施設のような「特別な子ども」の閉鎖的な入所施設であっても、地域資源の一つとして活用していく道を探るべきであると主張しているし、施設側も積極的に地域住民や学校等の児童関連資源との協力関係を構築し、子どもたちと総体的なかかわりをもつことが育成過程には大切であるとの主張をもっている。その意味で本書は、「面」である地域のなかで生きる児童をいかに支えるかという視点を訴えているように思う。

おわりに

　著者吉澤英子先生のお人柄、ご功績をさらに正確に、また格調高く紹介できる先達たちが多くいらっしゃることを承知のうえで、恥ずかしながらこの大役を引き受けさせていただいた。それは、先生の存在が筆者自身の研究に、また生き方に、大きな影響を与えたことを実感しているからである。先生ご自身、そのようなことはご存知なく、また迷惑に思われているかもしれない。大学院在学中、先生は常に「現場の声を聞きなさい」というメッセージを筆者に送り続けられたと思う。児童福祉政策研究をしていきたいと希望していた筆者の研究は、ともすると行政側からの見方や運用に偏る傾向があり、実際の児童養育の現場と政策を繋ぐという視点を忘れがちであったからであると思う。児童福祉施設での勤務経験や実習経験があるわけではない私が、「生きた」政策を提言するためには、不可欠の視点である。加えて、歴史的経緯のうえに現在が立脚していることを軽んじてはならないということも教えていただいたと思う。それらの教えすべてを、実現できているとは思わないが、今後の私自身の研究生活のなかで、常に立ち返り、見直し、ふまえていきたいと決意を新たにしている。

　また私事であるが、在学中は筆者の仕事、進路、日常生活などについても、本当に多くの相談に乗っていただいた。筆者の若者特有の傍若無人な態度に対して訓戒を頂戴したこともあった。女性研究者としての所作や姿勢も学ばせていただいた。本書『児童福祉概説』を解題させていただき、改めて著者吉澤英子先生の目指した児童福祉研究を生かしていかなければならないとい

う決意をもった。いまだ胸を張って先生の前には立つ資格のない筆者であるが、吉澤先生に師事したことを誇りに思いつつ、今後の研究に役立てていきたい。

第 2 章 吉澤英子 仕事を読む (2)

グループワークに関する論文を読む

加藤　博仁

(
「グループワークの基礎的概念」解題
吉澤英子，日本女子大学紀要 文学部 8:1-11, 1959.
)

　吉澤英子先生のこの論文が発表された1958（昭和33）年は、国民健康保険法の全面改正や学校保険法が公布された年であり、即席ラーメンと缶ビールが発売された年でもある。またこの年、東京で国際ソーシャルワーカー連盟総会が開催され、埼玉県に秩父学園（現国立秩父学園）が設立された。

　わが国では戦前からセツルメント運動やYMCAなどの活動が行われていたが、グループワークが本格的に社会事業の専門技術として紹介されるようになったのは、戦後からである。谷川貞夫（1948）、永井三郎（1949）、竹内愛二（1951）などの著作が出版され、厚生省（現厚生労働省）や文部省（現文部科学省）などの主催によるグループワークの講習会が開かれた。しかし、この当時は、ケースワークに比べるとグループワークへの関心は薄く、アメリカの技術を条件の異なる日本に直輸入するのは間違いであるとの指摘を拭い去れない状況であった[1]。吉澤先生も、1950年代後半のわが国のグループワーク事情について、「現在、社会事業の基本的技術の一つとされておりながら、日本では、グループワークに対する多くの問題が残され、グループワーカーの立場、またワーカーの考え方にも明確な概念が打ち出されかねてい

る現状である」と論文の冒頭で述べている。

　グループワークが、わが国でソーシャルワークの専門技術として理論的にも実践的にも認められるようになったのは1960年代以降と指摘される[2]。実際、1950年代後半から、グループワークに関する重要な著書、論文が出版されている。トレッカー（Trecker,H.B）著、永井三郎訳『ソーシアル・グループ・ワーク―原理と実際』が1957（昭和32）年に、服部正『ソーシャル・グループ・ワーク』が1959（昭和34）年、福田垂穂の論文「ソーシャル・グループ・ワークの基本問題」が1960（昭和35）年に発表された。そして、吉澤の論文「グループワークの基礎的概念」が発表されたのが1958年である。これらの著作が1960年代のグループワークの理論的・実践的発展につながっていくのである。

　さて、吉澤先生のこの論文は、「アラン・F・クラインの基礎的概念を中心に要約し述べ」ようとしている。ここで先生が参考にしたのは、クライン（Klein,A.F.）の『Society-democracy and the group』（1953）であるが、先生の論文は外国文献の要約に終わらない。むしろ自分のグループワークについての見解を、クラインを借りて語っているといったほうが近いかもしれない。文章は難解で、重みがあり、自分の思いが凝縮されたものである。それは、幅広い知識と熟考の賜物と考えられる。この論文は、先生の30歳前後の力作である。

　論文の章立ては次のようになっている。
（1）グループワークの目標：①個性の発達、②社会的責任の発展、③民主的方法に関する機能と目標、④目標に対する優先性、⑤民主的な指導の役割に関する目標、⑥グループワーカーはグループリーダーではない
（2）グループワークの機能を果たしうる民主的機構：①グループワークにおけるデモクラシーの意味、②グループワークにおける自己訓練
（3）目標達成の方法：①グループワークは個人中心の方法、②グループ生活からの社会的価値学習の過程

　吉澤先生は、グループワークの目標を次のようにまとめた。「（1）個性を最大限（潜在力も含めて）発展させ、社会的適応を円滑にし、社会的責任を発達させる。（2）グループ全体としても社会的責任とその社会的価値を認識

させる。(3) パーソナリティの樹立、(4) 民主的生活の準備教育の場としての役割を果たし、(5) 文化を与え、その文化に対して適応させる」。これらの目標は、「個人の種々の面の成長と共にグループ自体の社会的発達と二重の意味をもつ」のであり、「グループワークは、これらの目標に対してよりよく近付くために用いられる手段あるいは、道具」であると指摘している。

アメリカでは、1946年のNCSWでグループワークがソーシャルワークの一方法であると報告され、グループワークの理論書が数多く発表され、社会福祉援助技術として確立していった。しかし、日本では1950年代になっても、グループ活動とグループワーク、あるいはグループリーダーとグループワーカーの相違は依然として不明瞭であった。この点について、先生は両者の相違を明解に指摘している。グループワーカーは、①民主的グループリーダーではなく、民主的方法を用いるグループワーカーである、②リーダーはグループのなかから民主的な方法で選ばれるが、グループワーカーは施設・団体から選ばれた者で、サービスをする人である、③リーダーシップはグループの一つの機能であるが、グループワークは施設・団体の機能である、④リーダーはグループの目標達成の義務があるが、グループワーカーはメンバー個人の社会的価値を発展させるように援助する責任をもち、目標と社会的ニーズとの関連を意識している必要があり、所属する施設・団体と専門職としての目標を充実させねばならない、⑤リーダーは教育の義務はないが、グループワーカーは教育の一端を担う、などである。

先生は、グループワークが個人中心の方法であることを強調している。グループのなかの一人ひとりの個人の成長こそが重視されるべきであるとの主張である。そのため、「グループのプログラムの教育的目標は、個々におけるその価値と、文化的態度、社会的態度を学ぶことにある」のであり、グループワーカーは、「各メンバーの個人的目標をも考慮しなければならない」のである。

ここで指摘された吉澤先生の、グループワークの目標、グループワーカーの役割、グループワークは個人中心の方法であることの見解は、当時としては新鮮なものであり、その後のグループワーク理論の骨子を形成していったのである。

その約10年後にまとめられたグループワークに関する代表的な論文が、次に紹介する『ソーシャル・グループワークの成立過程とその展開について』である。

「ソーシャル・グループワークの成立過程とその展開について」解題

吉澤英子, 日本女子大学紀要 文学部 20:51-64, 1971.

吉澤英子先生の論文「ソーシャル・グループワークの成立過程とその展開について」は、1970（昭和45）年に日本女子大学紀要 文学部第20号に発表されたものである。時代と社会状況のなかでグループワークがどのようなニーズのもとに誕生し、その発展過程がどのような意味をもち、現在何が課題となっているのかが解明されていく。その変化の意味を見抜く力は卓越したものがあり、グループワークの謎が解けた思いがする。その論理の展開は見事であり、その鋭い考察に鳥肌がたつ思いがするのである。40歳を少し過ぎた吉澤先生の傑作といえる研究論文である。

この論文は（1）から（8）までの章に区切られているが、小見出しはない。(1) から（5）まででグループワークの萌芽からアメリカでの発展過程とその意味が考察されている。(6) は日本に導入されたグループワーク事情である。(7) はグループワークの学習・成長・集団過程のメカニズムが解明される重要な章である。(8) は含蓄のある結びである。

まず（1）では、イギリスにおけるケースワークとグループワークの萌芽の相違についてふれ、グループワークが自助を根底にして起こったことを指摘する。さらに、「近代社会の問題の質は、われわれのすべてが好むと好まざるとに拘らず、私もあなたと同じ立場のものであるという意識に支えられた相互援助、相互依存、相互支持が必然のものとされてきている」ことをさらりと指摘する。

(2) は、グループワークがアメリカの社会問題の解決策の一つであったことが述べられる。「国が寄り合い世帯なのであるから内部的に利害の反しあう寄り合いの国家体制や組織に過大の期待をもつことなく、自助をその根底として、『私たちのグループ』の中で相互に助けあおうとする移民グループ

時代の伝統が、アメリカの社会福祉を支えている」といい、この土壌がグループワークの発展につながることを指摘する。また、先生のヒューマニストな面が、人種問題の件で、「アフリカから人身売買によって奴隷としてアメリカに連れてこられ、アメリカ建国のために牛馬のように働かされた人々」と表現するところにも現れている。アメリカの人種差別などの社会問題は、法律や画一的な施策だけでは解決できないものであり、それがアメリカの社会福祉事業に大きな影響を与えている。すなわち、グループワークが、「アメリカ民主主義学習の場として強調されるのは、結果においてイデオロギーや社会体制の中へではなく、ひとりひとりの主体的自我の中に、問題の解決を求めていこうとする、アメリカの社会問題の対応策でもある」からである。これがアメリカにおけるグループワーク発展の理由である。

初期のグループワークであるセツルメント運動や青少年団体の活動は、移民や青少年に言葉やルール、社会適応のあり方を教え、レクリエーションを提供するものであったが、同時に彼らのアメリカ社会、アメリカ文化への適応を促すものであった。この点について先生は、(3)で、初期グループワークは、「自己防衛とアメリカ化という姿勢の中にその限界をもっていた」のであり、「大量の移民によってもたらされた異文化の挑戦をうけたアメリカ文化は、自己防衛手段として異文化のアメリカ化をはかったといえる」と分析する。

(4)では、グループワークはセツルメント運動や青少年団体の活動などを母体として発展してきたため、既存の社会福祉事業（ケースワーク）がもつ「助けるものと、助けられるものという相互差別の壁」を越えた「自助」という枠組みをもっていることを指摘する。そして、この自助、平等の活動理念がその後のグループワークにも貫かれていくのである。

(5)には、アメリカの1940年代末期から60年代のグループワークの展開過程が述べられている。この年代は、民主主義の精神がいたるところで破られ、社会問題はますます深刻化していった時代である。先生は、「社会問題の中での民主主義への絶望が生み出したものが、民主主義の場におけるグループワークなのである」という。そして、グループワークは、朝鮮戦争やベトナム戦争、人種問題などの社会問題につきあげられて、自身の価値観の再

検討を迫られた。また、グループワークの目標であるアメリカ化とは、アメリカ中産階級（白人）の価値観ではないかという発見を生んだ。先生は続けて、「民主主義の学習の場は、もはや、その価値観を絶対のものとして温存させない、ひとつひとつの価値が学習の場という対面集団の相互作用の中で検討されようとしている」のだと言及する。

　(6) は、吉澤先生の日本におけるグループワーク事情の分析である。戦前からグループワーク活動は行われていたが、わが国の精神風土では市民の自発的グループ活動は起こりにくいものであり、グループワークの自由な自発的小集団活動は異質度の高いものであった。また戦後、グループワークは、厚生省（現厚生労働省）、文部省（現文部科学省）、農林省（現農林水産省）の主催で講習会などが開催されていくが、それは自然発生的なものとは異なり、「上から下への流れの生活展開の中では、迫力ある伸展は殆どみられなかった」。「何れにしてもグループワークは、日本社会に民主主義のやり方を教えるための社会教育、レクリエーション活動として、形態的に移植されたのである」と日本におけるグループワーク導入時の状況を分析している。

　(7) は、グループワークのメカニズムの解明を通して、グループワークの目標が探求される章である。ここでは、マイルス（Miles,M.B.）やエリクソン（Erikson,E.H.）、レイド（Reid,C.H.）らの理論を取り入れながら、独自の吉澤先生のグループワーク理論が展開される。まず、マイルスが、小集団の学習過程のメカニズムとして、絶え間なく変化していく問題とその解決のプロセス（不満・新しい行為・解決・学習・新たな不満）を螺旋状の図で示したことが紹介される。先生は、これはメンバー一人ひとりのグループ内での学習過程であり、グループ自体の変化していく過程であると考える。

　人間のパーソナリティは、親への依存と独立（反依存）を繰り返しながら次第に形成されていくと考えられる。ならば、マイルスの螺旋状の学習過程は、人間の成長という視点からは、依存から独立へ、独立からまた依存への運動のなかを動いていくことになる。すなわち、「この螺旋運動は、同じ場所に戻ることなく、同じ依存、独立であっても学習される内容が、学習する者にもたらされる意義、質を変えていくのである。これがパーソナリティの成長過程のメカニズムである」。

さらに、集団過程のメカニズムが検討される。「小集団学習過程には、個人の成長過程およびその集団の成長過程が入り込んでくるのでその流れに介入するワーカーは克服されるべき権威の象徴として役割をになわせられることになる」。そして、グループのワーカー（権威）への依存と独立を繰り返しながら成長していく過程（集団過程）が、レイドの5つの発達段階（依存、対独立、対依存、独立、相互依存）の説を通して解説される。「集団過程のメカニズムは、大局的には依存と独立の二つの極を螺旋状に結びつつころがる、小集団の成長過程と理解することができるのである。それは、前述した学習と成長のメカニズムの複合運動を二つの極の交点をもとめ円錐形を形成しつつ動く螺旋状運動であるといえよう」。ここに、学習過程と成長過程のメカニズムを統合したグループの成長過程のメカニズムが論理的に明確化されたのである。

　グループワークの目標となる社会的価値とは、白人中産階級の価値観である向上心、個人の責任、教養、勤勉、合理性、マナー、財産の尊重などであった。(8)では、グループワークがこのような一定の価値観の獲得を目標にすることは、他の文化に属する人たちを圧迫することであり、差別を助長するものであることが指摘される。吉澤先生は最後に、グループワークの方法が長年培ってきた「多元的価値観の受け入れ」というスタンスの存在を取り上げ、その可能性を暗示している。「対面集団内の学習は、社会の要請とあいまって、多様な価値観の存在を改めて発見し、その是認（人間としての相互受容）へと進展させているのである。この多元的価値観の受け入れの傾向は、アメリカ民主主義がなした具体的学習になるであろうし、それはまた、イデオロギーや社会体制の対立という次元でのアプローチでは解決できない人間の社会問題への解決を導く端緒となる可能性をもっているものと思われる」と述べ結んでいる。

文　献
1) 阿部志郎：ソーシャルグループワーク．改訂 社会福祉の方法，木田徹郎・竹中和郎・副田義也編，誠信書房，1966，p.97．
2) 大塚達雄・硯川眞旬・黒木保博編：グループワーク論―ソーシャルワーク実践のために．ミネルヴァ書房，1986，p.30．

第2章 吉澤英子仕事を読む (3)

『養護原理』を読む

金　潔

（　『養護原理』との出会い　）

　私は1990（平成2）年に日本に来て、9年間大正大学で社会福祉を学んだ。学部生時代から児童福祉の分野、とくに児童養護の領域に関心を寄せていた私は、吉澤英子先生の熱心な指導のもとで、学部および大学院博士課程前期、後期課程を通して、一貫した研究をすることができた。今の私を育ててくださった先生との出会いを振り返ってみたいと思う。それは私にとって『養護原理』との出会いの振り返りでもある。

　記憶とは不思議なもので、今でもはっきりと10数年前の大学入学試験の面接場面が甦る。社会福祉を選んだ動機を聞かれたとき、私は緊張のあまり、頭が真っ白になり、準備した面接対策用の回答が出てこなくて、「どうしても児童福祉がやりたいです」としか答えられなかった。「どうしても児童福祉をやりたい理由を話してもらえませんか」と、面接官4名のなかで唯一女性の先生に優しく聞かれて、私は一気に緊張感がほぐれ、児童への想い、母国中国の福祉への想いを自分の言葉で、たどたどしくではあったが伝えることができた。入学し、優しい女性面接官が吉澤先生であることを知るとともに、先輩たちから「吉澤先生は大変厳しいよ」と教えられた。

　大学2年で先生の「児童福祉論」、3年で「グループワーク」を受講した。

きん　けい　　北海道浅井学園大学人間福祉学部生活福祉学科講師

先生の講義は理路整然としていて、留学生であった私でもわかりやすく学ぶことができた。先生は児童の養護実践を通して得た多くの貴重な経験やいろいろな分野での実践活動、そして各種の調査研究、実践現場の方々との共同研究等による内容・結果のデータを用いて、理論を具体的に教えてくださった。凛として、人間味溢れる講義風景が今でも印象深く残っている。4年の卒論ゼミは運よく（一番人気で競争率が高いゼミのため）吉澤ゼミに属し、よりいっそう先生のご指導を受けることができた。ゼミ合宿では福祉現場で働く先輩も加わり、よい刺激を受けた。歴代のゼミ生が「一初会」を組織し、今も定期的に先生を囲み、理論と実践との統合を図るための研究会が開かれている。

　大学院博士前期課程においても、先生の働きかけにより導入された「実践分析研究」という新しい教育・研究システムのなかで学ぶことができた。そこでは、一定の地域を設定し、院生自らのテーマに則し、児童・障害者・高齢者の3分野でグループが編成された。区内の各機関・施設・地域住民とのかかわりを通して、地域の実態・ニーズの発見、施策の具現化に向けて共同研究を行った。板橋区に限定し、そこを拠点として今は設定地域を広げて続けられている。

　先生は大学で教鞭をとりながら、社会的活動にも相当な時間とエネルギーを費やされており、多忙なスケジュールのなかでも、いささかも大変な顔をされず、意欲的に取り組んでおられた。児童へのひたむきな想いや、地域住民を巻き込み、自治体等への理解を求めて、具体化していく活動、その実行力に、先生の尽きることのないエネルギーはどこから生ずるのか、私は感心するばかりだった。

　その後、私は博士論文のテーマを決めていくにあたって、先行研究を検索した際、はじめて先生と大谷嘉朗先生の共著である『養護原理』を手にした。私にとって本書は、児童養護に関する実践に基づいた研究を基礎とした原理、そして養護技術展開に示唆を与えるものとして、さらに実践を真に理解するためのヒントを提示するものであった。また私にとっては、博士論文のテーマ「児童福祉施設における養護原理の確立─中国の児童福利院への提言に向けて」を決める契機となった。

『養護原理』解題

吉澤英子・大谷嘉朗，誠信書房，1967.

　本書は、大谷先生との共著で、1967（昭和42）年3月に誠信書房から出版された。首尾一貫した主張のもとで体系的に論じられ、類書のなかでも随一のものといえる。それは他の共著による著作とは異なり、各項目ごとに深いディスカッションを重ねた結果をまとめていくという方式をとっているためであろう。したがって、各項目ごとの分担は明示されていないということが特徴である。

　本書が刊行された時代の背景として、次の点があげられる。①日本の児童福祉法が制定されてから20年を経ようとしていたが、制定当時問題視されていたホスピタリズム論争の余韻がまだ残されていた。②児童養護技術、児童処遇のあり方、専門的アプローチの必要性等々の要請と研究が進められていたが、まだ統合的なものは打ち出されていなかった。③1964（昭和39）年度より保母養成のカリキュラムが全面的に改められ、従来の「保育理論」から独立して「養護原理」の科目が新設されたが、講義内容に何をすべきか明らかにされていなかった。

　まさに時代を見据え、児童福祉施設における児童の処遇に関する統一的な理論体系を主眼に、多角的な側面から児童へのアプローチの必要性を論じている点は的を射ている。児童福祉の専門教育、さらに児童福祉施設で働く従事者の日常的生活処遇検討に役立ち、効果をもたらした意義は大きいといえる。

　本書は、具体的には以下のような内容で構成されている。

　　序説
　　Ⅰ　児童とその養護
　　Ⅱ　児童とその社会的養護
　　Ⅲ　施設における児童養護
　　Ⅳ　施設養護の基本原理
　　Ⅴ　施設日常生活における養護の領域と実際

Ⅵ　養護技術および方法
　Ⅶ　施設職員論―そのあり方と関連して
　Ⅷ　施設養護をめぐる今後の課題

　まず序説では、①各種児童福祉施設における児童処遇には、共通する養護上の基本原理が見出されること、②理論的に体系化されるべき養護原理は、児童養護施設における児童養護の原理だけに限られるべきものでなく、一個の人間のライフサイクルとの関連を押さえることの必要性を強調、③日本の社会的養護レベルの向上とその充実、④社会的養護の児童養育における積極的位置づけを試みること、⑤専門職として確立されることの重要性に関する問題提起が述べられている。

　次の第Ⅰ・Ⅱ・Ⅲ章は、養護とは何かという問いかけをもとに記述がなされている。

　第Ⅰ章では、児童養護の概念と意義について整理するとともに、児童の養護にかかわる諸問題とその背景を多角的に分析している。次いで社会的養護の史的展開を辿りながら、児童の社会的養護の積極的意義と役割を家庭養護との関連で力説している。

　また第Ⅱ章では、児童養護の社会的な側面について主に述べている。家庭養護を常に発想の基点に据えながら、現代社会における社会的養護の必要性にふれ、児童を護る積極的養護のあり方が切実に要請されていることを究明し、社会的養護という用語を選択した意味、意義を明確にしている。

　第Ⅲ章は、施設内における養護問題にふれ、児童を養護するために必要なことは何なのか、ボウルビー（Bowlby,J.）の指摘したホスピタリズムを乗り越えて、児童の発達特性を理解したうえでの発達保障のあり方など、積極的養護理論および養護技術への展開を提起している。

　第Ⅳ章は、施設養護の全体を貫きこれを支える基本原理として5つの視点を取り上げ、明確かつ詳細に論じている。それぞれに取り上げられた事例も身近なものだけに深く考えさせられ、理解、共感を得ることができる。5つの基本原理とは以下のものである。

　施設に入所する児童は、例外なくといってよいほど、その正常なパーソナリティの発達が阻害されているか、ゆがめられている。そのような児童に対

して、人間性を回復していく過程こそ、施設養護における第1の原理であるとし、「人間性回復の原理」の重要性を述べている。

第2の原理は「児童の親子関係調整・尊重の原理」とし、「児童の施設養護のプログラム展開過程には、その背後にある親や家庭に対して働きかけをも含めての対応を強調している。施設内養護はその児童にとっては通過的一場面である。したがって、親自身ないし家族の暮らし方、家族関係のあり方および親や家族の施設にいる児童に対する見方・考え方を調整する働きかけが望まれる」ことを強調している。

第3の原理は、第Ⅲ章「児童養護の基本理解」でも考察されているが、児童の養護はまず一個の主体的人格として児童をとらえ、各個人の動きをとらえる対応の仕方として「個別化の原理」をあげている。個別化とは、児童の背景を考慮し、鋭く的確に児童の個性・能力・素質の相違を個別的に把握することである。また、施設職員と児童との個別的関係の創出ならびに保持をいかに図るか、そのために取り組む技術、方法論上の工夫の必要性を説いている。

そして第4の原理は、第3の原理「個別化の原理」と同等に治療処遇的役割をもつ「グループダイナミックス活用の原理」をあげている。それは集団の利点を最大限に活用することによって、一般家庭では期待できない養護効果を発揮しうることの期待と確信のうえに立って、施設職員にグループダイナミックス（集団生活の効果）の深い知識とその技術の必要性を求めている。

最後に第5の原理として、「社会復帰の原理」をあげている。児童の家庭あるいは社会への復帰を、①施設から直接社会へ、②施設から家庭を経て社会へ、③施設から社会へ、そこから家庭へ、④施設から他の機能をもつ施設へというように4つに分けて考察している。施設養護の力によって、児童を家庭あるいは社会に復帰させること、それは同時に第1の原理である人間性の回復にも通ずる結果を生むことになる。

このように、「人間性の回復」という援助目標の達成に向けて、養護課題の追究をふまえ、児童のニーズや特性、施設養護の特質に基づいた援助の具体的な展開方法を試み、体系的にまとめ上げたものは、これまでの著書にはなかった。その点においても先駆的なものであるといえる。

さらに、第Ⅴ・Ⅵ章ではそれぞれの事例を深く掘り下げ、科学的な分析視点のもとに対応（処遇）のポイントが記述されている。
　すなわち、施設養護の基本原理に基づいた児童への対応つまり基本的ニーズに基づいた施設の日常生活養護の意味とその実際、援助過程を重視した技術および方法等について論じている。第Ⅴ章では、①施設養護の領域と実際の基礎的了解、②施設生活への準備、③衣食住の問題、④日課と余暇活動、⑤地域社会生活への参加、⑥しつけの問題、⑦性教育、⑧社会復帰への準備について系統立てて解説されており、実際の場面をイメージできる。児童に対する施設職員の取るべき基本的姿勢をもって、施設でどのように実践していくかが、児童の日常生活のリズムに即した諸領域について整理されている。また、児童養護の本質となる考え方や具体的な方策が順序立てられて述べられており、非常に示唆に富んでいる。第Ⅵ章は、養護技術およびその展開方法についても適切な事例を数多く取り入れ、援助過程を専門的に掘り下げて考察されている。児童の多様なニーズに対応するためには、日常生活援助技術やケースワーク、グループワークの技術の導入をふまえたうえで、施設内のチームワークのみならず、地域社会の資源とのチームワークにまで広がりをもつ必要性を提起している。さらには施設養護における記録、スーパービジョン体制の重要性についても論じている。
　最後の第Ⅶ章と第Ⅷ章は、施設職員のあり方と施設養護をめぐる今後の課題について言及している。第Ⅶ章は、施設養護を高めるために、施設職員の人間性と専門性の要件から資格、養成、職員の人間関係をめぐる諸問題、施設長の役割と責任まで広い視野からの指摘が明確になされている。そして第Ⅷ章で指摘されている地域社会での施設の存在意義、役割、施設養護内容の公開性への方向を述べ、施設職員の専門性の確立は今後不断に検討されるべき課題であることを強調している。
　さらに、施設養護の将来に向かって、ダイナミックな発展に備えるための施設職員の専門性の課題を提起している。とくに私の印象として強烈に残っているのは、例を用いて表現された「余韻のある共感関係」という文章である。児童が学校からテストをもって帰り、低い点数結果を告げてきたとき、どういった言葉をかけたら、児童と余韻のある共感関係を創り出し、保持で

きるか、言葉に隠された感情の伝達によって、いかに関係過程に相違が出てくるかを私は知らされた。それは理論や技術で割り切れるものではなく、専門性と人間性のバランスのいかんによって大きく影響されるもので、本書で強調する広い視野を感じさせる。

本書のいずれの章においても、児童の養護にあたってきた著者の多くの貴重な実践経験に基づく問題提起がなされ、今後取り組むべき課題が提示されている。そして具体的な次元に応じて提示されていることも示唆に富んでおり、実践へのヒントがちりばめられている。さらには全体を通して、児童への想いが貫かれていて、吉澤先生の情熱や想いを科学的な裏づけをもって具体化していく様子を学ぶことができた。

『養護原理』に導かれて

前述したように、本書はいわば私の博士論文を導いた重要な著書である。本書を手にしたことをきっかけに、「養護原理」と題する既刊の文献（1967〔昭和42〕年以降に出版された書籍40冊）を読み込んでいく過程で、本書が他の類書に与えた影響の大きさを読み取ることができた。

私は博士論文をまとめるにあたって、本書を含む「養護原理」と題する文献の内容分析およびその傾向を類型化し、それらが示す共通点を施設調査の視点とし、実践の場面での検証を図ることにした。そのために、児童養護施設長および処遇職員にインタビュー調査を実施した。吉澤先生に「踏査」という言葉を教えられ、日本最北の北海道から南の沖縄に至るまで28カ所の児童養護施設を訪ねた。その施設長の方々のご協力を得て、インタビュー調査を無事に終え、児童養護施設における今日の実践課題をまとめると同時に養護原理の再構築を試みることができた。私は論文のなかで「自己実現の視点」「成長発達の視点」「生活力の視点」「家族関係ダイナミズムの視点」「共生・共存の視点」という5つの原理を規定する視点をあげた。そのうちのとくに「生活力の視点」は本書が指摘する「生活の土台・基礎・根底という意味をもつ生活台」から示唆を得た。今日、その生活台の低さが顕著に現れ、そのレベルアップにますます施設職員の専門性が求められている。

インタビュー調査にあたって、現在活躍されている数多くの施設長を先生に紹介していただいた。施設長の方々に大変よくしてもらい、本当によい出会いを得た。A園では2週間も実践現場を体験する機会を提供してくださった。R園では本書が施設職員の研修教材として使われており、ある主任保育士から「吉澤先生が書かれた『養護原理』は私のバイブルであり、多くの示唆を得て、自分を高めることができた」という意見が聞けた。さらにT園の施設長は大変ご多忙のなか、私のインタビューに対し時間をつくってくださり、児童養護のあり方について率直な意見を話してくださった。お礼を申し上げたとき、その施設長は「お礼は吉澤先生にいってください。私が若い頃、先生がどんな忙しいなかでも熱心に指導してくださったから」といわれた。先生は多年実践現場の方々と向き合い、共同研究をされてきて、いろいろな人に影響を与えてきていることは間違いのない事実である。研究への厳しさと謙虚な態度は、先生のもつ人間性そのものといえよう。

　私は長年、先生のご指導を受けてきたなかで、最も印象深く残っているのは、「実践から生み出された処遇理論の構築が必要である。そして、その構築された理論を再び実践に生かす、その繰り返しのレベルアップが必要」という主旨の発言である。これは先生の研究に対する姿勢であり、今もこの姿勢を貫き通されているように思う。私もこの言葉を胸に、研鑽を深めていきたいと思っている。

第・3・章・吉・澤・英・子・論・文・著・作・抄・録

S＝昭和 H＝平成

論文・著作名：家庭福祉と行政——家庭基盤の確立に向けて
共著者名： 　　　　　　　出典：真理と創造
刊行年：1980（S55）年　巻・頁：No.16、pp.157-173
Keyword：日本型福祉社会、家庭福祉、福祉行政の体系化、一貫した政策

＜概略＞

　著者は、家庭福祉のとらえ方を示し、とくに子どもや老人にとって家庭はかけがえのないものであること、豊かな生活創造のためには、福祉の領域における施策展開だけではなく、産業・労働など広範な政策を含む多面的かつ、一貫した政策決定をしていく行政の役割があることを述べている。高福祉高負担の限界が問題となり、日本の家族の特質に着目して家庭生活の質を高めることが新しい福祉の目標として重要性を増している。施策により家庭が機能を発揮できる条件を整え、家族員が役割を果たしうるような側面的援助があって、日本らしい家庭重視の福祉が期待できるのである。

＜内容＞

1．わが国にふさわしい福祉社会を創造するためには、日本の家族関係のよさに視点をおき、血縁・地縁・社縁などの現代的活用を試みる必要がある。

2. 都市の生活では、基底には日本的な関係欲求があるにもかかわらず、現象としては人間関係の希薄化が現れているところに関係病理がある。
3. 家庭福祉は、家族関係の調和や家族生活の強化という目標達成のために、家族生活上の困難をもつ個人と家族を援助することであり、家族が家族員としての役割を家庭維持のために果たしうる状態への援助としてとらえることができるが、その関係病理に対する援助機能を重視すべきである。
4. 家庭福祉事業は、社会福祉の一分野として成立しているので、社会福祉の原則に従って具体的展開をすることを基点としている。
5. 老人と子どものケアの前提として家庭の存在意味をとらえる必要がある。
6. 子どもにとっては、親子関係を中心にした家庭のあり方が成長の方向性を決める役割を担っている。子どもの養育については、家庭における親の責任と社会的な責任の役割の明確化およびバランスのとり方が考慮されるべきである。
7. 老人は年を経るほど家庭のイメージを強くもつようになるため、施設職員が家庭へのアプローチを積極的にしていける条件を整備すべきである。
8. 日本型福祉社会を基調にした福祉行政の体系化を図る必要がある。
9. 家庭福祉の機能を発揮するためには、家庭の背景にある諸問題を見直す一貫した政策が求められる。
10. 行政の役割は、福祉の領域における施策展開だけではなく、産業・労働など広範な政策を含む多面的かつ、一貫した政策決定をしていくことである。
11. 家庭という場の確保ができたうえで、家族員が役割を果たしうるための側面的援助があって、結果として家庭福祉が機能発揮できる。
12. 人間社会の経済的・文化的な発展が必ずしも人間の精神的な発展には結びつかないことが明らかになりつつある現在、真に豊かな生活創造の根底にある人間性の回復を目指すためにも、家庭福祉が重要性を増している。

(文責:吉田　眞理)

| 論文・著作名：コミュニティ・センターの位置づけに関する一試案 |
| ―大都市における社会福祉協議会の機能との関連から |
| 共著者名：　　　　　　　　出典：社会福祉 |
| 刊行年：1964（S39）年　巻・頁：Vol.11、pp.31-46 |
| Keyword：社会福祉協議会、社会福祉施設の社会化、 |
| コミュニティセンター、地域組織化 |

＜概略＞

　大都市住民のコミュニティ意識の欠如を指摘し、セツルメント活動を例にあげて社会福祉協議会がその機能を発揮して既存社会福祉施設の社会化を促進し、地域組織化、住民参加を図る必要性について論述している。
社会福祉専門職は住民とともに行動し地域社会の福祉増進を図るべきであり、社会福祉施設はコミュニティセンターとしての機能をもつ必要がある。とくに隣保事業施設は、近隣社会の説明者、有効な解決方法の実演者たるべきである。社会福祉協議会には福祉施設のコミュニティセンターとしての機能促進とボランティア活動を通じた住民の連帯意識の拡大、専門的な予防計画、地域福祉計画策定などが求められる。

　東京都にあっては、社会福祉施設をセンターとしてコミュニティを形成し、地区社会福祉協議会が訪問員を派遣して調整にあたり、都社協はより広い視野に立ち、調査等を実施してブレーンセンターとして機能することが望まれる。

＜内容＞

1．社会福祉協議会本来の機能は、一般住民の社会福祉への参加であり、住民が自主的にコミュニティの課題を解決しようと活動するように働きかけることである。

2．わが国のコミュニティは、住民からの社会福祉という本来のコミュニティの動きが芽生えつつある過渡期にある。

3．既存の施設、団体はコミュニティニードの所産であり、各社会福祉施設はコミュニティ内のセンターとしてその種別の特徴を生かした住民へのアプローチを行うべきである。

4．隣保事業施設は、社会福祉協議会とチームを組み、住民とともに自己開発を促進し、共同学習の場を提供して自発的、共同的な行動を計画的に進め、問題の早期発見などの予防的取組みをしていくことが求められる。
5．小地域（大都市の場合は区単位）社会福祉協議会は、既存の社会福祉施設、団体、機関を社会資源として活用することが必要であり、社会福祉協議会は全般的な視点で住民、コミュニティ、各種施設の架橋の「要」の機能を果たしていくべきである。
6．社会福祉協議会は、ボランティア活動の調整を行い、ボランティア活動を通じた住民の福祉増進の姿勢の体得を促進し住民の社会連帯意識を拡大させて、ソーシャルアクションにつなげていくという住民主体の原則を生かすセンターとしての役割がある。
7．東京都の区社会福祉協議会は、担当範囲も広く人口も多いので、既存施設や地区町会などを活用してコミュニティと間接的な関係を持つ方法が考えられる。
8．7のためには区社会福祉協議会には訪問員制度の設置、都社会福祉協議会にはブレーンとしての機能発揮が必要である。（文責：吉田　眞理）

S＝昭和 H＝平成

論文・著作名：ボランティア活動の課題─福祉社会づくりへの移行
共著者名：　　　　　　　　出典：日本福祉大学社会開発研究所紀要
刊行年：1985（S60）年　巻・頁：No.7、pp.21-28
Keyword：ライフサイクルを通じたボランティア活動、ネットワーク化、地域社会の土壌を耕す

＜概略＞

　昭和50年代に入り、ボランティア活動はかかわる層、活動分野ともに広がりをみせ、自立と連帯の地域づくりを目指す方向にある。このような時代にあり、ライフサイクルを通じたボランティア活動を全住民のものとしながら、福祉社会づくりをどのように促進するかが今後の課題である。また、ボランティア活動の費用負担のあり方、事故対策のあり方が活動展

開上の課題となっている。住民にはボランティア活動の基盤となる日々のコミュニケーション、行政や社会福祉協議会にはボランティアセンター機能、ボランティア活動のネットワーク化が必要である。

＜内容＞

1．ボランティア活動は児童から老人まで広がりをみせ、内容も福祉、教育、医療・保健、環境、文化、国際関係にまで広がっている。
2．地域社会において住民が主体となり、行政と連携して課題解決をすることを通じて、地域連帯の絆をつくり出すことがボランティア活動の底流にある考え方である。
3．住民の間では、福祉の町づくり展開の背景に、与える責任と与えられる権利のバランスが取れるような意識変革が期待される。
4．住民による福祉社会づくりの活動の姿勢は、多様性を認め合い自主的に共通項を見出して連帯を深め、行政に対しては建設的な批判を怠らず、協働関係を保持することが望まれる。
5．福祉社会づくりにおける行政の役割は、自主活動がしやすい環境づくりと住民の視点に立った制度運用、ボランティアのとらえた住民のニーズに対応した地域福祉活動である。
6．地域におけるボランティア講座、福祉講座が多く開催され、福祉と教育の接近、医療・保健との協働によりボランティア活動の分野は拡大した。
7．このように拡大した参加する福祉のあり方を念頭におきながら、福祉教育、ボランティア講座のあり方を見きわめていく必要がある。
8．ボランティア活動の方向性に関しては社会福祉協議会担当員の対応が重要であり、真の意味でのボランティア活動の拠点となるように望みたい。
9．青年期のボランティア活動には自分を含めた地域全体の社会化の促進と成熟社会づくりへの動きが求められ、中高年期のボランティア活動は生きがいと自立につながる。
10．従来の福祉施策は対症療法的で、住民パワーに押され、理念に基づく姿勢がなかった。

11. 行政の横割りの試行により、その過程で住民と行政、専門家とボランティアの役割分担もはっきりして、地域特性に見合った活動展開が具体化すると考えられる。
12. ボランティアにも行政のあり方に対する自身の考え方を保持することが求められる。
13. 無償の原則の崩れ、事故保険への過度な依存がボランティア活動展開上の課題である。
14. 今後はボランティアセンターの有機的機能の発揮、ボランタリズムの普及、地域福祉のためのネットワークづくりが必要である。

(文責：吉田　眞理)

S=昭和 H=平成

論文・著作名：障害児の地域におけるケアのあり方とソーシャルワークとしての対応について―母親の意識を中心として
共著者名：　　　　　　　　出典：日本総合愛育研究所紀要
刊行年：1980（S55）年　巻・頁：第16集、pp.187-205
Keyword：障害児のコミュニティ・ケア、母親の意識、ソーシャルワークとしての地域ケア

＜概略＞

　障害児の全員就学が実施されて間もない時代にあって、理念的には障害児にとって意味のある生活展開がなされる必要があることが当然とされていながら、地域社会では予期しない問題が惹起している。このような状況下、障害児のコミュニティ・ケアの問題を、全国のS療育センターに来所した母親1,071名に対する調査をもとに、その意識を中心に考察している。障害児をもつ家庭の安定には、具体的なサービス提供に加えて、地域社会の理解が重要であることを指摘し、家庭、地域、行政の専門機関等によるチームケアとその中心となるソーシャルワーカーの存在の必要性を述べている。

＜内容＞

1．地域の実態をふまえ、障害児のコミュニティ・ケアの方向を探るため、

父親の存在、母親の地域に対する意識を中心として、ソーシャルワーク的アプローチについて考察する。

2．研究目的は、母親と父親のかかわり方が、母親の家族および地域社会に対する意識に与える影響と地域社会に対する母親の態度を規定する要因を明らかにし、ソーシャルワークとしての地域ケアのあり方を考究することである。

3．調査によれば、母親が父親に期待している役割として、自分に対する精神的な支えや理解をあげるものが最も多く、父親の役割に満足している母親は、家族関係において安定した状態にあり、地域社会に対しても好意的な評価をしている。

4．母親の社会的な活動や子どものことで望む事柄は、父親の理解度にあまり左右されず、障害児をもつ母親に共通の傾向がみられるが、障害児の地域社会への受け入れのあり方が、永住か転居かという母親の居住希望の決定になんらかの影響を及ぼしている。

5．調査から、障害児に対する地域住民の理解と母親の情緒安定との関係が見出せた。

6．調査結果と障害児の経年的動向を併せて考えると、地域の専門関係機関、施設と障害児をもつ家庭とのコーディネート機能を地域内で果たしていく必要性が読み取れる。

7．住民の共同性を重視する福祉社会づくりの拠点を明示し、施設・機関のネットワークづくりを志向する機能社会をつくる手立てを講じ、実践の土壌を耕さなければならない。

8．地域社会における障害児の受けとめ方が母親の満足に関係するため、地域社会側の課題解決への他の手立ての必要がうかがえる。

9．障害児をもつ家庭へのアプローチは、個（私）、地域社会的、行政（公）的対応の関係を明確視してトータルな視点を打ち出す一方で、障害児をめぐる発達課題、生活課題、地域課題の整理をしていくことが重要である。

10．社会福祉協議会、福祉事務所、保健所、学校、専門施設、児童相談所が専門性を生かしつつ、チームワークのもとに作動し、いずれかの機関

に属するソーシャルワーカーがその要の機能を果たす必要がある。

（文責：吉田　眞理）

S=昭和 H=平成

論文・著作名：福祉教育を考える―今、問われるものは
共著者名：　　　　　　出典：東京ボランティアセンター年報1984～1985年版
刊行年：1985（S60）年　巻・頁：pp.1-10
Keyword：福祉教育、学校教育、地域福祉、福祉教育推進者（教師）

＜概略＞

　近年、「福祉」と「教育」の接点は、福祉協力指定校制度としての福祉教育をさすようになった。1970（昭和45）年全国社会福祉研究協議大会で「教育と福祉」がテーマになったのを契機に、「社会福祉普及校制度」の各県の取組みが顕著となっている。著者は「福祉教育」の実態をふまえ、その課題を考察している。

＜内容＞

1.「福祉教育」といわれるもの

　全国社会福祉協議会の福祉教育委員会は1971（昭和46）年「福祉教育とは、憲法に基づく社会的基本権としての生活上の福祉の確保を妨げる諸問題を解決し、かつ住民の生活における福祉を増進させるために、地域社会における住民が、それを自らの、及び住民共通の課題として認識し、その上にたって、福祉増進の住民運動を自主的・継続的に展開するのを側面的に助けることを目的として行われる教育活動」と定義している。しかし、教育を行う教師によって福祉の考え方が種々あり、それを前提としながら学校という場で福祉教育をどう展開するかが課題となる。生徒や市民が主体性をもって判断し、行動できる状況を創出していくための土壌の耕しが、福祉教育の根底に必要であり、それは型にはめたり、一定の思考を押しつけることではなく、意識の変革、新たな意識構造の構築にかかわる課題を教師は背負う。つまり福祉教育は、単にボランティア活動のある一部を実践することにとどまらず、実践活動を媒介としての「人間教育（福祉の原

点)」に迫るものであることを認識し、福祉教育推進者は、その目的達成のために何をどのようにするか、当事者の主体性が厳しく問われる。「人間共育あるいは協育」という相互尊重に支えられた行為の発現が期待される。

2．「福祉教育」展開の前提

「福祉教育」は個々人が社会福祉に対する理解を深めるとともに自主的に福祉活動への参加を促すものである。人間と社会の不断の発展に寄与する確信を前提に、個人の主体性と社会連帯性を回復、または高めていく試みであり、「福祉教育」は現代社会に課せられた課題の1つである。「福祉教育」とは心の問題であり、その「心」とは、①豊かな感受性に裏づけられた「私とあなた」という相互間に実感する感情の通じ合いであり、それは「感動」の機会によって培われていく自然の姿、②社会的認知欲求の充足経験の有無が「生活上の精神的ゆとり」「情緒的安定」に影響を与える。これらの情況を創り出す親、教師、地域住民の役割は、子ども（とくに小・中学生）にとって大きいという認識が必要である。

3．「福祉教育」は「地域福祉」に

社会福祉の対象が、広く国民一般を対象として変化し、福祉ニーズが多様で高度化され、脱施設化から地域福祉による実践が始まった。この地域福祉を実現するために、地域住民がサービスを必要とする人と共に福祉の担い手であるという意識を深くし、地域社会の一員としての自覚をもつことが重要である。この新しい福祉社会の形成、生活者としての個々の住民の立場とその発達の可能性を地域社会が保障していくために、住民の社会連帯の精神と福祉に対する参加方法を創出する課題がある。「福祉教育」のねらいは、この課題への挑戦である。地域の主体者である住民＝青少年の立場をいかに構築するかが重要であり、新しい地域社会の構築へ寄与する青少年が主役となれる場を社会が提供する必要がある。また学校は福祉教育の実践にあたり、地域に開かれた学校としての位置づけを実現しなければならない。

4．「福祉教育」推進者の課題

福祉教育を推進する教師のあり方として、①教師および児童・生徒の福

祉意識を深める、②開拓的・実践的な試みを実施し、実践的に理論を深める、③条件基盤の整備の3点が具体的推進方策にあげられる。基本的には教師自身の活動経験の有無が、福祉教育の展開の方向性に影響する。ゆえに教師がまず活動を体験することから始め、さらに児童・生徒と共に活動をし、共有できる課題をもつことが求められる。　　　（文責：熊澤　桂子）

S＝昭和　H＝平成

論文・著作名：ボランティアの教育と訓練
共著者名：　　　　　　　　出典：社会福祉研究
刊行年：1976（S51）年　巻・頁：No.18、pp.53-58
Keyword：ボランティア活動、教育・訓練、地域住民、「公」との協働体制

＜概略＞
　ボランティア活動は人びとの相互関係のうえに成り立つ活動で、誰もができる活動だが、反面、活動の背景にあるボランティアのエゴ克服の厳しさにより、継続的・組織的な活動とならない現状がある。ボランティア活動は生活に密着した活動で、さらに真の福祉（広義）の実態を創り出す原動力でもある。筆者は、ボランティア活動がこのような機能を果たすためのボランティアの教育と訓練の必要性を説き、かつ、ボランティア自身も常に自発的な学習や自己訓練の機会を自ら創り出し、自主的・主体的に取り組むことが大切であるとして、以下の考察をしている。

＜内容＞
1．ボランティア活動の基盤となる考え方
　ボランティア活動の社会的価値は、コミュニティの課題に援助的機能を果たすのみでなく、隣人に対する関心を深め、地域福祉の促進に対する住民の意思表示を意味することにある。そこで、専門ワーカーの現任訓練や養成研修の内容にボランティアの役割、ボランティアのコーディネートなどを入れることや、行政によるボランティア団体・民間団体への専門的・財政的な援助、適切な情報、学習機会の提供も必要である。

2．事例からの考察―ボランティアの教育・学習の意義

『社会福祉研究』No.18（pp.35-40）掲載の実践報告「市民の手でつくる"たんぽぽの家"」（奈良県奈良市）、「杉並・老後をよくする会」（東京都杉並区）の事例より、①身近な問題の発見、自覚、体感から次第に輪を広げ、ソーシャルアクションを図り住民の自覚を促す働きかけをする、②相互連絡のなかでの実践の展開と現制度に対しての充実運動への方向づけ、③学習機会の提供と活動実践の活用の3点を評価している。学習・活動・運動の繰り返しのなかで人間尊重の町づくりを明確に目標づけ、活動していることがわかる。また、こうした活動には中心的存在となるキーパーソンの必要性も大きい。

3．ボランティア活動の方向と活動展開上の諸課題

ボランティア活動の現状の課題として、次の3つがあげられる。①ボランティア活動は「公」がすべきことの肩代わりをし、福祉の施策を遅らせる要因になるという誤った考え方がある。ボランティアの存在は「公」のすべき事柄を強化し、必要な施策を生活の営みに即した方向へと導く役割をもつ。②活動は相手との関係のうえに成り立つため、一方的、独断的なボランティアの判断のみでは相互の快適な関係はもちえない。そこで「個」対「個」の関係を保持できるグループによる活動展開が望ましい。相互関係のなかで情報交換の機会や学習の成果を得ることで、ボランティアの人間的成長が図れる。③連帯の輪を広げていくためになんらかの組織が必要である。これらの課題の克服には、ボランティア活動は現代に生きる私たちの当然の行為とする教育への啓発活動が必要となる。

4．ボランティアの教育を考える

地域社会のニードに対応できるボランティアとなるための教育として、1973（昭和48）年度福島県婦人ボランティア学習での渡辺きみ氏「生きること学ぶことの干渉作用」を参考としている。

5．学習（教育）プログラムを作成するにあたって

学習計画の基本的な要素は、講義偏重でなく、体験学習の要素を十分に取り入れること、専門家の働きに対する正しい理解の習得、協力の仕方を心得ること、地域住民としての自覚を促すことである。具体的には、①知

識の体得と確認、②技術の体得、③小集団による問題解決方法の体得がある。教育、学習の機会のために、コミュニティーワーカー、グループワーカー等専門家の援助が必要であるが、現状では適切なワーカーが得られていない。

6．ボランティア教育・学習の機会の契機を提供するには

基本的なボランタリズムの普及には、教育制度における福祉教育の内容の具体化と、親への意識改革が考えられる。そして、社協や各自治体で行う研修・講習は、「公」と「民間」の協働体制で地域の実情にあった研修内容が望ましい。また民間等の研修にも必要性に応じて「公」からの援助があり、住民・ボランティアに真に生かされる学習の機会提供を望む。

（文責：熊澤　桂子）

S＝昭和 H＝平成

論文・著作名：地域に生活の場を失った子どもたち	
共著者名：	出典：発達 別冊特集号
刊行年：1992（H4）年3月	巻・頁：pp.112-118
Keyword：健全育成、地域の教育力、集団活動、「意味ある他者」としての大人	

＜概略＞

都市化の進展に伴い、地域そのものがもっていた教育力の低下が目立ち、地域社会は子どもにとって対物的、対人的に危険の場となっている現状がある。子どもたちの「健全育成」の場として、地域社会は本来「人間形成力」を備えている。「多様な人々の生活を共有できる場」、「先人の文化遺産、生活文化と接し、さらに新たな生活文化を創出する場」、「時間の流れに即して変化があり、それに即応する知恵を学びあう場」として地域の教育力は、子どもの成長発達・人格形成に与える影響が大きい。この地域の教育力は、地域社会の特長と併せて考え育てていくことが課題であり、そのために地域住民の不断の努力と健全育成行政の側面援助、協力が必要である。「児童に関する権利条約」にも強調されている「児童の最善の利益」のために、子どもたちの置かれている地域社会の問題を直視し、今後の課

題を考察している。

<内容>
1．子どもたちのもう一つの生活の場―今地域の社会では

　子どもの生活は室内外の場において群れ型から孤立型へ、積極的活動型から消極的受身型の態度へ、対人的相互連帯型からメカ利用の個別型へと身体を動かさない状況が一般化している。その結果、生活体験の欠乏、体力の低下、人間関係の希薄化で自発的な態度に欠け、耐性が養われないなどの現状がある。筆者は、「これからの高齢社会を担い、支える子どもたちの健全育成」という発想でなく、「これからの高齢社会にも生き生きとした生活展開のできる子どもたち」と子どもをその主体とした発想を打ち出し、新たな生活文化を創出していく子どもたちのイメージを強調している。

2．地域社会の視点―子どもたちは悩み悩まされている

　子どもたちは本来、自ら伸びる力を潜在している。しかし、紹介された事例（児童館の騒音に対する住民の苦情、登校拒否児への学校・地域の差別意識、夜間中学に通う子どもの人間不信）からは、大人の不用意な対応（言葉・態度）が子どもたちを自信喪失に陥らせている様子がうかがわれる。また、その子どもたちが「自分らしく生きよう」と自信を取り戻すきっかけも、教師や大人のあり方によることが示されている。つまり、地域社会においても、子どもにとって「意味ある他者」としての大人が身近に存在し、子どもたちに声をかけられる雰囲気や状況にあることが大切である。

3．地域社会に生きる子どもたちの姿を求めて―集団活動（仲間関係）から学ぶ

　学校外のボランティア活動に参加した中学生、高校生の例をあげている。活動に介在する専門職が、グループ活動を通じて中学生の相互関係のコーディネーターの役割を果たしながら相互学習の場づくりをしている。こうした大人の何気ない介入により、子どもたちは集団体験から自分の存在感を体得し、生き生きと生きられる方途を自ら拓いている。これは集団活動だからこそ、自分の社会的存在価値が発見でき、そのことで未知の扉が開

き新たなる知識の習得、体験への意欲がわくことになる。
4．子どもたちの子どもたちによる生活創造—望ましい生活の場、地域社会

　家庭の基盤強化への施策の必要性と同時に、地域社会で子どもたち同士の集団活動を通じて学びの体験をすることも重要である。そして、子どもたちの可能性を引き出す機会は、周囲の大人の姿勢にある。児童の権利条約は、子どもを取り巻く社会（大人）の子ども観の如何を指向し、子どもの権利は、大人の社会人としての義務が裏面にある。つまり親を含む身近な地域社会住民による、積極的な子ども観の確立への動きを創出する「不断の努力」が必要と思われる。また、地域社会により密着したかたちで設置されている児童館の機能を活性化することも考えられる。

（文責：熊澤　桂子）

S=昭和 H=平成

論文・著作名：石井十次の施設養護観の背景-1
共著者名：　　　　　　　　　出典：関東学院大学人文科学研究所報
刊行年：1980（S55）年　　巻・頁：No.3, pp.5-21
Keyword：岡山孤児院、施設の社会化、家族主義、委託主義

＜概略＞

　現在の児童養護施設の先駆けとなる「岡山孤児院」を、1887（明治20）年に設立した石井十次の養護観の形成過程とその内容を探る。経歴や同時代人との交流の影響について考察し、今日の施設養護にも価値が認められている彼の功績とともに、その課題をも併せ検討している。

＜内容＞

1．石井十次の施設養護の発想基点

　病気療養中の青年期にキリスト教信者の医師と接して信仰を得た後、彼の事業の根底にキリスト教がおかれる。医学校卒業後は、地域診療所の仕事のなかで、当時の大きな社会問題であった貧困問題への主要対策として、とくに「孤児」への教育を重視するようになり、1887年「岡山孤児院」を

結成。石井は「草の根主義」で事業を地道に支えることの重要性や、現在課題となっている「施設の社会化」についてもすでに実地に移していたともいえる。

「岡山孤児院」においては6歳以下の者を15歳まで教育した後、職業訓練、高等教育への進学、「本会植民地」への移住など、適性に応じて進路を勧めた。そのほかアフターケアに至るシステムを付設した、孤児教育院付属製造所も設置されていた。

２．石井十次が影響を与えた人びと、影響を受けた人びととその周辺

石井の処遇上のアイデア、実行への原動力には周囲の人びとによる影響が大きい。外国人宣教師らをはじめとするキリスト教会関係者、医学校時代の同窓者および徳富蘇峰、新島襄、山室軍平や救世軍関係者との交流があげられている。そのほか英国ブリストル孤児院長ミュラー（Mueller,G.）、バーナードホーム設立者バーナード（Barnard,T.J.）からの強い感化もあった。

３．施設養護（ケア）論の萌芽——その基本理念

石井はペスタロッチ（Pestalozzi,J.H.）やルソー（Rousseau,J.J.）の影響も受け、とくに『エミール』に心酔、遠隔地で殖産事業を行う「植民地」を開始したが、それが「棄民的移住」と後年厳しく批判された事実もあった。その後日清戦争などの社会的苦難のなかで経済的困窮に直面しつつも、1905（明治38）年に「家族主義（コッテジシステム）」「委託主義（里親制度、養育家庭制度）」等を含む「岡山孤児院12則」を、1923（大正12）年には「茶臼原憲法」を発表。石井の実践の独自性と課題について、いかに分析し位置づけるかは今後の課題とする。　　　　　（文責：村田　紋子）

S＝昭和 H＝平成

論文・著作名：社会的養護の発想の原点を求めて ―専門性と人間性をめぐって
共著者名：　　　　　　　　出典：養護施設の40年：原点と方向をさぐる
刊行年：1986（S61）年　巻・頁：pp.114-118
Keyword：施設処遇、専門職

＜概略＞

　社会的養護の展開においては、複雑な社会変動をふまえつつ、事後ではなく予防的見地からの対応こそが重要。また近年の入所児童の質の変化に即して、社会的養護を体系化し公的責任を全うするためには、子どもの「発達段階に応じた欲求課題」を基本に据え、適切に対応するための発想の転換を図る必要がある。この視点から、児童養護施設職員の専門性・人間性にかかわる諸課題を再検討する。

＜内容＞

１．改めて養護施設の機能を問う―社会養護の意味

　児童養護施設で重視されるべき機能は、次の4点に集約される。すなわち、①児童の置かれている状況に対応できる緊急性、優先性、問題の完結性に対応し得る過程、②家庭養護と施設養護の機能の相違を明らかにし、児童に適した対応を考慮すること、③施設内での対人関係による安定感の創出過程、④個別対応を前提として、集団の利点の生かしつつ、協働体験、新たな人間関係づくりの素地を培う過程。

　児童養護施設職員には、次の能力が求められる。①適切な状況判断・実情分析能力、および分析視点の明確化を図る能力、②児童の問題の質、および問題表出のメカニズムをとらえる能力、③諸問題解決に向けた適切な実践方法の選択・駆使能力と、人的資源の活用・調整能力、④専門技術、とくに日常生活指導技術の意義づけと展開を適切に行う能力、⑤コミュニティケアの視点に基づいた創意性と具体化にあたっての組織化能力。

２．施設処遇における専門性と人間性

　児童養護施設職員の専門性は「家庭に代わる生活の場」を、個々の児童の状況に適応するよう提供する「過程」において求められるが、日常でこ

そ問われる職員の人間性に裏づけられていなければならない。また「専門職」として社会的に認知されるには、今後独自の体系、高度の専門知識、技術内容の確立、および養成・現任教育のシステムが必須である。

3．社会的養護体系化への契機―その新しい展開を求めて

「新しい展開」とは、既存の制度・機関・施設機能をより「開転」させること、および養護ニーズの原点を科学的・体系的にみることを意味する。養護問題対応の体系化には、その契機を発見し、構造的蓄積を実践をもって提示するという「帰納的」な手法に基づく、専門職による理論化が不可欠である。今後は地域で、早期発見・予防・早期対応システムを具体化するため、児童養護施設が拠点となることも期待される。

（文責：村田　紋子）

S＝昭和 H＝平成

論文・著作名：養護施設と養育家庭制度
共著者名：　　　　　　　　出典：児童養護
刊行年：1977（S52）年　巻・頁：7(4)、pp.23-27
Keyword：岡山孤児院、養育家庭制度、プロフェッショナリズム、ボランタリズム、コミュニティ・ケア

＜概略＞

児童護施設は社会状況に即した変化を求められつつも、基本的な独自の役割や存在意義を同時に明確すべきであるとし、以下の6つの観点から、養育家庭制度、児童養護施設それぞれのあり方と相互の関連性、将来に向けての課題を検討している。

＜内容＞

1．養護施設の機能と役割

児童養護施設は、児童の健全な人格発達を、その基本的要求を尊重しつつ職員との人間関係を基軸として保障する機能をもつが、同時に地域での家庭機能強化のため、予防的・開発的アプローチ機能も備えるべきである。

養護機能とは、保護を共通の基盤とする社会化過程への援助であり、施設と家庭との相互関連が必要。そのためには小規模なグループフォスター

ホームと従来の児童養護施設とが協働すべきである。さらには養護技術、養護方法の母体となりうることも望まれる。

2．岡山孤児院（石井十次）にみる委託主義の実際

　明治期に石井十次が実施した「委託主義」および里親制度を紹介。「委託主義」を、施設養護の延長上に位置づけられ家族主義的処遇との関連で考慮された、現在の養育家庭制度にもつながるものとして評価する。

3．東京都における養育家庭制度設置の背景と養護施設児童処遇のあり方

　1967（昭和42）年、東京都児童福祉審議会は、複雑化する要養護児童問題をふまえ、里親制度を積極的に進める方向を打ち出す。次いで1972（昭和47）年には地域との結びつきを重視すべく児童養護施設に養育家庭センターを付設し、相互に連携しつつ個別に対応するような体制が示された。

4．東京都における養育家庭制度の現状とその問題点

　養育家庭制度は、1973（昭和48）年から開始され、相談件数は増加している。しかし、各センター間の連携、職員の専門性、児相や教育委員会との協働のあり方など制度上の問題がある。さらに養育家庭へのスーパービジョンや里親間の交流の方法、里親と施設との連携、養育家庭の位置づけも課題となっている。

5．プロフェッショナリズムとボランタリズム

　児童養護施設におけるプロフェショナリズムと養育家庭里父母のボランタリズムの相違、その意義を取り上げる。将来の公私の役割分担や共有部分について想定される課題も示す。

6．養育家庭制度とコミュニティ・ケア

　コミュニティ・ケア推進のため、養育家庭センターが果たすべき役割を示す。また同時に、ファミリーグループホーム、ホームヘルプサービスなど今後の児童養護施設のあり方についても言及する。（文責：村田　紋子）

S＝昭和 H＝平成

論文・著作名：わが国における里親制度の現状と問題点
共著者名：　　　　　　　　出典：東洋大学社会学部紀要
刊行年：1987（S62）年　　巻・頁：24(2)、pp.157-193
Keyword：里親制度、養育里親、全国里親会、児童相談所、 　　　　　家庭養育運営要綱、専門里親、親権

<概略>

　わが国の里親制度について主に養育里親を中心に据えながら、①全国里親会を通じて実施した全国里親の生活実態調査、および②全国の児童相談所における里親制度運用の実態調査の2つの調査から里親制度の現状を明らかにしている。加えて今後の里親制度改善のためにおおよそ次の5点の提言を行っている。第1に児童相談所の里親制度推進機能の強化、第2に里親会の組織強化、第3に里親資格認定枠の拡大と「家庭養育運営要綱」の見直し、第4に里親の専門性の向上、第5に親権、養育権、告訴権等の課題の指摘である。また、里親制度の位置づけと施設養護のあり方との関連を今後いっそう検討し、その方向性を明示することが必要だと述べている。これらの提言は根本的には児童福祉法の見直しや里親制度運用上の柔軟性の確保等、行政施策に対する厳しい問いかけである。

<内容>

1．日本において里親制度が停滞している理由として、以下の5点が指摘される。①子どもを一己の社会的人間とみて、子どもを守ろうとする精神的基盤が脆弱である、②いまだに「家」観念が残存し、潜在的に親が子どもを私物化する傾向がある、③中央行政の里親制度振興の弱さと里親会の努力不足、④親の支配権的色彩を強く残した「親権」の問題、⑤里親制度推進のための専門職員の配置と養成の欠如。

2．全国里親会を通じて実施した里親実態調査は、全国の里親から無作為抽出で1,024名を選定し対象とした。質問紙郵送法による調査であり、調査期間は1985（昭和60）年6月～8月末日、回収率は58.8％である。この調査では里親家庭の生活実態を明らかにすべく、里親の属性、児童の委託状況、里父母と里子との関係、生活上の問題、実親との関係、養

育上の困難等について設問し、その結果から里親制度のあり方について考察することを目的とした。
3．児童相談所における里親制度運用の実態調査では、児童相談所の里親制度運用の実態を明らかにするとともに、制度推進の問題点や改善点を把握することを目的として実施された。調査は、各都道府県および指定都市の中央児童相談所、および2カ所以上の児童相談所を設置している自治体は中央以外にもう1カ所を選出し調査対象とした。全国164児童相談所のうち調査対象は100カ所となり、そのうち86カ所から回答を得た。質問紙郵送法により、1985（昭和60）年11月～1986（同61）年1月にかけて実施した。
4．両調査結果から、①児童相談所に専任職員を置き、措置過程に里親を位置づけより積極的なかかわりを実施すべきである、②里親会の社会化と組織強化を行い、地域に根ざした活動を模索するべきである、③多様な要養護児童の現状に対応可能な専門里親の認定および柔軟な運用の必要性、④里親の専門性向上のため、里親のニーズやレベルに応じた研修の実施、⑤親権、養育権についての検討の継続等について提言がなされている。 （文責：高橋　一弘）

S＝昭和 H＝平成

論文・著作名：更生保護とソーシャル・ワーク
共著者名：　　　　　　　　出典：更生保護
刊行年：1982（S57）年　巻・頁：No.6、pp.6-13
Keyword：司法福祉、ソーシャル・ワーク、更生保護、裁判所ソーシャル・ワーク

＜概略＞

社会福祉の実践方法であるソーシャル・ワークと司法福祉における更生保護を比較検討し、更生保護のもつ「社会防衛」と「健全育成」の二面性を指摘するとともに、更生保護におけるソーシャル・ワークの有用性を示唆している。併せて日本における司法福祉の今後の課題についても言及している。

<内容>
1. 司法福祉は家庭裁判所に高度の専門性が期待され、すべての機能が保障されている。裁判所は調査官の調査に基づき、裁判官が最終的な処分を決定する。保護処分と決定された後、保護観察所によって処遇が行われるが、この過程に更生保護が位置づけられる。司法福祉は社会防衛的要請に規定されながら、他方でその現実のために少年の福祉と教育の充足に一定限度努めなければならないという二面性をもっている。
2. 社会福祉におけるソーシャル・ワークは、福祉サービスに関する専門知識と技術を用いて人を援助する方法である。ソーシャル・ワークの独自機能として、①社会福祉の諸制度を個性化することにより個人・集団・地域等の福祉を高める、②相談、育成、トリートメント、組織化等専門的援助を展開することにより、個人・集団・地域それぞれの成長発達を保障する、③ニーズや権利を顕在化し、それに応じた諸政策や諸制度の改善または制度化を図る、という3つの機能があげられる。
3. 非行は社会的関係の病理的状況の反映である。非行少年は過酷な境遇にもめげずに、問題が多々あったにせよ生きる努力をしてきたわけであり、ワーカーはこれまでの苦しかった人生を聴き、その気持ちを受容し共感することが大切である。これはソーシャル・ワーク、更生保護両者に共通の原理である。対人関係の病理に起因している問題に対し対人関係をもって問題解決を図る、さらに人的・物的環境の整備によって少年自らが自己変容することをねらいとして精神的自律を目指すことが肝要である。
4. 司法福祉がソーシャル・ワークと相違する点として、①犯罪行為に対する社会規範的解決が前提にあり、加えて裁判決定の事後処理の過程であること、②司法的判断について行われる執行や処遇の過程が司法とは分離され行政（警察や法務）の責任とされること、③少年審判では社会防衛と健全育成の2つの要求が絶えず絡み合っていることの3点があげられる。わが国では、裁判所ソーシャル・ワークは別個の所管においてなされる。防犯教育は警察、保護観察や仮釈放制度は法務行政が分掌しており、現実にはケースへのトータルな対応がなされにくい。保護観察

等が裁判所ソーシャル・ワークとの一貫性のもとに推進されていくことが最も望まれる。ソーシャル・ワークは裁判所ソーシャル・ワークにも有用であるが、専門的訓練を十分に受けた専門家によって専門機関や施設を拠点に展開されるべきものである。　　　　（文責：高橋　一弘）

S＝昭和 H＝平成

論文・著作名：今日の児童福祉をめぐる問題と今後に向けて
共著者名：　　　　　　　　　出典：児童福祉学を拓く―思想と実践
刊行年：1990（H2）年　　巻・頁：pp.321-330
Keyword：健全育成の真のあり方、ファミリー・ケースワーク、ネットワーク化

＜概略＞

　少子高齢化が進むなか、高齢社会の負担を負わせるためにのみ児童の健全育成を図ろうというのは間違ったとらえ方であり、むしろ今後の高齢社会のなかで生き生きと生きられる、また新たな文化を創造できるエネルギッシュな児童を育ててゆくことが健全育成の真のあり方であると、児童健全育成の再考をまず求めている。そのうえで今日の児童福祉をめぐる問題のなかから養護系児童福祉施設と児童館を取り上げ、それぞれに求められる機能の強化と新たな役割を提案しそのあり方の再考を求めるとともに、地域における児童・家庭福祉に向けてのネットワーク化を提言している。

＜内容＞

1．少子高齢化が進むなか、生産性の高い児童を健全育成して将来の高齢社会の負担を負わせるといった考え方のみで、児童の健全育成をとらえるべきではない。これは「懸念される健全育成」とでもいうべきものである。

2．これからの高齢社会に生き生きと生きられる児童、新たな生活文化を創り出すエネルギッシュな児童のための物心両面の環境づくりが大人の役割であり、その役割を果たしている状況こそ児童の健全育成の真のあるべき姿である。

3．養護系児童福祉施設への入所理由は近年多様化をきわめ、父親、母親、

児童とそれぞれに顕著な問題をもち、それらが複合し合っての入所となっている。このような現状から、養護系施設では児童処遇の専門性の整備に加え、親へのアプローチ＝ファミリー・ケースワークの充実が求められている。また、入所以前のニーズの発見、早期対応等入所前の予防的機能を整備する必要がある。従来の施設処遇プログラムに加え、地域児童の健全育成プログラム、および孤立化しやすい要養護ニーズの発見システムと予防的プログラムを地域の実情に即して取り組んでいくことが望まれる。

4．児童館は地域格差が著しいが、地域における家庭児童への働きかけを積極的に推進していく必要がある。養護系施設の新しい機能と連動させて、地域における児童家庭サポートシステム構築の拠点となりうる機能が求められている。そのために職員はグループ・ワークやコミュニティ・ワークを体得し、かつ状況に応じてこなしていける能力が問われる。

5．地域における児童・家庭福祉に向けてのネットワーク化においては、各専門機関・施設機能の独自性をお互いに確認し合うことが大切である。ネットワークの具体的展開にあたってはそのシステム化が重要であり、ネットワークの方向性、目的をはっきりさせて協働していくことが肝要である。具体例としては、①児童家庭福祉問題の把握とそれに基づいた活動の立案計画、②関係諸機関・施設の情報交換と連携、③相談窓口の充実、問題解決のための支援チームの組織化、④児童を主体とする地域活動の推進などがあげられる。　　　　　（文責：高橋　一弘）

第・4・章・吉・澤・英・子・業・績・一・覧

●著書

S＝昭和　H＝平成

著書・学術論文等の名称	単著・共著の別	発行・発表年	発行所・発表雑誌等
養護原理	共著	1966(S41)年	川島書店
養護原理	共著	1967(S42)年	誠信書房
新版 養護原理	共著	1968(S43)年	川島書店
保育所における乳児保育	共著	1969(S44)年	家政教育社
児童福祉―日本の現状と問題点	共著	1971(S46)年	家政教育社
養護施設における幼児養護	共著	1972(S47)年	日本児童福祉協会
社会福祉叙説	共著	1973(S48)年	佼成出版社
日本のボランティア	共著	1974(S49)年	全国社会福祉協議会
児童福祉	単著	1975(S50)年	誠信書房
養護原理	共著	1975(S50)年	ひかりのくに社
新版 養護原理	共著	1975(S50)年	誠信書房
児童福祉概説	共著	1976(S51)年	光生館
社会福祉概説	共著	1976(S51)年	有斐閣
養護施設30年	共著	1976(S51)年	全国社会福祉協議会
ソーシャルワークの基礎	編著	1977(S52)年	相川書房
社会福祉論	共著	1977(S52)年	川島書店
社会福祉Ⅰ	編著	1978(S53)年	医歯薬出版
社会リハビリテーション	共著	1978(S53)年	誠信書房
養護原理	編著	1978(S53)年	医歯薬出版
日本のケースワーク	共著	1978(S53)年	家政教育社
社会福祉Ⅱ	編著	1978(S53)年	医歯薬出版
保育総論	共著	1979(S54)年	医歯薬出版
グループワーク教室	共著	1979(S54)年	有斐閣
婦人ボランティア	編著	1980(S55)年	全国社会福祉協議会
郊外都市の研究	共著	1980(S55)年	佼成出版社
家族病理と家庭福祉	共著	1981(S56)年	誠信書房
あなたの福祉	共著	1981(S56)年	厚生出版社

著書・学術論文等の名称	単著・共著の別	発行・発表年	発行所・発表雑誌等
在宅福祉とボランティア活動	共著	1981(S56)年	全国社会福祉協議会
明日の都市第15巻 都市と福祉	共著	1981(S56)年	中央法規出版
母子保健の理論と実際	共著	1983(S58)年	東京法令出版
婦人と社会教育	共著	1983(S58)年	国土社
児童館と非行防止・地域組織活動	共著	1984(S59)年	全国児童館連合会
児童館と地域の児童健全育成活動	共著	1985(S60)年	全国児童館連合会
施設における人間関係	編著	1985(S60)年	東京書籍
施設とボランティア活動	共著	1985(S60)年	全国社会福祉協議会
施設における実習教育	編著	1986(S61)年	東京書籍
明日の福祉第2巻 これからの福祉施設運営	共著	1987(S62)年	中央法規出版
児童福祉年報(児童福祉法制定40周年記念)	共著	1987(S62)年	全国社会福祉協議会
社会福祉年鑑 1988年版	共著	1987(S62)年	東洋館出版
明日の福祉第1巻 戦後福祉の到達点	共著	1988(S63)年	中央法規出版
ボランティア活動論	共著	1988(S63)年	日本放送協会
母子保健と健全育成	共著	1988(S63)年	全国児童館連合会
明日の福祉第9巻 福祉のマンパワー	共著	1988(S63)年	中央法規出版
明日の福祉第10巻 21世紀の福祉	共著	1988(S63)年	中央法規出版
日本子ども資料年鑑	共著	1988(S63)年	中央出版
社会福祉援助技術	編著	1988(S63)年	中央法規出版
社会福祉援助技術(介護福祉)	共著	1988(S63)年	中央法規出版
養護理論	編著	1989(H1)年	光生館
ボランティア白書 1990年版	共著	1990(H2)年	日本青年奉仕協会
児童福祉	編著	1990(H2)年	樹村房
保育年報 1990年版	共著	1990(H2)年	全国社会福祉協議会
児童福祉学を拓く―思想と実践	編著	1990(H2)年	海声社
社会福祉通論	共著	1990(H2)年	第一法規出版
社会福祉(保育講座)	編著	1990(H2)年	ミネルヴァ書房
日本社会福祉年鑑 1991年版	共著	1991(H3)年	講談社
児童福祉	編著	1991(H3)年	ミネルヴァ書房
保育理論(下)	編著	1991(H3)年	全国社会福祉協議会
個別援助活動の実際	編著	1991(H3)年	海声社
子ども・家庭相談の理論と実際	編著	1991(H3)年	全国児童館連合会
福祉心理臨床 第6巻	共著	1992(H4)年	星和書店
養護原理	編著	1993(H5)年	ミネルヴァ書房
児童厚生員の必携書	共著	1994(H6)年	全国児童館連合会

著書・学術論文等の名称	単著・共著の別	発行・発表年	発行所・発表雑誌等
養護原理	編著	1998(H10)年	全国社会福祉協議会
新版 児童福祉	編著	1998(H10)年	ミネルヴァ書房
白いページに私を描く―シニアボランティア	編著	1998(H10)年	筒井書房
保育・看護・福祉プリマーズ 養護原理	編著	2001(H13)年	ミネルヴァ書房
保育・看護・福祉プリマーズ 児童福祉	編著	2001(H13)年	ミネルヴァ書房
保育・看護・福祉プリマーズ 社会福祉	編著	2001(H13)年	ミネルヴァ書房
福祉の論点	共著	2001(H13)年	中央法規出版
新版 養護理論	編著	2002(H14)年	光生館
児童家庭福祉論	共著	2003(H15)年	光生館

●学術論文

S＝昭和　H＝平成

著書・学術論文等の名称	単著・共著の別	発行・発表年	発行所・発表雑誌等
離村青少年の非行の契機に関する研究	共著	1955(S30)年・1956(S31)年	社会福祉 Vol.1・Vol.2, 日本女子大学社会福祉学科
養護施設職員の生活と人となり	共著	1955(S30)年・1956(S31)年	社会福祉 Vol.1・Vol.2, 日本女子大学社会福祉学科
地域サービス活動の一断面	共著	1956(S31)年	社会福祉 Vol.2, 日本女子大学社会福祉学科
児童福祉活動に対するコミュニティ・ニードの問題	単著	1957(S32)年	社会福祉 Vol.3, 日本女子大学社会福祉学科
グループワークの基礎的概念	単著	1959(S34)年4月	日本女子大学紀要 文学部, 日本女子大学
児童の生活と母子関係の力動性	共著	1963(S38)年12月	社会福祉学 第4号, 日本社会福祉学会
コミュニティ・センターの位置づけに関する一試案	単著	1964(S39)年	社会福祉 Vol.11, 日本女子大学社会福祉学科
児童収容施設におけるチームワークの問題	単著	1965(S40)年	社会福祉 Vol.12, 日本女子大学社会福祉学科
親子関係からみた家庭の機能と夫婦関係	単著	1966(S41)年	月刊福祉 48(12), 全国社会福祉協議会

著書・学術論文等の名称	単著・共著の別	発行・発表年	発行所・発表雑誌等
大都市周辺地域における福祉活動上の諸問題	共著	1966(S41)年	社会福祉 Vol.13, 日本女子大学社会福祉学科
多問題家族への多面的組織的アプローチの必要性	共著	1967(S42)年	社会福祉学 No.7, 日本社会福祉学会
家庭児童の福祉に対する地域活動上の諸問題	共著	1968(S43)年	社会福祉 Vol.14, 日本女子大学社会福祉学科
児童養護論	単著	1969(S44)年3月	日本女子大学紀要 文学部, 日本女子大学
農家生活の変容と児童の養護環境	単著	1970(S45)年3月	農家生活研究所紀要, 日本女子大学農家生活研究所
ソーシャル・グループワークの成立過程とその展開について	単著	1971(S46)年3月	日本女子大学紀要 文学部, 日本女子大学
障害児童の福祉に関する研究Ⅰ	共著	1973(S48)年3月	日本総合愛育研究所紀要 第10集, 母子愛育会
障害児童の福祉に関する研究Ⅱ	共著	1974(S49)年3月	日本総合愛育研究所紀要 第11集, 母子愛育会
労働適性化と児童養護の処遇	単著	1974(S49)年	児童養護 5(1), 全国児童養護施設協議会
母親クラブの効果的組織運営方式に関する研究	共著	1975(S50)年3月	日本総合愛育研究所紀要 第12集, 母子愛育会(厚生科学研究)
ボランティアの教育と訓練	単著	1976(S51)年	社会福祉研究 No.18, 鉄道弘済会社会福祉部
養護施設と養育家庭制度	単著	1977(S52)年	児童養護 7(4), 全国児童養護施設協議会
地域社会に機能する養護施設の福祉臨床的研究	共著	1977(S52)年3月	日本総合愛育研究所紀要 第14集, 母子愛育会(厚生科学研究)
我が国のボランティア活動に関する課題	単著	1977(S52)年	ソーシャルワーク研究 3(4), 相川書房
養護施設の社会化に関する研究	共著	1977(S52)年4月～1982(S57)年3月	日本総合愛育研究所紀要 第15・16・17・18集, 母子愛育会(厚生科学研究)

著書・学術論文等の名称	単著・共著の別	発行・発表年	発行所・発表雑誌等
日常処遇の意義	単著	1978(S53)年	児童養護 9(4), 全国児童養護施設協議会
「施設の社会化」の課題と展望	単著	1978(S53)年	社会福祉研究 No.23, 鉄道弘済会社会福祉部
養護施設の社会化をめぐる諸問題	単著	1979(S54)年	関東学院大学文学部紀要 No.27, 関東学院大学人文科学研究所
家庭の役割の変化と保育所の役割	単著	1979(S54)年	保育の友 No.9, 全国社会福祉協議会
ソーシャルワークにおける人間性と専門性の課題	単著	1979(S54)年11月	鴨台社会事業論集 Vol.4, 大正大学文学部社会事業研究室
石井十次の施設養護観の背景－1	単著	1980(S55)年	関東学院大学人文科学研究所報 No.3, 関東学院大学人文科学研究所
障害児の地域におけるケアのあり方とソーシャルワークとしての対応について―母親の意識を中心として	共著	1980(S55)年3月	日本総合愛育研究所紀要 第16集, 母子愛育会(厚生科学研究)
家庭福祉と行政	単著	1980(S55)年	真理と創造 No.16, 中央学術研究所
養護過程における児童の人格形成上の課題	共著	1981(S56)年3月・1982(S57)年3月	日本総合愛育研究所紀要 第17・18集, 母子愛育会
膨張するボランティアの活動の課題	単著	1982(S57)年	社会福祉研究 No.30, 鉄道弘済会社会福祉部
児童福祉の現状と問題点	単著	1982(S57)年4月	児童手当 1981.12月号, 児童手当協会
家庭の機能の変化に伴う福祉需要と児童の養育に関する総合的研究	共著	1982(S57)年6月	日本総合愛育研究所紀要 第18集, 母子愛育会
在宅福祉サービスにおける住民参加	単著	1982(S57)年	月刊福祉 65(6), 全国社会福祉協議会
更生保護とソーシャル・ワーク	単著	1982(S57)年	更生保護 No.6, 日本更生保護協会
直接処遇職員の現任教育プログラム作成に関する研究	共著	1983(S58)年3月～1986(S61)年3月	日本総合愛育研究所紀要 第19・20・21・22集, 母子愛育会

著書・学術論文等の名称	単著・共著の別	発行・発表年	発行所・発表雑誌等
児童養護の効果測定をいかに行うか	単著	1983(S58)年	児童養護 14(3)，全国児童養護施設協議会
地域における健全育成システム強化策に関する研究	共著	1984(S59)年3月	日本総合愛育研究所紀要 第20集，母子愛育会（厚生科学研究）
日本経済就業構造の変動と国民生活に関する研究	共著	1984(S59)年3月	東洋大学特別研究報告書，東洋大学
社会事業に関する大学教育の成立とその動向	共著	1984(S59)年3月	東洋大学特別研究報告書，東洋大学
当面する保育所の課題と地域社会	単著	1984(S59)年	月刊福祉 67(5)，全国社会福祉協議会
福祉教育を考える―今、問われるものは	単著	1985(S60)年3月	東京ボランティアセンター年報 1984～1985年版，東京ボランティアセンター
コミュニティ施設としての保育所の機能を問う	単著	1985(S60)年	保育界 No.4，日本保育協会
地域福祉活動とその課題	単著	1985(S60)年	東京の国保 No.301，東京都国民健康保険団体連合会
問題をもつケースの処遇計画とその実践	単著	1985(S60)年7月	児童福祉年報 1984～1985年版，全国社会福祉協議会
ボランティア活動の課題―福祉社会づくりへの移行	単著	1985(S60)年	日本福祉大学社会開発研究所紀要 No.7，福祉社会開発研究所
世代間の価値伝達と福祉意識形成過程	共著	1985(S60)年	東洋大学社会学部紀要 23(1)，東洋大学社会学部（文部科学研究）
親による子どもの権利侵害	単著	1986(S61)年	ジュリスト総合特集 No.43，有斐閣
老人福祉と在宅サービス―中間施設論議の諸相と関連して	単著	1986(S61)年7月	中央学術研究所紀要 15，中央学術研究所
長寿社会と福祉	単著	1986(S61)年	東京の国保 No.317，東京都国民健康保険団体連合会

著書・学術論文等の名称	単著・共著の別	発行・発表年	発行所・発表雑誌等
社会的養護の発想の原点を求めて	単著	1986(S61)年	養護施設の40年：原点と方向をさぐる，全国社会福祉協議会
施設養護の専門性の追求	単著	1987(S62)年	児童養護 17(4)，全国児童養護施設協議会
ボランティアの原則と社会福祉の動向	単著	1987(S62)年	月刊福祉 70(3)，全国社会福祉協議会
わが国における里親制度の現状と問題点	単著	1987(S62)年	東洋大学社会学部紀要 24(2)，東洋大学社会学部
児童の育つ場づくり―児童福祉の現状と課題	単著	1987(S62)年	愛育 No.9，母子愛育会
生活文化創造の機会を創る	単著	1987(S62)年	東京の国保 No.329，東京都国民健康保険団体連合会
転換期における児童福祉施設の役割	共著	1987(S62)年11月	全国社会福祉協議会児童福祉部調査研究委員会報告書，全国社会福祉協議会
与えられる福祉から創り出す福祉へ	単著	1987(S62)年	真理と創造 No.27・28合併号，中央学術研究所
大都市における児童養護ニーズの測定に関する研究	共著	1988(S63)年10月	東京都社会福祉協議会児童部会調査研究報告書
地域住民の力で手づくりの福祉社会	単著	1988(S63)年	真理と創造 No.29，中央学術研究所
処遇職員の配置がえをめぐって―新たな関係づくり	単著	1989(H1)年	児童養護 19(4)，全国児童養護施設協議会
母子をとりまく環境をめぐって	単著	1989(H1)年	母子保健情報 No.18，母子愛育会
高齢社会と児童―地域における取り組みの課題	単著	1989(H1)年	月刊福祉 72(6)，全国社会福祉協議会
ボランティア活動と生涯学習	単著	1989(H1)年	社会教育 44(6)，全日本社会教育連合会

著書・学術論文等の名称	単著・共著の別	発行・発表年	発行所・発表雑誌等
高齢者福祉の今後にむけて	単著	1989(H1)年	東京の国保 No.353, 東京都国民健康保険団体連合会
施設と家庭との連携のあり方	単著	1989(H1)年	子どもと家庭 26(7), 児童問題調査会
高齢化社会におけるコミュニティとボランティア	単著	1990(H2)年	月刊自治フォーラム 363(2), 第一法規出版
児童福祉施設の機能と役割に関する研究―施設ワーカーの職務について	共著	1990(H2)年3月	日本総合愛育研究所紀要 第25集, 母子愛育会
中高年（女性）の子育てをめぐって	単著	1990(H2)年	母子保健情報 No.21, 母子愛育会
児童家庭福祉とマンパワー	単著	1990(H2)年	子ども家庭福祉情報 創刊号, 日本総合愛育研究所
在宅福祉と地域におけるボランティアの役割	単著	1991(H3)年	都市問題 82(3), 東京市政調査会
児童家庭福祉施策の展開と課題	単著	1991(H3)年4月	世界の児童と母性, 資生堂社会事業財団（研究部）
今後の福祉課題を考える	単著	1991(H3)年	東京の国保 No.374, 東京都国民健康保険団体連合会
高齢社会におけるコミュニティと社会参加	単著	1991(H3)年7月	房総クリエイティブ 16, 千葉自治センター
地域福祉をめぐって	単著	1991(H3)年	済生 747(9)
施設ケアワーカーの職務に関する研究	共著	1991(H3)年9月	日本総合愛育研究所紀要 第27集, 母子愛育会
児童福祉施設における行事のあり方	単著	1991(H3)年	子どもと家庭 28(9), 児童問題調査会
地域に生活の場を失った子どもたち	単著	1992(H4)年3月	発達 別冊特集号, ミネルヴァ書房
高齢者の能力活用と社会参加の方向性（1）―シニアボランティア活動を通してみた生きがいと健康	単著	1992(H4)年	高齢者の精神構造的、心理学的、社会学的、生きがいと健康づくりⅡ, 長寿開発センター

著書・学術論文等の名称	単著・共著の別	発行・発表年	発行所・発表雑誌等
高齢者保健福祉計画の策定にむけて―地域福祉活動充実を	単著	1992(H4)年	東京の国保 No.385, 東京都国民健康保険団体連合会
高齢者の能力活用と社会参加の方向性(2) ―交流活動を通してみた生きがいと健康づくり	単著	1993(H5)年3月	高齢者の精神構造的、心理学的、社会学的、生きがいと健康づくりⅢ, 長寿社会開発センター
子育て新時代を担う	共著	1993(H5)年3月	全国社会福祉協議会, 全国民生委員児童委員連合会
学校の役割、家庭の役割を考える	単著	1993(H5)年4月	教育時報, 東京都立教育研究所
「生きがい」は関係に支えられて自らの中に	単著	1993(H5)年	真理と創造 No.34, 中央学術研究所
社会福祉士の養成と現任教育	単著	1994(H6)年	月刊福祉 77(7), 全国社会福祉協議会
社会福祉の専門性と現任教育をめぐる課題	単著	1994(H6)年	社会福祉研究 No.60, 鉄道弘済会社会福祉部
子育て家庭支援のための地域活動のあり方	単著	1994(H6)年	子どもと家庭 6月号, 子ども未来財団
家庭教育の役割	単著	1994(H6)年12月	福岡市教育委員会機関誌, 福岡市教育委員会
地域での子育て力	単著	1995(H7)年	子ども家庭情報 No.10, 日本総合愛育研究所
大都市における施設養護のモデルに関する研究―施設養護の展開過程をふまえて	共著	1996(H8)年11月	施設養護研究会報告書, 東京都社会福祉協議会児童部会
私的保育サービス施設の実態分析とそれへの社会的支援のあり方に関する調査研究	共著	1997(H9)年5月	私的保育サービス研究会報告, 子ども未来財団
児童福祉法の一部改正に伴っての課題―今後に向けて	単著	1997(H9)年	子ども家庭福祉情報 Vol.13, 日本子ども家庭総合研究所
これからの社会福祉を担う人材養成と専門職制度	単著	1998(H10)年	福祉展望 No.23, 東京都社会福祉協議会

著書・学術論文等の名称	単著・共著の別	発行・発表年	発行所・発表雑誌等
少子高齢社会における家族関係	単著	1998(H10)年	TOMORROW No.46 13(1)
児童育成計画の実施状況と策定指針に関する研究	共著	1998(H11)年3月	児童育成計画研究会（厚生科学研究）
地方版エンゼルプランの評価に関する研究	共著	2000(H12)年3月	児童育成計画研究会（厚生科学研究）
子育ての原点は「親の居場所」の確保	単著	2002(H14)年	子ども未来 3月号，子ども未来財団
育児は育自、教育は共育	単著	2002(H14)年	児童学研究 Vol.80，日本児童学会
児童館の第三者評価についての調査研究	共著	2003(H15)年3月	児童館第三者評価についての調査研究報告書，子ども未来財団

● その他

S＝昭和　H＝平成

著書・学術論文等の名称	単著・共著の別	発行・発表年	発行所・発表雑誌等
現代社会福祉事典	共著	1982(S57)年	全国社会福祉協議会
ひとり親家庭―1980年代における北米の動向	共訳・監修	1986(S61)年	B.シュレジンガー編，全国社会福祉協議会
現代子ども大百科	共著	1988(S63)年	中央法規出版
社会福祉実践基本用語辞典	共著・監修	1989(H1)年	川島書店
社会福祉援助技術介護福祉編（ビデオ教科書）	監修	1992(H4)年	中央法規出版
現代福祉学レキシコン	共著	1993(H5)年	雄山閣出版
新父親の事典	共著	1993(H5)年	ぎょうせい
母親クラブリーダー再考　母親クラブリーダー（その1）	単著	1993(H5)年	母親クラブ（季刊）リーダーの指導書，日本児童問題調査会（現在は「子ども未来財団」と改称）
母親クラブリーダー再考　母親クラブリーダー（その2）	単著	1994(H6)年	母親クラブ（季刊）リーダーの指導書，日本児童問題調査会

著書・学術論文等の名称	単著・共著の別	発行・発表年	発行所・発表雑誌等
種々のボランティア活動	単著	1994(H6)年	勤労青少年指導書，全国勤労青少年ホーム協議会
実践事例から学ぶ	単著	1995(H7)年	全国社会福祉協議会民生部
発達心理学辞典	共著	1995(H7)年	発達心理学辞典編集委員会，ミネルヴァ書房
とげぬき相談日記	単著	1996(H8)年1月～1997(H9)年4月	月刊福祉，全国社会福祉協議会
社会福祉基本用語辞典	共著	1996(H8)年	日本社会福祉実践理論学会編，川島書店
児童館活動と地域福祉	単著	1997(H9)年	全国児童館連合会講義（研修）ビデオ
研修が変わると社協が変わる―新しい時代の研修をめざして	共著	1999(H11)年	東京都社会福祉協議会区市町村社協職員研修体系推進委員会報告
民生委員・児童委員	共著	2000(H12)年	全国社会福祉協議会民生部

（作成：西郷　泰之・井上　陽）

第3部

探る

疫学・保健・子育て支援

平山宗宏 全仕事

第1章 平山宗宏仕事史概説

医学から保健福祉学への展開

中村　敬
川井　尚
小山　修

（　　　　　　は　じ　め　に　　　　　　）

　平山宗宏先生のライフワークを語るにあたって、平山先生の人となりについて少しふれておきたい。平山先生は、私たち小児科にとっては、偉大なる先輩と畏敬の念を抱いている方である。私が医学部を卒業して間もなくの時期（1966〔昭和41〕年頃）、ちょうど平山先生が東京大学医学部保健学科の助教授に就任された頃であったと思うが、私の出身大学（日本大学）の医学部の講堂で、麻疹ワクチン、とりわけ異型麻疹についての臨床講義をしてくださったのを記憶している。ちょうど小児科医になったばかりの私にとっては、治療医学しか頭にない時期であり、実践医学のなかでの疾病予防の概念をしっかりと伝えていただいたことに深い感銘を受けた。このときのわかりやすいお話と気さくな雰囲気が脳裏に焼きついている。もっとも、医学部を卒業したての新米の私が直接お話をする術もなかったが、今から思うにこれが先生との最初の出会いであった。その後、いろいろな場面での先生のご活躍を目にしながら、小児科医としての研鑽を積んできた。しかし、本格的にご一緒にお仕事をさせていただく機会を得たのは、1988（昭和63）年、先生

なかむら　たかし　　大正大学人間学部人間福祉学科教授
かわい　ひさし　　　社会福祉法人恩賜財団母子愛育会日本子ども家庭総合研究所愛育相談所長
おやま　おさむ　　　社会福祉法人恩賜財団母子愛育会日本子ども家庭総合研究所研究企画・情報部長

が東京大学を退官されて、非常勤ではあるが、東京都母子保健サービスセンターの所長として赴任されたときからである。当時、私は情報部門の担当室長を務めることになり、八王子小児病院から6カ月前に赴任していた。その後は、寝食を共にしながら仕事の指導者として、以後約15年間平山先生のお側近くで、勝手なことをいわせていただいている。平山先生を取り囲むファミリーについては、後段で少しふれてみたいと思うが、このような間柄が、私がこの恐れ多い仕事をお引き受けすることになった経緯である。現在、先生は東京大学名誉教授であり、社会福祉法人恩賜財団母子愛育会日本子ども家庭総合研究所の所長の任にあたられている。　　　　　（文責：中村　敬）

平山宗宏先生の仕事の背景

　平山先生は、東京大学小児科学教室の高津忠夫教授のもとに入局された。1955（昭和30）年4月のことである。その頃は、ポリオ、日本脳炎、疫痢などをはじめとする感染症が子どもたちの生命を脅かしていた時代であった。またアメリカのエンダース（Enders,J.F.）博士が開発した組織培養法によってウイルス研究の道が開かれ、ポリオや麻疹などのワクチン開発が可能になった時代でもあった。平山先生は東京大学小児科から、当時国立公衆衛生院から京都大学ウイルス研究所に移られた甲野礼作教授のもとへ派遣されて、臨床ウイルス学を学ばれた。これもこうした当時の時代背景があったためであるとお話しされている。

　先生は子どもの感染症予防の仕事に携わって10年余りを過ごしたとき、東京大学小児科の高津教授からのお薦めで、医学部に新設された保健学科の母子保健学教室に移られた。この頃から、感染症予防を中心とした研究から、母子保健全般にわたる研究に間口を広げられたのである。

　先生は乳幼児の健診や予防接種などの仕事を進めるにあたって、大学などの研究者だけでなく厚生省（当時）の担当官や保健所などの現場の担当者との連携が必要であることを痛感された。この実践的活動を通して、研究や仕事のうえだけでなく、個人的にも親しい仲間が全国に広がったことが先生の生涯における宝と述べておられる。

1988年に東京大学を退官され、その後は社会福祉法人恩賜財団母子愛育会愛育研究所（現日本子ども家庭総合研究所）の所長に就任された。ここは規模こそ小さいが、厚生省の主として児童家庭局（現雇用均等・児童家庭局）の政策研究を行う任務を帯びており、従来より母子の保健と福祉を併せて研究してきた実績をもっている。1997（平成9）年の4月からは、日本子ども家庭総合研究所と名称を改め、少子化社会への対応も研究の大きなテーマにしてきているところである。

　1997年に、先生は厚生大臣表彰による保健文化賞を受賞された。先生はこのことを契機にウエルフェアからウエルビーイングへと変わりつつある福祉の方向をふまえて、保健と福祉の統合的サービスについての精力的活動に重点を置かれるようになった。少し遡るが、このことに関するご業績の一つとして、1990（平成2）年に保健分野と福祉分野の専門家を束ねた保健福祉学会の設立にご尽力され、初代の会長として2003（平成15）年11月まで13年間を務められた。

　2000（平成12）年には、健康増進のための国民運動指針である「健康日本21」が生活習慣病の予防を軸に策定され、これに引き続き21世紀の母子保健のビジョンである「健やか親子21」が策定された。先生はこの「健やか親子21」の策定過程における検討委員会の座長を務められ、医療分野、福祉分野、学校関係者、労働分野、臨床医学の関係者、地域保健の関係者など多くの分野の専門家の意見を調整されて、これからの新しい世紀の母子保健推進のための指針である「健やか親子21」の策定に大きく貢献された。

（文責：中村　敬）

平山宗宏先生の仕事の概要

1）小児の感染症予防に関する仕事

　先生が東京大学医学部小児科に入局されて半年ほど経ったある日、高津教授から、その当時アメリカのエンダース博士のもとで組織培養法を習得された甲野教授のもとに1年間の国内留学を命じられた。国内留学を終え、医局に戻られてからは、臨床の修練と臨床ウイルス学にかかわる研究（患児から

のウイルスの分離や血清反応を利用した病因診断など)を続けられた。当然、先生の仕事の中心は小児感染症の治療と予防対策であり、その対象疾患はポリオとその類似疾患、そして当時の東京大学小児科学教室のテーマであった下痢症に向けられた。この時代は、わが国ではポリオ生ワクチンの導入により、ポリオの大流行を阻止したという劇的な成功に続いて、麻疹、風疹などの生ワクチンの開発、また痘瘡ワクチンの改良などのテーマが次々と出てきていた。

(1) 乳児下痢症の病因検索

組織培養法が導入され、患者検体からのウイルス分離が臨床の場でも可能になったことで、病原検索が盛んに行われるようになり、乳児下痢症が小児科学会をあげてのテーマになっていた。先生の学位論文も下痢症のウイルス病原論であった。

(2) わが国のポリオ根絶への道

1955年当時、夏になるとポリオの患児が小児科の隔離病棟へ何人も入院し、先生はその治療に追われる一方、各地のポリオ流行の疫学調査にも携わっておられた。しかし、1960（昭和35）年には最悪の状況といえるポリオの大流行が起こり、厚生省は生ワクチンの導入を検討するために、当時としては多額の研究費を投じて全国的な研究組織「生ポリオワクチン研究協議会」を発足させ、東京大学医学部小児科の高津教授がその臨床部会長となられた。このことから、先生は高津教授を補佐し世話人や集計の役割を担当された。このときに全国の大学小児科等で研究実務を担当していた若手の医師や研究者たちがその後の臨床ウイルス学やワクチン学の指導者になり、先生にとっても生涯の友人になったとお話しされている。

時の古井喜美厚生大臣の決断で導入されたポリオ生ワクチンの効果は劇的といえるほど素晴らしく、わが国におけるポリオは実質的に根絶され、先生の功績が大きく評価された時代であった。

(3) 痘瘡ワクチン改良研究に始まる予防接種の継続的研究事業での活動

先生は1964（昭和39）年暮れから約2年間、アメリカ・ロマリンダ大学小児科ウイルス研究室のクリガン（Quilligan, J.J.）教授のもとで勉強することになった。ここでは主に抗インフルエンザウイルス剤の実用化の仕事をして

おられたが、帰国後、1970年代に入って種痘の副反応が問題となった。その当時、よりよいワクチン開発のために「種痘研究班」(高津班長)が全国規模で組織され、慶応大学、その後東海大学教授になられた木村三生夫氏とともに研究班の世話役を務められた。1980(昭和55)年痘瘡根絶(WHO宣言)後もこの全国的研究組織は、現在に至るまで組織や内容を更新しながら、厚生省の予防接種研究班として活動している。そして、この研究班はその後のあらゆる予防接種の問題解決につき、学問的基礎を提供する役割を担い続けている。

(4) 風疹と先天性風疹症候群の対策

先生がアメリカから帰国して東京大学医学部保健学科に移籍した頃、わが国でも先天性風疹症候群が問題になり始めていた。1965(昭和40)年にまだ復帰前の沖縄の島々で風疹の大流行があり、先天性風疹症候群患児が多発したとの情報が1968(昭和43)年に厚生省にもたらされたからである。

先生は政府派遣検診調査団長として、小児科、耳鼻科、眼科、行政などの人と一緒に現地に派遣され、二百数十名の同患児を診定した。この検診事業の効果は、検診後直ちに厚生省、文部省が、補聴器の送付、難聴学級開設等の事後措置を実行したことであり、調査団派遣が対策と直結したという意味で模範的な事業であったと述懐されている。この検診事業の研究面での効果は、わが国で初めて先天性風疹症候群のウイルス学的確認(1967〔昭和42〕年)をしたり、国内で分離されたウイルス株による国産ワクチンの実用化に成功する機会に恵まれたことであったとお話しされている。

(5) 感染症サーベイランス事業

先生はポリオワクチンの効果・副反応判定のため、1961(昭和36)年より予防医学研究所の多ケ谷勇部長に協力して、わが国のポリオサーベイランスのシステムを構築した。これは、現行のWHOによるポリオ根絶計画で採用している方式とほぼ同じ方式であり、わが国ではこれより35年前に実施していたことになる。このシステムが今日の伝染病流行予測事業の緒であり、その後の予防接種研究班における研究成果から開発された定点観測式感染症サーベイランス方式が、今日の厚生労働省の感染症サーベイランス事業に発展している。

(6) 予防接種健康被害の研究調査

1960年代後半には予防接種による健康被害が問題となってきており、該当症例の収集と医学的因果関係の判定についての検討が開始されたが、予防接種副反応と紛らわしい疾患の発生頻度を知る必要があるため、先生は予防接種研究班の代表的な班員に協力を依頼し「小児急性神経系疾患調査」が定期的に実施されるようになった。この調査は、いわゆる予防接種後の紛れ込み事故のリスクを算定するための有力な基礎資料になっている。また、1970（昭和45）年には予防接種健康被害救済制度の前身の臨時措置が開始され、これと同時に先生は認定部会と厚生省担当官を補佐してケースの事前調査を担当され、これを通して、医学的認定基準等の基礎が確立された。その後、先生は部会委員として長く協力を続けておられる。

(7) B型肝炎ワクチンの開発協力

B型肝炎は母体から主に出産を通して児に伝播するという経路で、長い間人類と共に生き続けてきたウイルスで、劇症肝炎や肝硬変、肝癌の原因になっていた。このB型肝炎ウイルスが発見された後、先生は肝炎専門研究者とともに同ワクチンの試験接種計画研究に参画し、ワクチンの実用化に協力された。このワクチンによって母子感染防止事業は大きな成果をあげ、わが国のキャリアー率は激減した。この協力に対し、先生は1986（昭和61）年に厚生大臣より厚生科学等功労者として表彰されている。

2) 母子保健に関する仕事

先生は、東大医学部母子保健学教室に移ってからは、母子保健全般の研究に取り組む立場になった。当時日本では母子保健を標榜する大学の講座としてはこれが唯一のものであり、先生は多くの専門研究者による協同研究のコーディネーターとして、行政に直接役立つ研究を行い、多くの研究結果が制度・施策に反映された。

(1) 乳幼児健康診査に関する調査研究

先生のコーディネートする研究班では、厚生省の研究費により、乳幼児の発達の特性に関する研究に基づいて、乳幼児健診のあり方、1歳6カ月健診の必要性、健診の方法等の研究を実施してきた。これらの研究成果は、1歳

6カ月児健診の根拠となり、同健診事業が1977（昭和52）年に実現（現在は法定）するに至った。また、先生とそのチームの専門家たちによって作成された各健診の手引きは、現場担当者の教育研修に活用されている。

(2) 小児の疾病予防に関する調査研究

先生は多くの研究班を組織し、小児の疾病の早期発見や予防に関する研究の知見を、母子保健事業として実施に移していく基礎を築いた。これらの研究は小児慢性特定疾患治療研究、神経芽細胞腫マススクリーニング、B型肝炎母子感染防止などの事業の発足につながる成果を収めていた。先生は、これらの研究を通して感染症以外の専門家とも交流が深くなったと述べられている。

(3) 母乳に関する調査研究

先生は乳児の栄養法別の疾病罹患状況調査、母乳中の感染阻止物質の研究にもかかわり、これらはわが国の母乳推進運動の基礎資料として活用された。

(4) 幼児・児童生徒の健康生活状況（ライフスタイル）調査

子どもの生活実態を知ることは、子どもの健康問題や育児指導を考える基礎として重要である。先生は幼児や学童の健康生活状況に関する調査を取りまとめられた。幼児については、日本小児保健協会の事業（厚生省、1980年と1990年）、学童生徒については、日本学校保健会の事業（文部省、1981〔昭和56〕年と1992〔平成4〕～2002〔同14〕年）に携わり、ご自身が今後の母子保健のあり方を考えるうえでの財産になったとお話しされている。

(5) 母子保健事業にかかわる各種委員会等の取りまとめ

先生は厚生省ならびに東京都の母子保健事業推進のための各種委員会の委員を委嘱され、委員長として取りまとめを担当された。これらいくつもの委員会の成果は、乳幼児健診のマニュアル作成、周産期医療システムの構築、小児医療援助のあり方など、具体的な政策策定に役立っている。

(6) 沖縄県離島の乳幼児健診への協力（「平山宗宏先生と沖縄宮古・八重山地区母子総合一斉健診」〔p.160〕参照）

(7) 発展途上国の母子保健への協力（「平山宗宏先生と国際協力―日本の子どもたち・世界の子どもたちのために」〔p.162〕参照）

(8) 学校保健への協力

　先生は1978(昭和53)年の学校伝染病の改訂作業以来、日本学校保健会による各種委員会に参加され、多数の調査研究を実施された。また、お茶の水女子大学付属学校部の学校医として現場活動に従事し、これも学校現場を理解するうえで貴重な経験であったとお話しされている。日本学校保健会の各委員会の報告書は、喫煙防止等の保健指導、児童生徒の生活指導などの資料となっている。また、100年前に制定された「伝染病予防法」を廃止し、1998年、新たに成立した「感染症予防法」に伴う学校伝染病(学校において予防すべき伝染病)の改訂にも携わられた。また、教育現場でのエイズ予防教育にもご造詣が深く、多くの健康教育用の教材作成にも関与しておられた。

(9) 看護教育への協力

　先生は高等学校衛生看護科の文部省教科書の編集、執筆や、看護有資格者を高校看護科教諭に認定する国家試験にも協力しておられる。

　(8)および(9)の協力に対し、1984(昭和59)年に産業教育振興中央会から産業教育功労者、また1994(平成6)年には文部大臣から学校保健功労者として表彰されている。

(10) 保健文化賞受賞(厚生大臣表彰)

　1997年には保健文化賞を受賞された。保健文化賞とは1950(昭和25)年、第一生命の当時の社長矢野一郎氏が、公衆衛生の向上を重視し、保健衛生の分野において実際的な活動や研究を行い、すぐれた業績をあげた団体や個人に感謝を捧げる意味で創設したものである。先生の長年の母子保健推進への貢献に対して保健文化賞が授与された。

(11)「健やか親子21」策定に関して

　2000年、国民の健康増進のための国民運動指針である「健康日本21」の策定に引き続いて、2000年2月に母子保健版である「健やか親子21」の検討委員会が発足し、先生はその取りまとめ役として座長を務められた。この検討委員会は9回にわたり、公開で開催され活発な議論が戦わされた。先生の巧みな手綱さばきで、「健やか親子21報告書」が完成し、新世紀における母子保健向上のための国民運動指針として広く活用されている。

＜平山宗宏先生のプロフィール＞

経　歴

1928年2月13日	東京都で生まれる
1954年	東京大学医学部医学科卒業、インターン終了
1955年	東京大学医学部小児科学教室研究生、国立公衆衛生院研究生　医師免許証取得
1958年	京都大学ウイルス研究所助手
1959年	東京大学医学部小児科助手
1960年	医学博士（東京大学）
1964年	アメリカ出張、ロマリンダ大学小児科ウイルス研究室研究員（1965年まで）
1966年	東京大学医学部保健学科母子保健学教室・助教授
1971年	同上　教授
1988年	定年退官、東京大学名誉教授（現在に至る） 社会福祉法人恩賜財団母子愛育会・日本総合愛育研究所所長（1997年3月まで） 帝京大学客員教授（1998年3月まで） 東京都母子保健サービスセンター所長（非常勤）（1995年3月まで）
1995年	東京都母子保健サービスセンター参与（非常勤）（1997年3月まで）
1997年	日本総合愛育研究所は、日本子ども家庭総合研究所と改称、同所長に就任 大正大学人間学部教授（1998年3月まで）
1996年	教員資格審査　大正大学大学院教授 ：大学院文学研究科社会福祉学専攻 保健福祉論、社会福祉実践分析研究、社会福祉学特殊研究を担当
1998年	大正大学人間学部特遇教授（2004年3月まで） 教員資格審査　大正大学大学院教授

：大学院文学研究科福祉・臨床心理学専攻博士後期課程保健福祉研究特殊研究（研究指導）を担当

歴任した役職等

1972年	日本小児保健協会理事（1992～1998年会長、現在名誉会長）
1990年4月	日本保健福祉学会会長（～現在）
1991年2月	厚生省中央児童福祉審議会委員 副委員長（2000年12月まで）
1991年2月	母子保健部会委員部会長（2000年12月まで）
1992年	文部省高等学校教育資格認定試験委員・専門委員（2000年3月まで）
1992年	東京都防疫対策審議会委員（2000年6月まで。1999年1月～2000年6月会長）
1992年	厚生省公衆衛生審議会専門委員（2000年12月まで）
1993年	東京都児童福祉審議会委員 副委員長（1997年まで）
1994年	文部省明日の家庭教育研究会委員（1999年3月まで）
1994年	日本学校保健学会評議員（1998年10月から理事、現在名誉会員）
1994年	日本小児感染症学会監事（1998年9月まで。現在名誉会員）
1995年	東京都学校保健審議会委員 会長（1997年7月まで）
1995年	日本学校保健会評議員（～現在）
1997年	文部省中央教育審議会・幼児期からの心の教育小委員会専門委員（1998年6月まで）
1997年	東京都母子保健運営協議会委員 委員長（～現在）
1997年	日本医師会乳幼児保健検討委員会委員長（～現在）
2000年	東京都感染症予防医療対策審議会委員（～現在）

表彰

1984年	産業教育振興中央会長表彰：産業教育功労者
1986年	厚生大臣表彰：厚生科学等功労者
1987年	沖縄県知事表彰：離島乳幼児健診功労者

1990年	外務大臣表彰：国際協力功労者
1994年	文部大臣表彰：学校保健功労者
1997年	保健文化賞受賞および厚生大臣表彰

　平山先生は、閉ざされた学問のなかの研究者ではなく実践を第一とした社会貢献度の高い研究者である。国や自治体の政策決定に少なからず影響を与え、国民に利益をもたらしたことは不世出の大教授と絶賛したい。私も含めた平山門下生はこの教えに従って、保健福祉の実践的活動に重きを置き、「母子の健康」「子どもと家庭の健康と福祉」のよりよい実現を目指して鋭意努力を重ねているところである。

　平山先生の人となりについて最後にふれておくと、決して人を蔑視しない、専門家の世界にありがちな出身校による派閥形成をせず、近寄る者はすべてを受け入れる度量、その後の面倒見のよさには頭が下がる。上意下達という力関係のない家族的包容感にあふれ、多くの人びとが参集した大家族を形成している。言葉をかえれば、力や権力が介在しない人間関係を柱としておられるお人柄に惚れ込んで、多くの人びとが集まり周囲を固めている。平山ファミリーのメンバーは、決して欲得で先生の周りに集まるのではなく、むしろ、先生に教えを請い、癒しの場として和気藹々と先生を取り囲んでいる。

（文責：中村　敬）

〈　平山宗宏先生と沖縄宮古・八重山地区母子総合一斉健診　〉

　1974（昭和49）年に平山宗宏先生を団長に本土からの小児科医、産婦人科医、臨床心理と沖縄小児保健協会派遣の小児科医、臨床検査技師、そして先島の保健所スタッフにより健診団が構成され、宮古・八重山地区母子総合一斉健診が開始された。

　ところで、平山先生と沖縄との出会いは、1968（昭和43）年の風疹障害児の健診に参加されたことにある。当時は本土復帰前であり、屋良主席名の医師免許証の交付を受けて健診が開始されたという。この健診の機会に、当時

名護保健所長の小渡有明先生、県予防課の仲里幸子母子係長など沖縄の母子保健にかかわる方々と知り合われたことが母子一斉健診実現の布石となったといえる。

そして、沖縄県の本土復帰を機会に、保健医療に恵まれなかった先島の母子一斉健診が先生と当時県予防課長の宮城英雄先生との話し合いのなかで実現した。この健診団を立ち上げるにあたり、先生は東京の先生方に、また、先生が信頼を寄せられた当時岡山大学小児科の喜多村勇先生に声をかけられた。その後、喜多村先生が高知医大小児科教授になられ、岡山からそして高知からの参加があり、私たちは東京勢、岡山勢、高知勢と呼ぶようになった。

この先島健診は、かたちを多少変えつつも毎年夏、四半世紀にわたり続けられることになる。この継続した健診を行うことができた最も大きな要因は以下に述べることにあると考える。

第1に、先生は健診を研究のために利用しないことを健診団の柱に置かれたことにある。毎年参加する団員も、その年初めて参加する団員も、母と子の心身にわたる健康に少しでも寄与することのみを常に思ったのである。このことは、ごく当たり前のことのようであるが、例外がなきにしもあらずである。

第2に、健診団は本土からのメンバーにより構成されているのではなく、沖縄本島、先島、すべて健診に参加するメンバーによって健診団は成り立っていると先生は考え、それを「仲間たち」と表現されたのである。ここから、みんなで一緒に健診をしているという意識が生まれたのである。

第3に、先生は初めから「総合健診」を行うという明確な方針でのぞまれたことである。小児科、産婦人科、歯科、保健、栄養、臨床検査、心理からなる総合健診を実施したのである。

このようにして、健診は継続的に行われたのであるが、一方、平山先生は地元に母子保健にかかわる人材とともに力がつき、引き継いでいけることを常に願っておられた。

さて、健診初期の頃は、これまで健診を受けていない子どもばかりであったため、0歳から就学前のすべての乳幼児が対象であった。そこで、どこの健診会場も母と子であふれていた。健診が毎年夏に行われていった結果、子

どもの年齢の幅はあるものの、乳児健診、1歳6カ月健診、3歳児健診と通常に近い健診を行えるようになった。

この総合健診を行いながら、専門健診の必要性を先生は考えられた。そこで、歯科健診を当時東京大学の井上直彦先生に依頼され、以降先生を中心としたメンバーによる歯科の健診が始まった。また、障害児をもつ親は健診会場に来にくいことがわかり、当時山梨医科大学の日暮眞教授と先生が相談され、発達健診、療育相談として独立させ、ここから障害児の親の会も誕生した。そして、遺伝相談、心臓健診、アレルギー健診と専門健診が実施された。

次第に宮古・八重山の健診体制が充実し、地元での健診が可能になっていき、一部の地域、離島のみの健診に移行し、各専門健診が実施される時期を迎えることができた。総合健診をその地域でという平山先生の構想の実現をみたのである。

そして、昨年（平成15年）、最後まで残っていた発達・療育相談が沖縄の専門医と、保健師、臨床心理によって行われ、長い宮古・八重山の健診に幕が下りた。

この沖縄先島健診は、日本における母子保健学の本当の意味での権威である平山先生が、地域における母子保健活動を起こし、根づくように育てるというまさにその実践の歴史であり、ここに先生の大きな業績がある。

最後に、先生の学識とお人柄によって多くの人がこの健診に参加し、そのもつ専門の力を発揮したことを付記したい。　　　　　（文責：川井　尚）

平山宗宏先生と国際協力
―日本の子どもたち・世界の子どもたちのために

ここに、大勢の子どもたちに囲まれてにこやかに笑っておられる平山宗宏先生の写真がある。キャプションには、"「下痢をしない運動」の行進に参加した子どもたちとともに（1990年7月　ネパール王国カブレ郡ナラ村にて）"とある。JICA（独立行政法人国際協力機構）の委託で家族計画プロジェクトにかかわる巡回指導調査の団長として訪れたときのものである。若輩者がおこがましく先生のご功績を述べるより、この1枚の写真をみるだけで小児

科医としての先生のお人柄と業績のすべてが語られているように思う。先生は都会の子、いなかの子、日本の子、途上国の子、何一つ分け隔てなく実にうれしそうに接する。

　先生の国際協力への関心はおそらく小児感染症を研究課題としたときから始まっていたのではないかと思う。先生が学生だった昭和20年代後半の母子保健の指標は、現在のそれとは全く比較にならないほど劣悪な水準にあった。戦後の食糧難、環境衛生の未整備など、現在の途上国と同水準であったといってよい。そのため子どもの死亡の原因疾患として、赤痢、しょう紅熱、ジフテリア、流行性脳脊髄膜炎、日本脳炎、麻疹、百日咳など、今では途上国でしかみられなくなった急性伝染病が低栄養の子どもたちを襲い、死に追いやっていた。いわゆる多産・多死といわれた時代である。おそらくこうした劣悪な環境下にある子どもの命を救うために、先生は小児科医になられたのではないだろうか。大学小児科時代は一貫してウイルス研究に従事し、その研究業績と臨床経験は、国内はもとより国際協力においても大いに発揮されることになる。

　先生の国際協力は次ページの表に示すようにアジア、アフリカ、中米と広範囲にわたる。これだけみても容易なことではない。国際協力経験のある方

「下痢をしない運動」の行進に参加した子どもたちとともに
（1990年7月　ネパール王国カブレ郡ナラ村にて）

ならおわかりと思うが、時差、食事、水、交通、高度差など、不便、不自由、不足を覚悟しなければならない。しかも行った先々では、表敬訪問、会議、視察等が連日組まれ、短期間でさまざまな日程を消化しなければならない。そういう点では、先生は実にタフである。常に団員や現地スタッフにも気軽に声をかけ、国内にいるときと同様に心配りをされると、同行した団員から幾度か聞かされた。まるで、いかなる環境下でも強い免疫力をもっているかのようである。

　国際協力は、人びとのニーズに合わせ、その国でまかなえる資源を活用しながら、人びとのエンパワーメントを高めつつ、自立に必要な援助・助言を進めていくことである。日本の体験、とりわけ先生がこれまでに協力してこられたプロジェクトは、新たなシステム導入の基礎として着実な成果をあげている。たとえば、ポリオの根絶（フィリピン、ラオス）、母子保健（インドネシア、メキシコ、ネパール）、伝染病検査技術移転（ガーナ、ケニア）などである（こうした功績により1990〔平成2〕年に外務大臣表彰を受賞されている）。

　ところで、国際協力は海外に出かけるだけではない。JICAをはじめ国内の保健医療機関でも、さまざまな国際協力を行っている。とりわけ人材育成

●表　国際協力の対象国

年	対象国	目　的
1968年〜1971年	フィリピン	ポリオ、コレラ撲滅事業
1977年	ケニア	伝染病研究事業
1982年〜1984年	ガーナ	感染症研究事業
1983年〜1985年、1989年、1992年	フィリピン	家族計画・母子保健
1985年〜1990年	ネパール	家族計画・母子保健
1988年	台湾	小児癌防止指導
1989年	インドネシア	人口・家族計画
1990年	韓国	母子保健
1991年	ラオス	日本・WHO合同調査
1992年〜1998年	メキシコ	家族計画・母子保健
1993年、1996年	中国	母子保健

は急務の課題となっている。

　1989（平成元）年、母子愛育会でもわが国初の母子保健の国際研修を実施することになった。当時研修担当だった筆者は、途上国の現状は活字や映像で知る程度で、生活実態、社会システム、行政組織、マンパワーの量と質など知る由がなかった。そこで、上司と相談して研修全体の内容を検討する運営委員会を設置し、委員長を平山先生にお願いすることになった。委員会では、講義科目と講師、スタディツアーの内容、施設見学場所、レポートの内容、評価方法の決定など、細部にわたって毎月検討された。先生には講義のほか、カントリーレポートやファイナルレポートの助言・意見交換もお願いし、1カ月間昼も夜もおつき合いいただいた。とくに先生が担当する小児感染症の講義は、豊富な体験と実績をもとに解説されるため、研修生から高い評価を得たことはいうまでもない。

　筆者は研修生の友好関係とスムーズな研修運営に気を配っていたが、到着間もない研修生の緊張を解きほぐしたのは、なんといっても歓迎パーティでのマジックショーである。ハンカチをネズミにみたて、あたかも生きているかのように操るのである。もともとは、入院している子どもを楽しませるためにこの手品を習得されたということであるが、1カ月の研修がスムーズに運営できた一つの要因として、現在でも定番化している。

　Asian MCH Workshopと呼ばれるこの研修は、当初フィリピン、インドネシア、ネパール、タイ、マレーシアなどから医師を招聘していたが、現在ではカンボジア、ベトナム、ラオス、バングラディシュ、中国などが加わり、アジア諸国の発展と平和の訪れを感じさせてくれる。今後は、ミャンマー、パキスタン、ブータン、そして東ティモール、アフガニスタンといった国々の参加が待たれる。日本の子どもたち、世界の子どもたちのために、平山先生の果たされる役割はまだ続く。　　　　　　　　　　（文責：小山　修）

第 2 章 平山宗宏仕事を読む

予防医学から保健への架橋

中村　　敬
佐鹿　孝子
福田　智雄

（　　　　　　1　乳児下痢症に関する研究と業績　　　　　　）

　1950年代後半の臨床ウイルス学の技術では、下痢症の病原を発見するには限界があった。当時、茂原下痢症などもウイルス性と考えられながら病因不明であった。この当時小児科分野で、仮性小児コレラあるいは白色便下痢症などと呼ばれた下痢症の病原探しが学会をあげてのテーマであった。
　この疾患は晩秋初冬の頃多くみかける乳児の下痢症で、嘔吐が強く、下痢便の色が白く、乳汁がそのまま出てきたようにみえることがあり、脱水症状が重くならないかぎり予後は良好であった。その原因や病名について諸説あって定まらないため、当時、小児科学会会頭になった大阪大学の西沢義人教授の呼びかけで、その学会での宿題シンポジウムが開かれた。その席上でのおおよその結論は、九州大学遠城寺宗徳教授一門は体質を重視し（病名は仮性小児コレラ）、名古屋大学坂本陽教授一門は病原体の同定はできなかったものの単一ウイルス説を唱え（病名は白痢）、東京大学高津忠夫教授は、いわゆる感冒性下痢症として複数のウイルスによる症候群説を主張、病名は白色便下痢症、便の白くなるのは胆汁の流出不全（胆道の閉塞や収縮ならば長

なかむら　たかし　　大正大学人間学部人間福祉学科教授
さしか　たかこ　　　昭和大学保健医療学部看護学科助教授
ふくだ　ともお　　　埼玉県南児童相談所相談援助担当部長

期に続いたり痛みをともなうはずなので、胆道の拡張などのディスキネジアと考えた）などであった。現在ではこの疾患の主たる病因ウイルスはロタウイルス、一部がアデノウイルスでも起こると判明している。このことに関する平山宗宏先生の学位論文を紹介する。

■論文　乳幼児消化不良症のウイルス病原論に関する研究

平山宗宏，日本小児科学会雑誌　63（11）：2544-2559，1959．

平山宗宏，日本小児科学会雑誌　63（12）：2736-2744，1959．

<解題>

　平山先生の学位論文は3編より成り、第1編はウイルス分離ならびに補体結合反応成績、第2編は分離ウイルスの2、3の性状に関する研究、第3編はウイルス感染症と乳幼児消化不良症との関係についての考察である。この下痢症にかかわるウイルス学的研究で、冬季の下痢症の約20％がアデノウイルスによることを示した論文であり、現在の知見に照らしても間違っていないところに注目すべきである。

　第1編の要旨をまとめると、冬季下痢症からは健常児より高いウイルス分離率を示した。冬季下痢症におけるウイルス感染症の頻度は30〜40％と考えられ、各種ウイルスのうちではアデノウイルスが、とくに冬季下痢症において重要な病因となりうることを証明した。

　第2編の要旨は、数多くのウイルスが人の腸管から分離されるようになってきた。大別すると、エンテロウイルス群とアデノウイルス群であり、エンテロウイルスとはポリオ、コクサッキー、エコーの各ウイルスの総称である。乳幼児下痢症より分離したエコーウイルスtype 1および11の各株を用い、一農村地区の年齢別中和抗体保有率を調査した。両ウイルス株とも年齢を追って保有率が増し、これらウイルスがわが国においてもかなり広範に浸透していることを証明している。

　第3編は白色便性消化不良症においては、特定の病原ウイルスを発見することはできなかった。本症は種々の原因によって惹起される一つの症候群であり、ウイルス感染症はその主要な病因であり、そのなかでもアデノウイル

スは関与が大きく、集団流行例では82%からウイルスが分離された。白色便の原因は胆道系のディスキネジアと考えられた。　　　　（文責：中村　敬）

2　ポリオ生ワクチン導入期の研究と業績

　1955（昭和30）年当時、夏になると小児科病棟では何人ものポリオ罹患児が入院していたが、1960（昭和35）年には最悪の状況といえるポリオの大流行が起こった。厚生省（当時）は生ワクチンの導入を検討するために、全国的な研究組織「弱毒生ポリオウイルスワクチン研究協議会」を発足させ、東京大学小児科の高津忠夫教授がその臨床部会長となられた。平山先生は高津教授を補佐し、世話人や集計の役割を担当された。時の古井喜実厚生大臣の決断で導入されたポリオ生ワクチンの効果は劇的といえるほど素晴らしく、わが国におけるポリオは実質的に根絶され、先生の功績が大きく評価された時代であった。この当時の代表的な先生の論文を紹介する。

■論文1　弱毒生ポリオウイルスワクチン投与成績
高津忠夫・平山宗宏・沢田啓司，小児科診療　25(9)：53-58，1962.

■論文2　座談会「生ワクチンとポリオ」
松本　稔・内田清二郎・平山　雄・平山宗宏・春日　斎，日本醫事新報　1942：29-59，1961.

■論文3　昭和39年、40年、届出ポリオ患者の調査成績
高津忠雄・平山宗宏，日本醫事新報　2248：31-33，1967.

■論文4　ポリオウイルス
平山宗宏，臨床とウイルス　19(1)：20-25，1991.

＜解題＞
　論文1は、ポリオ生ワクチン導入のための全国的研究組織（前述、研究協議会）ができ、高津教授がその臨床部会を主宰され、まとめられた協議会の報告書のサマリーを小児科の雑誌に紹介したものである。1960年に北海道から始まったポリオ大流行を、全国1,300万人へのポリオ生ワクチン投与によ

り食い止めた歴史的成功のもとになった研究である。

　概要をまとめると、接種部会では、安全性が確認されたファイザー社製セービンワクチンを用い、Ⅰ、Ⅲ、Ⅱ型の順序に4週間間隔に経口投与し、ワクチン投与者およびその周囲のものにつき、ウイルス分離および血清中和抗体価測定の実験を行った。全国27研究機関の協力によって得た研究成績を集計して得た結論は次のごとくであった。

(1) ポリオ生ワクチンの効果は、上記の投与方法で単価投与するかぎりでは、ウイルス分離、抗体価上昇の両検査成績を総合すると、きわめてすぐれたものであることがわかった。すなわち抗体陽転率は80.6％～100％ときわめて高率であった。

(2) ポリオ以外のエンテロウイルスの存在は、ポリオ生ワクチンの効果を阻害することがあることが判明した。

(3) ポリオ生ワクチン投与により、問題となるほどの副作用は全く経験されなかった。

　論文2はポリオ生ワクチンを導入した当時の状況を、東京大学伝染病研究所（現医科学研究所）の松本稔教授の司会で、ウイルス、疫学、行政などの担当者が座談会で話し合った記録である。概要を述べると、1961（昭和36）年に実地医家の協力を得て行われた全国1,300万人規模のポリオワクチン一斉投与を前にして、その指針になりうる事項をまとめた座談会である。1957（昭和32）年にわが国でソークワクチンの試験製造を開始し、1958（昭和33）年、59（同34）年にはアメリカ等で生ワクチンの人体接種が大規模に行われ、この結果生ワクチンは安全という結果を得た。

　わが国で生ワクチンが初めてテストされたのは1958年末であったが、北海道の流行の後で、ウイルス学会やその他の学会が動き出し、1960年に前述の弱毒生ポリオウイルスワクチン研究協議会（通称、生ワク協議会）が発足した。研究の第一の目標は検定基準をつくることで、安全性の検定に関することが最初に取り上げられた。次いで1961（昭和36）年には人体接種に関する研究、排泄されるウイルスの毒性復帰に関する研究に着手することになった。1960～1961年の短期に厚生省から1億4,000万円もの研究費が提供されるという国をあげての取組みであった。研究班では生ワクチンをセービン

ワクチンに限定し、セービンが推薦している規格に合った生ワクチンを手に入れて検定するというところから始まった。

この時代のポリオ流行は、1960年に北海道で始まり、その後を受けて1961年には九州に大流行が起きた。1961年初めにはソークワクチン（注射による接種）が出始めており、九州では生後6カ月から1年6カ月までの乳幼児が緊急接種を受けた。ワクチン未接種児と接種児での罹患率の差は約7倍であり、ソークワクチンの効果が認められていた。ポリオの感染経路は人から人への感染で、接触感染および飛沫感染が考えられていた。

厚生省は当時ソークワクチンによるポリオ対策をとっており、1961年1月からは、生後6カ月から1歳6カ月までを対象に、4月からは予防接種法の改正により生後6カ月から3歳未満の乳幼児に接種を開始していた。すなわち、ソークワクチンの定期予防接種というかたちで行われたが、定期接種以外の対象者からの希望の増大やソークワクチンの国産、輸入計画が円滑にいかず、流行前の2回の完全接種も困難な事態になった。

1961年6月21日に古井厚生大臣は「厚生省としては今年から新たに、全国的にソークワクチンの予防接種を施行するほか、事態に応じ、地域的に生ワクチンの試験投与を含んだ緊急対策を講じつつ、注意深く推移を見守ってきた。今最盛期を前にして被害を最小限度に食い止めるため、この際最後的な非常対策を行うことを決意した」と声明を出した。すなわち、ポリオの流行が拡大しつつあること、単に病院の中にとどまらず、社会的生活をも脅かし始めている。これはどうしても緊急対策として、生ワクチン投与により流行を阻止しなければならないと決意したものであった。この背景には生ワク協議会の3,000例に及ぶ投与例の詳細な分析結果が根拠になっていた。厚生省は当時1,300万人への一斉投与を計画しており、強制ではなく希望者に、一定地域内で一斉に投与を行うことを原則として、①ソークワクチンの定期予防接種に該当しない未就学児、②生後3カ月から3歳未満の児、③流行地の6歳以上10歳未満児、④流行地で年齢が10歳以上の児で必要と認めたものの順に接種を行うことが検討された。ワクチンは1,300万人分を国家が買い上げて、国民は実質無料で接種が受けられることになった。ワクチンは経口投与であり、乳児では液状のシロップ、幼児ではボンボン型で、Ⅰ～Ⅲ型ウイ

ルス混合のものを1回投与という方式で行うことが検討されていた。

　接種実施にあたって問題になることは、接種による抗体産生の程度、接種後ウイルスの排出状況、これが周囲へどのように広がるか、糞便から出てきたウイルスの毒性がどう変化するかであり、生ワク協議会接種部会（平山宗宏先生参加）がその検討の任にあたっていた。この部会では、綿密な実験計画に基づき全国20カ所から3,000ケースを集積したものであり、すぐれた研究成果が公表されていた。当時、同協議会の疫学部会でも全国35万人への試験投与を行いその結果を分析していた。

　当時、古井厚生大臣が生ワクチンの投与に踏み切った裏には、一部の学者の良心を踏みにじってもやらなければならないという悲壮な決意、想定される緊急事態に対しての政治家の素直な考えがあった。もちろん諸外国の1億人以上の使用経験例やWHOの資料、あるいはアメリカ医師会のアメリカ政府に対する生ワクチン使用の勧告および生ワク協議会という学問的なバックアップ等々があってのうえのことであったが、大臣は「専門技術者の良心からいえば、綿密な所定の検定と実験を完了したうえでなければ、たとえ変型させたとはいえ、生きたウイルスそのものである生ワクチンの使用の如きをたやすく承認できないのは当然である。一歩誤れば取り返しのつかない重大な事態を生ずるからである。これら専門家の意見にも耳を傾けつつ熟慮してきたが、事態の緊急性にかんがみ、専門家の意見は意見としても非常対策を決行しようと考えた矢先、これらの方々もこのことに理解の態度を示してくれたことは何ほどか私を勇気づけた。責任はすべて私にある。平常時においては守らねばならない一線をこえて、最低限度の安全検査のうえ、希望する対象者に対し充分供給できるように非常対策を行おうとするからである」と述べていたと記載されている。またソークワクチンと異なり、生ワクチンで免疫した個体の腸管ではウイルスは増殖できないため流行を阻止できるのである。

　以上、座談会の内容を抜粋してみた。当時ポリオの大流行を食い止めるべく、行政と研究者が一体となってそれぞれの立場を全うし、わが国のポリオ大流行を阻止した功績は大きい。

　論文3は、ポリオ生ワクチンがポリオの流行阻止に劇的な成功を収めた後

には、ポリオ患者の届出例を追跡的に調査し、病原を確認するための患者サーベイランスを行う必要があった。最初は生ワク協議会がこれを開始したが、続いてサーベイランスのための委員会が設置された。高津教授が委員長で、国立予防衛生研究所の多ケ谷勇部長と平山先生が世話役を務め、その最初の報告書である。

　論文4は1991（平成3）年にまとめられた、その後のポリオとポリオサーベイランスの状況についての解説であるが、20世紀中に世界からポリオを根絶しようというWHOの目標も夢ではなくなった。この論文の結論を紹介すると、わが国におけるポリオの予防接種は、患者調査、ウイルス生態調査、抗体保有状況調査の3本の柱によって運営されてきた。これは予防接種のあり方として模範的なものといえる。しかしなお問題は残されている。1点は現行の2回接種法では、Ⅰ、Ⅲ型の十分な抗体付与が困難であること、もう1点はより安定で毒性復帰の心配のないワクチン株の開発（Ⅲ型およびⅡ型）の必要性である。また、なお流行のある開発途上国でポリオをゼロにする努力もWHOの肝いりで始められている。実質上ポリオの根絶に成功したわが国としては、これまでの行政や技術上のノウハウを伝授して世界からのポリオ根絶に協力すべきである。熱帯地方では日本のようには生ワクチンの効果が現れにくいともいわれているが、ブラジルでは軍隊の協力を得て全国一斉の「絨毯式投与」を実施したところ、ポリオ患者の激減をみたとの報告もあり、これは示唆に富む事業である。　　　　　　　（文責：中村　敬）

3　各種ウイルスワクチンの開発に関する研究と業績

　平山先生が関与してきた、現在実用化されているウイルスワクチンの開発に関する研究論文をまとめて提示する。

麻疹ワクチンの開発に関する研究

■論文1　はしかワクチンの研究
矢田純一・沢田啓司・渡邊言夫・平山宗宏，小児科診療 29（12）：1450-1464, 1966.

■論文2　わが国の麻疹ワクチン

平山宗宏, 医学のあゆみ 68(4): 154-157, 1969.

■論文3　「麻疹」

平山宗宏, 感染・炎症・免疫 8(3): 107-114, 1978.

<解題>

　論文1は当時、実用化されていた麻疹ワクチンと接種方法についての解説であり、生ワクチンと死菌ワクチンの組み合わせ接種も行われており、現行の生ワクチン1回接種法とは異なり、多くの接種方法が試みられていた。

　この論文は第2節で述べたポリオワクチンの共同研究に続いて麻疹ワクチンの開発研究が行われることになったときのことである。研究組織の臨床部会長には大阪大学の西沢義人教授があたられた。その当時の東京大学医学部小児科の研究成績について報告されている。概要を簡単にまとめると、

① 生ワクチンには単独接種で抗体陰性者のほぼ全員に自然麻疹に匹敵する高い抗体価の上昇がみられ、少なくとも5年間は抗体価の持続と完全な予防力が証明されて、終生免疫が期待できる。

② 一定量以上のワクチンウイルスを接種すればほとんどの者に有効で、ウイルス量による臨床反応、抗体反応の差はみられない。結核、ネフローゼ、心疾患、喘息などの慢性疾患があっても、安全に使用しうる。母子免疫の消失する生後9カ月以後に接種すべきである。

③ 不活化ワクチンは臨床反応がほとんどみられないが、初回免疫に3回接種する必要があり、一般には長期の抗体持続が望めず、6～12カ月後に追加接種を必要とする。予防力は不確実で生ワクチンと異なり低い抗体価では自然麻疹に感染し発症する可能性がある。

④ 白血病、リンパ腫、全身性悪性腫瘍、ステロイドホルモン・アルキル化剤・代謝拮抗剤の使用者、放射線治療者、無または低ガンマグロブリン血症患者、重症発熱者、卵アレルギーのある者には生ワクチンは禁忌である。不活化ワクチンでは卵アレルギーのある者のみが禁忌とされる（卵を用いたワクチンのみ）。

　論文2はワクチン接種による異型麻疹発生について論じたものである。わ

が国で開発された当時のはしかワクチン（東京大学伝染病研究所・松本稔教授によるものと大阪大学微生物病研究所・奥野良臣教授によるもの）も、アメリカのエンダースワクチンも発熱率が高いため、ガンマグロブリンあるいは不活化ワクチンとの併用が試みられた。ガンマグロブリンとの併用は効果が不安定であり、不活化ワクチンとの併用はその後アレルギー機序が疑われる「異型麻疹」の発生で中止された。その後、第二世代の弱毒ワクチン、さらに弱毒化の進んだ第三世代のワクチンが現在使用されている。この論文は麻疹ワクチン接種による異型麻疹が問題となった頃のものである。異型麻疹とは、不活化ワクチン接種後に自然麻疹に罹患した場合に症状が非定型的になるというもので、ファルグニチ（Fulginiti, V.A.）の報告から始まる。死菌ワクチンを2～3回接種した小児が接種5～6年後に、麻疹に自然感染した場合にみられる。この異型麻疹の特徴は、発疹の出現順序が逆になる、異型性肺炎のような浸潤像が肺に現れる（X線）、高熱の持続期間が長い、頭痛・筋肉痛・四肢の浮腫などの症状が強い、などであった。わが国における異型麻疹は1968（昭和43）年1～3月の流行時の1,449例の麻疹患者中119例に麻疹ワクチン接種の既往があり、このうち、異型麻疹の可能性のある者は78例であったが、ファルグニチのいう異型麻疹は17例と推定された。これらは死菌ワクチン（Kワクチン）を2回以上接種しているもので発症率が明らかに高かった。KL（死菌ワクチン1回、生ワクチン1回）法では軽い一過性の局所反応程度の発症しか認められなかった。当時、厚生省の製剤基準のなかでは、KL法が主体であったが、KKL法、L＋γグロブリン法、KKK法が併記され、異型麻疹の発症も明記されていた。当時、一般実地医家の間では少しでも副反応の少ない方法ということで、KKL法やKKK法がかなり広く用いられていたという事情があった。この当時の結論として、KLL法、すなわちKL法に1年後Lワクチンを追加で接種する方法を推奨すべきと結論づけていた。

　論文3では、麻疹ワクチンの定期予防接種採用が1978（昭和53）年秋から本決まりになったことから、先生は麻疹の現状、ワクチン実施上の問題点を紹介した。麻疹は古典的な小児感染症で、必ず経過しなければならない子どもの役目と考えられていた。しかしながら、麻疹罹患は肺炎や脳炎など重篤

な合併症を引き起こし、専門家の間では罹患を防止すべき疾患と認識されていた。麻疹脳炎の頻度は5,000例に1例ぐらいであり、麻疹に自然罹患する子どもは年間200万人を超えるから、脳炎を合併する例も年間数百例はみられる計算になる。

わが国の麻疹ワクチンは、KKL法が推奨されたが、その後、異型麻疹の症例が相次いでみられることから、アメリカでのKワクチン廃止（1968年）に引き続いてKL法を廃止せざるをえなくなった。異型麻疹は死菌ワクチン（Kワクチン）を接種したのち、麻疹に自然感染するとアレルギー機序が働き異型麻疹を引き起こすものと考えられた。その後の麻疹ワクチン開発は生ワクチン一本に絞られていた。本論文では定期接種採用にあたっての麻疹の現状を述べ、予防接種の実施方法、接種年齢について考察している。

種痘に関する解説論文

■論文　種痘をめぐる最近の動向

平山宗宏・木村三生夫，臨床と研究　49(4)：861-866, 1972.

＜解題＞

痘瘡の根絶を前にして、そのワクチンである種痘の副反応が医学界のみでなく、社会問題になっていた。副反応の少ない痘瘡ワクチン探しや開発が、これも全国規模で行われた（厚生省種痘研究班）のであるが、この論文はその頃の状況の解説をしたものである。これは種痘が中止できるようになる少し前の時代のことであった。予防接種事故の問題が社会的に、次いで行政的に大きく取り上げられ始めたのは1970（昭和45）年の春以来のことであった。そのなかで、ワクチンの側からみても、いわゆる事故の件数からみても最も問題の多いのが種痘であることは確実であった。種痘が痘瘡の制圧に絶大な威力を示した実績は異論のないところであるが、痘苗そのものがジェンナー（Jenner,E.）以降ほとんど改良されることもなく過ぎてきたことも認めざるをえなかった。また、種痘の是非をめぐる論争と情勢の変化が起こってきたのは、わが国のみならず世界的趨勢でもあった。

おたふくかぜワクチンに関する解説論文

■論文　おたふくかぜワクチンの効果

平山宗宏・杉下知子，小児科 22(12)：1399-1403, 1981.

<解題>

本論文は、麻疹、風疹よりやや遅れて、開発され実用化されたおたふくかぜワクチンの効果を調べた成績である。麻疹、風疹に比べて抗体獲得率がやや低く抗体価も低いのが悩みであった。その後このワクチンの副反応として、稀ながら無菌性髄膜炎の発生が知られるようになり、まだ定期接種化に至っていない。

水痘ワクチンに関する解説論文

■論文　水痘生ワクチンの意義と使用法

平山宗宏，臨床とウイルス 11(2)：91-126, 1983.

<解題>

この論文は大阪大学の高橋理明教授による水痘生ワクチンの開発、実用化当時の水痘生ワクチンの臨床的意義と水痘ウイルスのもつ特異性に基づくこのワクチンの使用方法について概要が述べられている。このワクチンは、当面急性白血病寛解期や免疫不全を伴う基礎疾患をもつ患児など特殊な立場の子どもに接種することを目的として実用化されるであろうが、将来は健康児への接種が広く行える可能性が大きいと解説している。

Ｂ型肝炎の母子感染防止事業に関する解説論文

■論文　Ｂ型肝炎の母子感染予防対策とその意義

平山宗宏，産婦人科の世界 37(5)：419-423, 1985.

<解題>

　B型肝炎ワクチンが実用化され、同ウイルスのキャリアーの妊婦を発見し、出生児を感染から防ぐために用いられるようになった当時の「B型肝炎の母子感染予防対策」について解説した論文である。厚生省は1985年にB型肝炎母子垂直感染の予防を目的とした新事業を発足させることになった。総予算として、10億近い予算をかけようという大事業であった。B型肝炎ウイルスの感染経路は水平感染と垂直感染がある。水平感染はB型肝炎ウイルスをもつ患者から血液や体液を介して感染する経路である。垂直感染はウイルスをもった妊婦から胎児・新生児へ感染するものであり、B型肝炎ウイルスはこの母子感染により、世代から世代へ受け継がれてきたのである。垂直感染の95％は出産時に感染し、免疫機構の未熟な乳幼児期（3歳未満）では、ウイルスに対する免疫反応を起こすこともなく共存を許してしまうという特徴がある。つまり、ウイルスの保因者（キャリアー）になるということであり、キャリアーは将来肝癌を発生したり、自覚のないまま他人に感染させるという問題をもっている。このB型肝炎ウイルスの世代間伝播を断ち切って、B型肝炎ウイルスの感染を防止しようというのがこの事業のねらいである。具体的には妊婦全員にB型肝炎ウイルス検査を行い、キャリアー妊婦を探し出し、その妊婦から生まれた新生児に、B型肝炎ワクチンを実施して母体からの感染を防ごうというものである。手順として、出生後48時間以内に、抗B型肝炎ウイルス免疫グロブリンを新生児に注射し、母体から移行した可能性のあるB型肝炎ウイルスを中和しておく、しかるのちB型肝炎ウイルスワクチンを接種するというものである（第3章　平山宗宏論文・著作抄録「B型肝炎の母子感染予防対策とその意義」〔p.211〕参照）。　　　　（文責：中村　敬）

4　風疹と先天異常予防に関する研究と業績

　感染症対策で着実な実践を進めてきた平山先生の業績のなかで、大きなものは風疹と先天異常予防に対しての取組みである。その業績の主なものを振り返りたい。

■論文1　第17回日本医学会総会講演「風疹と先天異常」

平山宗宏, 第17回日本医学会総会学術講演集Ⅰ, 1967, pp.964-973.

■論文2　沖縄における先天性風疹症候群

平山宗宏, 医学のあゆみ　69(7):331-336, 1969.

■論文3　沖縄における先天性風疹症候群の現状

平山宗宏, 神経研究の進歩　17(1):15-21, 1973.

■論文4　風疹の流行とその対策

平山宗宏, 日本醫事新報　2720:25-27, 1976.

<解題>

　論文1は、1967（昭和42）年の第17回日本医学会総会における主題「先天異常の成因」の講演「風疹と先天異常」であり、『第17回日本医学会総会学術講演集Ⅰ』に掲載された。この論文では、風疹感染と先天異常との関係、先天性風疹症候群についての知見、ウイルス学的に確定診断された先天性風疹症候群の1症例を報告した。そして、日本の先天性風疹症候群が少ないことに関して、①成人の風疹抗体保有率が高いために妊婦が風疹にかかることが稀、②日本の風疹ウイルスは催奇形性が低いという2つの主要な仮説を検証した。1965（昭和40）年と1966（昭和41）年に風疹大流行のあった岩手県北部二町村と川崎市Ⅰ地区感染について、風疹感染に関する大規模な疫学的研究を実施した。さらに、全国の8地点（札幌市、岩手県種市・野田、川崎市、長野市、静岡県榛原、広島市、長崎市）で妊婦の風疹中和抗体保有状況を検索した。日本に感染症サーベイランスが導入されたのは1981（昭和56）年であるから、それより15年も前の大研究であり、大変困難な状況下の研究であったと想像される。

　この大規模疫学研究により、感染媒介の場ともいうべき小学校おける風疹罹患率は、最高70％以上に及んでいることがわかった。風疹罹患児のいる家族内の罹患率は、岩手県では中学生以上の罹患例が1例（0.25％）であったのに対して、川崎市では5.60％であった。このことから川崎市では過去10年以上にわたって風疹の大流行がなかったと推定した。8地点における妊婦の風疹中和抗体保有状況では、最近流行のみられた地区の保有率が高かった。

抗体保有率の低い地域では今後の風疹流行に際し、妊婦罹患に対して注意が必要であると結論した。

風疹流行地区での妊婦の風疹罹患、または、暴露の現状と出生児の調査を実施した。妊婦の風疹罹患例は川崎で458例中1例にすぎなかった。風疹患者との接触をみた例は、岩手32.2％、川崎4.4％であったが、出生児の先天異常は認められず、また、未熟児の出生率の増加も認められなかった。先天性風疹症候群の予防については、妊婦が風疹にかからぬようにすることであり、そのためには風疹ワクチンの開発が望まれると述べた。

論文2は、『医学のあゆみ』第69巻に掲載された「沖縄における先天性風疹症候群」である。

わが国では1964（昭和39）～65（同40）年に沖縄で風疹の大流行があった。沖縄施政権返還前であり、行政的に対応するための資料に欠けていた。そのために琉球政府は本土政府に援助協力を要請し、厚生省は沖縄に検診班を派遣した。平山先生をはじめとする検診班は、1969（昭和44）年1月に18日間の検診を実施した。この検診により明らかになった沖縄における先天性風疹症候群の実態の概要が本論文である。

全沖縄を本島3地域、および宮古と八重山の5地域に分け、5カ所の保健所にて検診を実施した。母親の風疹罹患について確実な既往をとることが不可能であったので、異常を認めた児のうち、風疹罹患と関係ありと診断されたもの（A群）と風疹との関係が疑われたもの（B群）を先天性風疹症候群として集計した。その結果、受診児総数555例のうち、384例（A群324例、B群60例）が先天性風疹症候群であった。先天性風疹症候群の児童では、2,500g以下の低出生体重児41.6％、先天性心疾患13.5％、聴覚障害339例88.2％（うち、ろう228例）、先天性白内障28例、風疹網膜症241例、緑内障1例、脳性麻痺5例、正常精神発達74.0％などであった。検診結果をふまえて、学齢までに実施しなければならない医療、福祉、指導の課題を略述した。検診後1カ月余で、ろう・難聴児の訓練と教育のための指導班が派遣され、急を要する眼科手術や心臓精密検査も行われるようになり、民間の善意による補聴器も必要台数が送られた。今後は、先天異常の予防という、より進んだ対策を進めることが大切である。

論文3は、『神経研究の進歩』第17巻に掲載された「沖縄における先天性風疹症候群の現状」である。これは、「沖縄風疹障害児対策推進のための技術援助団（総理府：平山宗宏他12名）」による第2回目の総合的調査（1971〔昭和46〕年12月）に関する政府報告書の引用である。

前回の調査（1969年）の3年後であり、就学前までの成長発達に焦点を当てた論文である。先天性風疹症候群は374例（全沖縄の推定患児数：約400例）であった。聴覚障害と他の症状を合併したものが98.4%（聴覚障害のみ84.8%）であり、このうちの90%以上が高度難聴（ろうに近い）であった。正常の精神発達76.1%、境界の精神発達11.3%、軽度精神発育遅滞7.8%、中〜重度遅滞4.8%であった。また、白内障（28例）を伴った症例に発達障害の率が目立って高い。神経合併症としては、微細脳症候群（11.2%）、脳性まひ（4.5%）、てんかん（2.7%）であった。微細脳損傷については、低出生体重児（未熟児）としての一般的な影響であるのか、ウイルスによる直接的な脳障害であるのか、今後の検討が必要であった。

厚生省の風疹の疫学研究班（1970〔昭和45〕年）の調査を参照し、沖縄以外では先天性風疹症候群を48例しか発見できなかったと報告した。また、風疹の血清疫学研究にて、1971年の沖縄では風疹抗体保有状況は5歳以下ではきわめて低く、風疹の流行がこの間なかったことを示した。したがって、今後10年以上にわたって風疹の流行がなく、再び大流行が起きたならば、再度、先天性風疹症候群が多発する可能性があると警告した。沖縄以外では、風疹抗体保有率にかなりの地域差がみられた。以上より、風疹生ワクチンの実用化による風疹予防がきわめて重要であると結論した。

論文4は、『日本醫事新報』No.2720に掲載された「風疹の流行とその対策」である。1975（昭和50）年から1976年にかけて、約10年ぶりで東京、千葉県と神奈川県に風疹が大流行し、東北や関西に広まった。この流行の特徴として、①罹患年齢は中学生に多くて成人の罹患も少なくない、②臨床症状（高熱や発疹など）が重い、③妊娠の中絶（東京都内だけで推定約100例）が増え母子の被害が大きい、④流行のあった地域でも青年の抗体保有率はあまり上昇しない、などであった。これらのことから、妊婦が風疹に罹患する危険性が激増すると予測し、緊急対策として、妊娠予定の婦人や風疹罹患児

と接触する可能性の高い医療・教育関係者への風疹生ワクチン接種が必要であると述べた。次いで、中学生年代の女性への風疹生ワクチン接種を定期的に行うことが大切であり、さらに、麻疹と風疹（できればムンプスも加えて）の混合ワクチンを実用化して男女の別なく幼児期に接種することが重要であると提言した。

なお、わが国においては国内で分離されたウイルスを用いた風疹生ワクチンが開発され、1977（昭和52）年から中学生女子への接種が開始された。その後1995（平成7）年からは学齢前幼児（男女とも）への接種に切り替えられ、幼児や学校での風疹流行そのものの阻止に向かっている。2003（平成15）年秋で経過措置としての中学生への定期接種が中止されたが、中学生時代での接種率が低かったために妊娠適齢期の女性の抗体価保有率はかなり低いとされ、2002（平成14）年にも先天性風疹症候群が1例報告されている。

風疹流行と先天異常の防止に尽力されてきた平山先生にとってはまことに残念な事態だと思われる。厚生労働省が風疹流行への対策を万全にしておくことを希望する。　　　　　　　　　　　　　　（文責：佐鹿　孝子）

5　感染症サーベイランス事業と予防接種に関する研究と業績

感染症サーベイランス事業に関する解説論文

■論文　感染症サーベイランス事業の意義

平山宗宏, 感染・炎症・免疫 11(4)：299-309, 1981.

<解題>

この論文は、わが国の定点方式による感染症モニタリングシステムについて論じたもので、これは感染症サーベイランス事業として定着したが、世界でも例のないユニークで有効なシステムだと考えられている。論文のまとめを引用すると、

1981（昭和56）年7月からスタートする厚生省の感染症サーベイランス事業について、予防接種研究班が取りまとめを行ってきたこれまでの各地の定

点サーベイランスの成績を通じて、この事業の意義を解説したものである。

①今回選ばれた18疾患は、予防対策上必要な多発疾患、新疾患、とくに予防接種の効果やあり方にかかわる疾患、病原ウイルスが不明で疫学的資料がその解明に役立つ可能性のある疾患、これまで実態把握の困難であった疾患、とくに眼科感染症などで、18では多過ぎる、あるいは少な過ぎるなどの意見はあろうが、これまでの経験の公約数的なものであり、実行可能な最大の規模と考えてよかろう。

②病原検査成績の全国的な集計、解析、速報のシステムは、当然、臨床的な定点サーベイランスとは表裏の関係であり、感染症対策上、きわめて有効な資料となる。

感染症サーベイランス事業は18疾患が対象（麻疹様疾患、風疹、水痘、流行性耳下腺炎、百日咳様疾患、溶連菌感染症、乳児嘔吐下痢症、その他の感染性下痢症、異型肺炎〔マイコプラズマ肺炎〕、手足口病、伝染性紅斑、突発性発疹、ヘルパンギーナ、咽頭結膜熱、流行性角結膜炎、急性出血性結膜炎、髄膜炎〔細菌性・ウイルス性〕、脳・脊髄炎）になり、地域の開業している医師に依頼して、毎週対象疾患の初診数を報告してもらう。いわゆる定点観測システムで、各都道府県、指定都市ごとに平均40カ所が予定された。定点に指定された医師は机上に集計表を置いておき、対象疾患を初診するごとに数を記入し、週末に地方のセンターに郵送するというシステムがとられることになった。このシステムを活用して、感染症流行の早期把握が可能になり、患者総数の推定ができるようになる。また予防接種の効果判定にも利用できるなどメリットの大きい事業である。

予防接種に関する解説論文

■論文1　予防接種事故とその背景疾患
平山宗宏，小児科MOOK　23：27-41, 1982.

■論文2　予防接種の変遷と将来
平山宗宏，感染・炎症・免疫　16(2)：71-81, 1986.

■論文3　インフルエンザワクチンをめぐって
平山宗宏，小児保健研究　47(1): 3-8, 1988.
■論文4　予防接種の手引き　第8版
木村三生夫・平山宗宏・堺　春美，近代出版，1995.

<解題>

　論文1は予防接種事故の紛れ込み疾患を予測するための小児の急性神経系疾患（acute neurological diseases、以下 AND）調査について解説した論文である。予防接種による健康被害とその疑いのあるケースに対する補償制度は、1970（昭和45）年から始められ、1975（昭和50）年以降制度化されたが、このいわゆる予防接種事故のなかには偶発した他の疾患が紛れ込んでいる可能性が多分にあり、こうした背景を知るために小児急性神経系疾患の実態調査が行われてきたが、これはその最初の頃の解説論文である。

　わが国では、1976（昭和51）年に予防接種法が改正され、万一の副反応に際しては実施責任をもつ自治体（県・市町村）と国とで必要な経費や年金を支払う制度、すなわち予防接種による健康被害の救済・補償制度が正式に発足したのであった。ここでは予防接種の副反応とこれと混同しやすい類似疾患の実態を検討した成績を紹介し、予防接種の今後のあり方を検討した。副反応の問題は今後の予防接種の成否の鍵であるし、一方副反応と混同しやすい疾患が存在する以上、予防接種はいわゆる事故をゼロにはできないという宿命を負っているからである。

　厚生省の研究費による予防接種研究班では、ANDの実態を知るべく調査を実施した。この調査は都道府県予防接種研究班員による同地域内の小児科病棟をもつ主要病院の協力を得て、1979（昭和54）～1980（同55）年に入院した15歳未満の小児のうち、ANDと判定された症例を収集し、東京大学母子保健学教室が集計を担当しとりまとめたものである。収集されたANDの総数は8,648件であり、対象疾患ごとの罹患児数に対して人口10万対の率を算出した。あるワクチンを接種してから1カ月以内に起こるANDは、0～1歳の場合年間100万人に接種するとすれば250人（人口10万対25）になり、これが予防接種事故として紛れ込むおそれが高いことを表している。疾病別

でみると、無菌性髄膜炎、熱性けいれんおよびてんかんがいずれも小児人口10万当たり20以上で頻度の高い疾患であることが示されている。

予防接種事故といわれる症例の実態を整理し、その事故に混入してくる可能性の高い急性神経系疾患の調査成績を紹介した。予防接種事故は予防接種を実施するかぎりゼロにはできない宿命をもつが、これを極力少なくすることは予防接種による伝染病予防の効果をあげるための前提条件である。そのためにはワクチン自体の改良の努力を繰り返してその副反応を減少させるとともに、混入事故を減らすための工夫をすることも重要である。

論文2と論文3に関しては、この2つの論文に書かれている予防接種の考え方の変遷について要約しておこうと思う。

1）予防接種の考え方の変遷について

当時、先生が解説した内容を紹介すると、伝染病が致命的であって恐ろしかった時代の予防接種は、法律をもって強制してでもこれを実施し、住民の大多数に免疫を与えることによって伝染病の流行を抑制しようと計画された。つまり集団防衛の考え方であり、その効果の実績はきわめて大きなものであった。そしてこの場合、多少のワクチンの副反応があってもやむをえなかったし、また副反応の実態が不明であったためにその存在自体を周知させるのも困難であった。ところが恐ろしい伝染病が抑圧され、また治療法が確立されてくると、予防接種は効果のほどもさることながら、副反応のないことのほうが要求されるようになった。また近年の若い親たちの意識も、国のため、社会のために予防接種を受けるという集団防衛的発想を認めなくなり、わが子の健康のために受けるという個人防衛的考え方でなければ納得しない状況になってきた。そして事実、個人防衛として有意義なワクチンのみが現在では用いられている。

例をあげてみよう。ヒトからヒトに伝染しない疾患という理由で、予防接種が集団防衛の意味をもたず、理論上は全くの個人防衛用ワクチンといえるものには破傷風と日本脳炎、それにワイル病があげられる。破傷風は土壌中の病原菌が傷口から入って起こる疾患であって伝染病ではない。また、日本脳炎もワイル病もブタやネズミのもっている病原体がヒトにうつされたとき

に起こる疾患であって、ヒトからヒトへ伝染する伝染病ではないからである。しかし、破傷風トキソイドは法定の予防接種にはなりそこねたものの、実際上は混合ワクチンに含めて使用できるようになっているし、日本脳炎もワイル病も臨時接種に指定されている。風疹ワクチンは、当時のように中学生時代の女子（現在では幼児期）にのみ用いているかぎりでは風疹流行を止めることはできず、接種を受けた本人が成人し、妊娠したときに風疹に対して安心できるための先天異常発生予防用という新しい発想の個人防衛的ワクチンといえよう。このほかのワクチンも集団防衛に役立つとはいえ、「自分の子どものために受けなさい」と心からいえる予防接種ばかりが使われているといって差支えない。

2）予防接種事故を減らすために

予防接種を皆が安心して進んで受けるためには、いわゆる予防接種事故を減らす必要があり、最近はそのための対策が強化され実施に移されてきた。これも予防接種の考え方の変化の1つである。次項で述べるように事故といわれるもののなかには、実は予防接種とは無関係な、つまりワクチンに濡れ衣が着せられている例も少なくない。しかし紛らわしいケースの存在はやはり予防接種に対する一般の信頼性をそこねるので、紛れ込み事故を含めて予防対策を講じなくてはならない。そのためにバックグラウンド調査も行われてさまざまな実態が知られるようになった。

3）禁忌の考え方の変化

集団防衛から個人防衛に代わってゆくとき変更を要するもう一点は禁忌の考え方である。すなわち、集団防衛の場合はその地域の70％以上に免疫を与えれば流行を阻止できるとして、障害・疾病をもつものはすべて切り捨てて考えられてきた。しかし個人のためを考えれば、心臓疾患、脳性まひ、てんかんなどの慢性疾患をもつ小児にも免疫を与えたいし、ワクチンによっては健康児以上に必要性が高い。このため禁忌項目の表現を考える際もこのことを考慮し、たとえば心臓・腎臓等の疾患をもつ者も、急性期・増悪期は禁忌と書かれているが、調子のよい時期は接種して差し支えないようになって

いる。

　当時は風疹の予防接種は中学生の女子のみに実施されていたが、1994（平成6）年の予防接種法改正により、生後12カ月から90カ月の間に接種する方法に変更になった。これは、前述の解説にもあったように、中学生女子のみの接種では風疹の流行を抑えることができないことから、低年齢での接種に変更されたものである。

　論文4は書籍であり当代の予防接種の専門家が筆をとっている。本書は予防接種に携わる実地医家にとってバイブルともいえる存在であり、わが国の予防接種に関するほぼ全容を網羅している。本書の概要は、予防接種の歴史を冒頭で紹介し、現行の予防接種法に至る経緯が解説されている。次いで、現行の予防接種の制度や法令、接種対象、接種時期、接種回数、接種間隔について解説されている。現行の予防接種法で定められている疾病は、百日咳、ジフテリア、破傷風、急性灰白髄炎（ポリオ）、麻疹、風疹、日本脳炎と結核予防法で定められているBCGであり、これらについて、個別に接種の意義、ワクチンの組成や種類、接種方法（対象、接種時期、接種回数など）、免疫効果、副反応、接種不適当者および要注意者について解説されている。

　また、予防接種による健康被害救済制度やワクチンの副反応と因果関係、予防接種の評価、海外渡航時の予防接種、世界各国の予防接種の状況などについても解説が加えられており、巻末資料として、予防接種の法令・規則、「予防接種ガイドライン」「子どもの健康と予防接種」が紹介されている。

　本書に掲載されている予防接種は、予防接種法に定められた予防接種のみではなく、任意接種として扱われる予防接種や現在開発中のワクチンも含めて、個別に解説が加えられているので、詳細は本書を参照していただきたい。

（文責：中村　敬）

6　感染症と母子保健に関する業績

　平山先生は母子保健の第一人者であり、「感染症と母子保健」の分野での業績は非常に大きい。そのなかから2編の論文を概説して、業績を振り返りたい。

■論文1　感染症と母子保健
平山宗宏，周産期医学 18(10): 1469-1496, 1988.

■論文2　母乳栄養と感染抑制
平山宗宏，小児医学 10(2): 278-291, 1977.

<解題>

　論文1は、1988（昭和63）年に東京大学医学部母子保健学教授を退官されたときの最終講義「感染症と母子保健」である。最終講義で提示したスライドの順序に従って平易な表現で図表を解説しており、このことにより理解しやすい論文になっている。

　平山先生は、1955（昭和30）年頃に若き小児医学研究者として組織培養法によるポリオウイルス研究を開始し、1960（昭和35）年からはポリオ予防のための生ワクチン導入の研究に加わり、母子保健の分野に入ってこられた。自己の感染症研究を織り交ぜながら、母子保健の分野で感染症がどのように取り扱われてきたのか、ウイルスなどの感染症対策がどのように行われ発展してきたのか、感染症と母子保健について今後の課題はどうあるべきかなどを、時代経過とともに世界的視野において講演された。

　1967（昭和42）年には世界の少なからぬ国々で痘瘡が流行していた。WHOは痘瘡撲滅計画を行い、1973（昭和48）年には流行地域はインド周辺とアフリカの一部になった。インドでring vaccinationというワクチン接種方法を行い、1980（昭和55）年5月には地球上から痘瘡が根絶された。WHOは、痘瘡根絶に成功した後、EPI（予防接種拡大計画）を実施した。それでも、ラッサ熱が発見され、エボラ出血熱、アポロ病、手足口病（1966～67年頃：コクサッキーA16、1972～73年頃：エンテロ71T型）、キャンピロバクターやエルシニア（1988年頃：細菌）などの多くの新しい感染症が流行してきた。

　感染症の予防対策の要は環境衛生の向上と予防接種である。一方、感染症のうち、母子感染（垂直感染）は次の3つの理由により、母子保健上、特別な問題をもっている。第1には先天異常の原因になること（風疹）、第2には周産期に感染すると生命にかかわる重症感染になること（ヘルペスウイル

ス・サイトメガロウイルスなど)、第3には乳児期に感染すると永続感染やキャリアーになってしまうこと（B型肝炎・AIDS・ATLなど）である。

　この具体例として、先天性風疹症候群とその予防（母子保健）を詳しく解説している。1965（昭和40）年にアメリカで大流行し多数の異常児が出生したこと、日本では沖縄で大流行したが、アメリカの先天性風疹症候群に比し軽症であること、大流行には波があることなどが明らかになった。風疹の流行年には多数の妊娠中絶が行われ、先天性風疹症候群の発生は少なかったが非常に重大な被害を生じた。そして、風疹生ワクチン開発により、1977（昭和52）年から中学生女子に定期接種が開始された。

　風疹以外にも、単純ヘルペス感染、sexually transmittable disease（STD）、胎盤感染、母乳感染などさまざまな感染症がある。わが国の感染症の実態を的確に、しかもいち早く知る方法として感染サーベイランスのシステムがつくられた。これは、①定点方式による感染症発生届出、②病原体検索情報、③伝染病流行予測事業、④法定伝染病の届出である。このシステムにより、伝染病の患者数や予防接種実施率の推移がわかってきた。

　麻疹の定期接種は1978（昭和53）年から実施されたが、接種率は70％にとどまり、6年後には大きな流行があった。子どもの伝染病は90％ぐらいの接種率がないと流行を止められないことがわかったのも感染症サーベイランスの成果であった。1977年からの風疹生ワクチン接種にもかかわらず、1982（昭和57）年と1987（同62）年に風疹の大流行が起こった。風疹のサーベイランスにより、生ワクチンによる抗体価は接種後15年経っても低下していないことがわかり、大流行時には、生ワクチン接種を受けていない25歳以上の人が感染する危険が高く、逆にいえば、中学生ではなく乳児期にワクチンを接種したほうがよいということになってきた。

　水痘、おたふくかぜ、伝染性紅斑（リンゴ病）、乳児嘔吐下痢症、異型肺炎（マイコプラズマ肺炎）、手足口病、ヘルパンギーナ、無菌性髄膜炎についても、感染症サーベイランスによる疫学成績が示されている。

　時代とともに予防接種も、①集団防衛から個人防衛へ、②集団接種から個別接種へと変遷した。さらに、予防接種の対象疾患も、①重症伝染病からありきたりの感染症へ、②合併症が問題になる疾患（麻疹、水痘、ムンプスな

ど）へ、③成人・妊婦の罹患が問題になる疾患（ムンプス、風疹など）へ、④予防接種を中止すれば再流行が起こりうる疾患（百日咳、ポリオ、ジフテリア、日本脳炎など）へと変化してきた。

　ワクチンの評価と安全性に関する対策としては、ポリオの生ワクチン採用時からサーベイランス方式の意義が解説された。最後に、将来のワクチンとして、遺伝子組換えワクチンの登場により画期的なもの（たとえばマラリア）が出てくることが期待されると述べた。

　論文2は、1977年に小児医学誌に発表された総説「母乳栄養と感染抑制」である。

　第1章の「母乳栄養と感染症罹患率」では、母乳栄養児では乳児死亡率や上気道炎などの感染症罹患率が低いことを総説した。1975（昭和50）年度からの厚生省母乳疫学研究班による疫学的研究に先立ち、平山先生らは2つの予備的疫学研究を実施し、母乳栄養児は生後3カ月まで、上気道感染症（かぜ）・下痢症などの感染症罹患率が低いことを示した。

　そして、第2章では母乳中の感染防御因子について、自分と共同研究者の基礎的臨床的研究を中心に解説した。①母乳中の免疫グロブリンはヒトでは乳児の血中に移行せず、口腔から腸管内で病原体に直接的に作用していること、②母乳中のリゾチームが腸内細菌叢の成立に重要な役割を果たしており、抗ウイルス作用（増殖抑制）を有すること、③ラクトフェリンはRSウイルスと単純ヘルペスウイルスに対して抗ウイルス作用をもつこと、さらに、④乳汁中には抗体のほかにもウイルスに対する非特異的な多糖類感染抑制因子が存在していることを示した。

　これらの因子は、さほど強い抑制因子ではなく、病原体（とくにウイルス）が咽頭や腸管で増殖するのを阻止しえない。しかし、初期の増殖をある程度抑制するだけでも生体が能動的な免疫力を準備する余裕をもたせるので有利であろうと結論づけた。

　これらの論文は、母乳栄養の有益さを科学的な根拠で明示し、母乳運動への大きな力になったと考えられ、大きな業績である。　　（文責：佐鹿　孝子）

7 少子化時代の母子保健事業に関する研究と業績

　平山先生の業績としてご紹介させていただくこの項は、1982（昭和57）年から1997（平成9）年までの母子保健事業に関する論文である。東京大学医学部の母子保健学教授であられたときから、日本子ども家庭総合研究所の所長となられ、その後大正大学の教授として新たな取組みを始められた時期までに書かれている。

　わが国の子どもをめぐる状況は、1949（昭和24）年頃の第1次ベビーブーム後、出生数、合計特殊出生率ともに低下傾向が続いている。

　平山先生は、こうした急激に少子化が進む状況のなかで、母子保健学を基礎にこれから紹介する各論文を書かれているが、特徴に掲げるべきは、母子保健学はもちろんであるが、その社会福祉に関する深い学識である。日本子ども家庭総合研究所長として新たな活躍をなされるようになった以降に書かれた母子保健法改正に関連した各論文では、先生のこの社会福祉に関するさらなる学識の広がりが感じられる。第2には、地方自治体に対して、緊急の対策を求められる高齢者対策に圧迫されながら、一方で少子化が続くなかで母子保健の水準を守る視点を強調なさる姿勢に、国の各種の審議会の座長を務められ、国の母子保健行政の理論的支柱であられた先生ならではの見識が随所に感じられることである。以下発表順に一部を要約しつつ振り返りたい。

■論文1　少産時代の乳幼児保健・医療
平山宗宏，周産期医学 12(11)：1509-1512, 1982．

■論文2　小児保健の現状と展望
平山宗宏，日本医師会雑誌 91(9)：1861-1868, 1984．

■論文3　勤労婦人の育児―乳児保育の問題を中心として
平山宗宏，周産期医学 14(5)：751-753, 1984．

■論文4　小児保健サービスとそのシステム―新しい動向と対策
平山宗宏・三河春樹・他，新小児医学大系年刊版　小児医学の進歩'89C, 1989, pp.325-334．

■論文5　母子保健法の改正と小児科医
平山宗宏，日本小児科学会雑誌　99(11): 1902-1905，1955.

■論文6　健康に生きる基礎
平山宗宏，中等教育資料，1997, pp.10-13.

■論文7　改正母子保健法とこれからの小児保健の理念
平山宗宏，小児科臨床　50(増刊号): 1257-1269, 1997.

■論文8　新たな地域母子保健事業の実施体制
平山宗宏，周産期医学　27(8): 1017-1021, 1997.

＜解題＞

論文1では、子どもを育てるという意味で未熟な母親の増加に対し、何より1年間の有給育児休暇の制度化を求めるとともに、能率よく効果的な乳幼児健診の工夫を提唱し、高齢化社会のなかでの母子保健の推進を掲げている。

論文2では、第1に世界でも有数の乳児死亡率の低さは、国民の教育レベルが高いためだとしている。さらに国際問題としては、小児の死亡を減らし、環境衛生を整え、そのうえで教育によって真の家族計画の意義を認識してもらうことが先決だと指摘している。第2として、とくに女性の就労の必要性から生じる育児との両立のためには、乳児保育の拡大ではなく育児休業制度の制度化を強調している。

論文3では、勤労婦人の育児についての諸問題を論じ、乳児期における母子関係の確立に重点を置いた対策・施策がとられること、そのためには育児休業制度を全職域に広げることを提唱している。

論文4では、高齢者社会が到来するなかで、地域における保健サービスの重点が高齢者対策に向き、母子保健分野の手抜きが起こる可能性がある。そこで改めて母子保健の重要性を再確認し、各地で行われているサービスを母子保健法に定めることを提唱している。また、これからの母子保健には心の豊かさを含める必要があるとしている。

論文5では、現在問題となっていることとして、小さい子どもとのつき合い方に慣れない親が増えていること、そして性教育の重要性があげられ、小児科医に日常の診療活動や乳幼児健診での指導のほかに、子どもの利益代表

者としての意見を求めている。また、これからは市町村の時代に変わり、併せて保健と福祉の境目がなくなるとしている。

　論文6では、21世紀に向けての保健は体力、運動能力、身のこなしから気力、優しい心、思いやりの心に至るまで広い意味での健康を目指す必要があるとしている。

　論文7では、今後の母子保健は、住民に身近な市町村において、思春期から妊娠、出産、育児および乳幼児保健に至る一貫した保健サービスを提供することになるとしている。また育児支援の増大に基づく育児支援の時代になったとしている。そして、これからの健康はヘルスプロモーションの考え方に基づくものになり、病気をもたない大部分の子どもにも目を向けて、育児環境や親子関係などまでを考慮し、子どもたちの健康のレベルを向上させることに努力したい。保健と福祉の統合化がこれからの小児保健の基本であるとしている。

　論文8では、今後の対人保健サービスは市町村が主体となって行うことになったとし、市町村の役割、保健所の役割について説明がなされている。そして『母子保健事業マニュアル』（厚生省児童家庭局母子保健課監修，母子衛生研究会，1995）に示された指針を紹介するとともに、児童福祉法の改正について解説がなされている。

　これまで要約してきたように平山先生の各論文では、第1に、母子保健のみならず、福祉への深い理解に基づいた保健・福祉を統合した理念が貫徹されている。現在、各地の地方自治体では、福祉事務所と保健所の統合、さらには児童相談所との統合も進んでいる。母子保健事業もすでに市町村の役割という理念が定着し、出産から健診までの体制ができている。この意味で平山先生が一貫して提唱なさってきた理念が結実してきたと感じられる。

　第2には、先生は、研究論文のみならず、啓発論文の執筆を通じて、母子保健関係だけでなく、教育関係者など広い分野の関係者へのわかりやすい母子保健事業の解説と普及をなさってきた。この先生の姿勢は、ともすれば高齢者対策だけに目がいきがちな地方自治体の首長に対して母子保健事業のさらなる認識を促す活動にも通じている。

　最後になるが、現在国や地方自治体のみならず、少子化対策、子育て対策

としていわゆる保育施策の充実が強調されている。この施策の重要性は論を待たない。しかし、先生は今回ふれた諸論文のなかで、生後1年間の乳児期の重要性を強調し、乳児保育の拡大ではなく、何より育児休業制度を全職域に広げることを提唱している。先生は保育施策の重要性を十分ふまえたうえでなお、改めて子どもからの視線でこうした提唱をなさっていたことを認識した。私には、小さな子どもたちを長年見守り続けてきた平山先生ならではの優しい視線が感じられた。 　　　　　　　　　　（文責：福田　智雄）

8 「健やか親子21」策定に関する業績

■論文1　「健やか親子21」について
平山宗宏，小児保健研究　60（1）：3-4，2001．

■論文2　「健やか親子21」計画と学校保健
平山宗宏，学校保健研究　42（1）：4，2000．

■論文3　「健やか親子21」検討会報告書
平山宗宏（座長），小児保健研究　60（1）：5-33，2001．

<解題>

　21世紀に向けた健康づくりの国民運動指針として「健康日本21」が、1999（平成11）年に厚生省から発表されている。これは生活習慣病の予防に重点を置いたものであったので、さらに親子の心身の健康問題のうち重要性の高い事項を検討すべく、児童家庭局長の委嘱と母子保健課の担当によって「健やか親子21」検討会が構成された。

　検討会では2000（平成12）年2月から10月までにわたって9回の熱い討議を行い、その報告書が11月17日に公表された。

　「健やか親子21」は、21世紀の母子保健のビジョンを示すためのものである。すなわち、わが国のこれまでの母子保健の取組みの成果をふまえ、残された課題と新たな課題を整理し、21世紀の母子保健の取組みの方向性を提示し、当面初頭の2010（平成22）年までの目標を設定し、関係者、関係機関・団体が一体となって推進する国民運動計画である。厚生省は2001（平成

13）年1月から厚生労働省となるが、本報告書の公表にあたって、時の津島雄二厚生大臣はとくに談話を発表してこの運動の重要性を強調していることで国の行政の姿勢がわかる。

「健やか親子21」の報告書は、まず基本的視点、課題設定、推進方策等について記述したうえで、以下の4本の柱をあげ、各課題ごとに問題認識、取組みの方向性、具体的な取組みについて述べている。

　　①思春期の保健対策の強化と健康教育の推進
　　②妊娠・出産に関する安全性と快適さの確保と不妊への支援
　　③小児保健医療水準を維持・向上させるための環境整備
　　④子どもの心の安らかな発達の促進と育児不安の軽減

また、2010年までの目標を示しているが、これは疾病別に有病率を減らす数値を示すような形式ではなく、努力目標を大きなくくりで示し、保健サービスを担当する市町村や専門団体等が、それぞれの実情や性格に合わせて実行計画を立て、事後評価を行う参考にできるように配慮した。また、現在の状況を示す数値（ベースライン）が不明の項目は2001年度の研究費（厚生労働科学研究費・子ども家庭総合研究）によって調査のうえで示すことにしている。

上記4本の柱のうち、とくに思春期の問題は学校の場での教育や指導が連携しなければ成立しない。そのため検討会の席にも文部省（現文部科学省）の関係室長や専門官が出席し、本報告書は文部省から各教育委員会に送られている。また、若者の考えや気持ちを理解するための場を設けたり、同年代の者同士で情報の交換や助言をするピアカウンセリングを積極的に取り入れることも提案された。

また、歯科保健と栄養に関する事項は、「健康日本21」の生活習慣病予防のなかで取り上げられているので、本報告では省略されている。

今後は、「健やか親子21」に基づき、国民、地方公共団体、関係機関・団体等にその内容を周知するとともに、それぞれの協力を得て、その自主的な取組みを推進するとともに、「健やか親子21推進協議会」を設置し、国民的な運動を展開することとしている。短いがよくわかる論文である。

　　　　　　　　　　　　　　　　　　　　　　　　（文責：中村　敬）

第3章 平山宗宏 論文・著作抄録

S＝昭和 H＝平成

論文・著作名：地方自治体の役割と今後の課題
共著者名： 出典：少子社会と自治体
刊行年：2002（H14）年 巻・頁：pp.353-361
Keyword：少子社会、子育て支援、地方自治体の役割

＜概略＞

　現在、行政の地方分権も進み、地方の時代、市町村の時代も定着してきた。しかし、自治体は、少子高齢社会と市町村主導の時代の対人保健・福祉サービス行政の多くの難題を同時にかかえている。

　本書はこうした時代のなかで、自治体にどのような対応が求められており、何ができるかということを考えまとめられたものである。第1章は、人口問題から「少子化と社会状況」について述べている。第2章「少子社会の子育て支援総合施策」、第3章「保育サービスと社会支援」、第4章「人権擁護と児童虐待」は、母子愛育会・日本子ども家庭総合研究所スタッフが中心となってまとめている。第5章「21世紀の少子対策」は、国の施策について述べており、第6章「自治体の子育て支援事例」、第7章「スウェーデン・オランダの事例」は、自治体や海外の実践例について具体的に述べている。

<内容>

　戦前の保健所の主たる事業は結核予防と母子保健であり、戦後、児童福祉法が1947（昭和22）年、母子保健法が1965（昭和40）年に制定され、きめ細かな母子保健サービスが展開されてきた。平成に入ってから、政府は地方分権を打ち出し、社会福祉八法が1990（平成2）年に改正され、続いて地域保健法と母子保健法の改正が行われ、多くの事業が都道府県から市町村に委譲された。福祉行政は、慈善事業から始まった歴史をもつが、近年高齢者福祉が大きな問題となり、すべての人びとが通る道として住民全員を視野に入れたよりよい生活と人権の確保が大切となってきた。こうしたなかで、サービス実施主体である市町村では、保健と福祉分野が再統合されてきている。

　さらに、20世紀の終わる2000（平成12）年に、当時の厚生省は21世紀に向けての国民の健康づくり運動として「健康日本21」を策定し、その母子保健版ともいえる「健やか親子21」構想を発表した。このなかには、各自治体の今後の課題として重要な視点が含まれており、少子高齢化を担う地方自治体は、保健・医療・福祉・教育を統合した次世代のための行政運営が求められている。　　　　　　　　　　　（文責：吉野　綾子）

S＝昭和 H＝平成

論文・著作名：学校における感染症対策の動向
共著者名：　　　　　　　出典：日本医師会雑誌
刊行年：1999（H11）年　巻・頁：121(10)、pp.1577-1582
Keyword：感染症予防法、学校伝染病、出席停止期間

<概略・内容>

1．伝染病予防法改正の経緯

　1897（明治30）年に制定された「伝染病予防法」は、現在の時勢に合ったものにするために改正され、1998（平成10）年10月に「感染症の予防及び感染症の患者に対する医療に関する法律」（以下、感染症予防法）として公布され、1999（平成11）年4月から施行された。この法律改正に連

動して、文部省側の「学校保健法」のなかに示されている「学校伝染病」も改正された。
2．「学校において予防すべき伝染病」（以下、学校伝染病）の見直し
　学校伝染病の見直しにおける分類の仕方は以下のとおりである。
　第一種は、エボラ出血熱、クリミア・コンゴ出血熱、ペスト、マールブルグ病、ラッサ熱、急性灰白髄炎（ポリオ）、コレラ、細菌性赤痢、ジフテリア、腸チフス、パラチフス。第二種は、インフルエンザ、百日咳、麻疹、流行性耳下腺炎、風疹、水痘、咽頭結膜熱、結核。第三種は、腸管出血性大腸菌感染症（O-157）、流行性角結膜炎、急性出血性結膜炎、その他の伝染病。
3．出席停止期間の考え方
　感染様式と疾患の特性を考慮して、一定の疾患については感染が成立しやすい程度に病原体が排泄されている期間を、出席停止期間として提示している。
4．第一、二、三種の伝染病の出席停止期間
　第一種は治癒するまでで、第二種は従来と同様である。結核および第三種の伝染病にかかった者については、病状により学校医その他の医師において伝染のおそれがないと認めるまでとなっている。
5．「その他の伝染病」の考え方
　「その他の伝染病」としては、溶連菌感染症、手足口病、伝染性紅斑、ウイルス肝炎、マイコプラズマ感染症、流行性嘔吐下痢症、ヘルパンギーナ、水いぼ、伝染性膿痂疹（とびひ）、アタマジラミなどが考えられる。
6．幼稚園・保育所における注意点
　学校保健法の規則を準用するが、乳幼児集団においては、同じ感染症でも重症度、合併症の頻度などに十分注意していく必要がある。ただし、長期にわたっての出席停止は、働く親にとって大きな負担となり、少子化対策上も問題がある。こうしたことを解決する一つの方法として、医師のいる施設での乳幼児健康支援一時預かり事業の推進が望まれる。

（文責：吉野　綾子）

S=昭和 H=平成

論文・著作名：新訂小児保健	
共著者名：日暮　眞、高井俊夫	出典：
刊行年：2003（H15）年	巻・頁：
Keyword：小児保健、母子保健、出生前医学、発達医学、小児疾患、育児	

<概略>

　本書は「新現代幼児教育シリーズ」全15巻のなかの一冊であり、幼児教育に携わる人のために書かれたものであり、小児保健を初めて学ぶ者の入門書として最適である。

　小児の健康と幸福を得るための、小児保健のコンセプトとして、WHOの健康の定義をもとにし、「健康を守り、増進していくための方法、健康を損ねるあらゆる悪い因子を除くための方法、健康を損ねた場合にそれを取り戻すための方法」を科学的に追求するための学問が保健学であり、さらに、保健学は単なる机上の学問であってはならず、技術でもあり実践でなければならないと説いている。

<内容>

序章：小児保健とその目標

　小児の健康と幸福に悪く働く因子として、①感染、②栄養、③社会的環境、④事故、⑤先天異常、⑥物理化学的環境の6つをあげ、これらの問題の解決に取り組むことが小児保健の目標であるとしている。

第1章：保健統計と小児保健

　この章では、母子保健統計を小児保健の指標として紹介している。

第2章：出生前医学と小児保健

　この章では、先天異常の成因、診断、予防、治療、障害をめぐる社会の役割が述べられている。衛生思想の普及と医学の進歩により、小児の疾病構造に大きな変化がみられ、結果として先天異常が現在の小児保健の最も大きな課題の一つとなってきたことが教示されている。

第3章：発達医学と小児保健

　この章では、小児の成長発達とその評価の意義、出生と胎外環境への適

応過程、身体的成長発達過程、心の発達過程と、成長発達の最も基本的な要因である栄養のあり方について述べられている。

第4章：小児の生活と育児

　この章は、「児童の権利条約」に基づいて、小児の人格と権利を尊重する生活と育児について述べられている。

第5章：小児の疾患と予防

　この章では、小児疾患の特徴と治療、小児疾患の予防について述べられている。疾患予防の内容は、出生前から分娩時、乳児期、幼児期、学童期における予防、予防接種などについて教示されている。

第6章：行政における福祉と小児保健

　この章では、欧米の母子保健の歴史と対比しながら、日本における戦前から戦後そして現在に至る母子保健の歴史と実績を述べている。

第7章：応急処置

　この章では、小児に起こりやすい救急時の対処法について、具体的に述べられている。　　　　　　　　　　　　　　　　　　　（文責：蛭田　由美）

S＝昭和 H＝平成

論文・著作名：少子社会における総合的な子どもの健康づくり施策の確立に関する研究（研究報告書）		
共著者名：	出典：	
刊行年：1997（H9）年	巻・頁：	
Keyword：健康づくり、食生活、食習慣、遊び		

＜概略＞

　子どもの健康づくり施策を策定し、子どもの健康の基盤づくりと健康な家庭・社会環境の確立を図る必要から、2点に焦点を当てた研究である。第1に、子どもの生活実態や食生活の実態を通して、子どもの健康を取り巻く状況の把握と、施策に反映させるための対応の検討、第2に、市町村での保健・福祉の統合的実施と学校保健の連携について調査し、国がモデル・指針として示せることの有無の検討である。研究方法は小児保健の有識者へのアンケート調査と本研究協力者から提供された調査資料の整理、

分析調査である。

<内容>
1．現在の子どもの食習慣・食生活
1) 食習慣上の問題について、食生活の乱れ、朝食抜きの増加などほとんどすべての回答で心配な状況が指摘された。提供された調査資料もこれらを裏づけることを示した。
2) 生活習慣危険因子の保有状況については、肥満児の増加傾向が認められた。肥満については、3歳児での生活指導が有意義であること、肥満解消の必要性と正しい食生活のあり方を親が理解して、楽しく運動する遊びの習慣を推奨している。血圧については心配な状況になく、血清コレステロールについては、危機的状況にあるとはいえないと分析された。
3) 摂食機能の低下について、低下しているという回答が多い一方、気にならない、心配する必要はないという回答もみられた。また、子どもをめぐる生活そのものに問題を感じる意見も少なからず寄せられた。
4) 欠食、外食、孤食などの食生活のうえで心配される状況について、親の就労状況、塾通いに伴う食生活の乱れ、このための栄養上の問題と、とくに一家団欒での食事が家族のコミュニケーションの基本であることが多く指摘された。また、提供された調査資料も同様の結果を示した。

2．子どもの体力、運動、遊びなどについて
1) 子どもの体力や遊びについて心配な事項として、遊ぶ時間と場所の不足、室内での遊びの増加、集団遊びや集団スポーツの機会減少などは、子どもの社会性の発達によくないこと、反射神経や耐久力の低下などが心配されることなどが多く指摘され、子どもの発達段階をふまえた体力づくりや多人数での遊びの必要性、体を動かして遊べる場所の確保の重要性をあげている。
2) 子どもたちのスポーツや、スポーツ教室などへの参加状況について、上記の事柄に加え、楽しく、心の健康に配慮した指導が要望されているとしている。

3．学校保健との連携について模範的実施事例について
各地で小児科医・学校医を中心とする連携活動の端緒がみられるとして

いるが、普遍的に実施できる模範例は乏しいとしている。また、心の問題を含む保健活動や3世代合わせての保健サービスが、地域の実情に合わせて展開されることを提言している。

　提供された調査資料については、整理して以下のとおり報告している。
　　①幼児および児童生徒の食事についての調査
　　②小学校における食生活実態調査成績
　　③川崎市における3歳児の健康状況と生活状況に関する調査
　　④5歳児肥満調査報告
　　⑤児童生徒に対する肥満指導成績
　　⑥小中高校生における成人病リスクファクター（血清コレステロール等）検査成績についての報告のまとめ
　　⑦子どもの食生活の実態に関する調査成績のまとめ
　　⑧子どもの体力・運動能力・遊びに関する調査成績のまとめ
　　⑨地域母子保健と学校保健との連携に関してのモデル的事業

（文責：大川健次郎）

S＝昭和 H＝平成

論文・著作名：21世紀における小児保健の課題
共著者名：　　　　　　　出典：小児保健研究
刊行年：1999（H11）年　巻・頁：58（1）、pp.3-5
Keyword：少子化、保健と福祉の統合、心の健康

＜概略・内容＞
　21世紀前四半世紀の小児保健の課題について、以下の5つに整理してまとめている。
1．さらに進行する少子化と高齢化
　21世紀、少子化と高齢化がさらに進行することは確実として、少子化の原因を、結婚しない女性の増加を主因として、また、晩婚化の影響もあるとしている。その理由として、女性の高学歴化と仕事による人生観の変化をあげている。結婚しない理由については、子どももほしいし社会的に必

要なことである一方で、自分で育てることの犠牲の大きさを考えているとしている。また、未婚者は雇用環境の改善を望むものが多く、既婚者では育児への経済的支援を望むものが大きい傾向を示し、子育て中の親は育児に経済的負担が大きいことを実感しているとしている。

少子化の影響としての労働力不足への対策と問題点を示し、女性の就業率の増加が21世紀の社会が必要としているものとしている。外国での少子化対策を示して、結婚や子どもの数に応じた税金の軽減や年金加算など、フランス方式を加えていく必要性を示している。

2．保健・福祉の統合とそのサービスの市町村実施が地についてくる

福祉サービスが一部の利用者を対象にした救貧対策から住民全体を対象にした、よりよい生活と人権の確保が中心になったとして、それまでの全住民を対象とした地域保健サービスとの境目がなくなり、21世紀になる頃には、統合された保健と福祉の体制もサービス活動も地についたものになるとしている。その際に、福祉側の担い手について、できるかぎり専門職としての教育と経験をもつ者が市町村でもサービス業務にあたることが必要であるとしている。

3．心の健康、子育て支援の重要性が長く続く

子どもの心の健康について、学校のみでの対応には限界があるとしている。家庭と地域の育児機能の回復にはかなりの時間がかかるのは当然であるものの、21世紀に入ってからもこの問題の改善が重要であるとしている。

核家族化にも関連して、小児保健・福祉の主要なテーマである育児支援対策について、パソコン等の情報通信システムの活用とともに、若者の風潮や交流状態を考慮すれば、対人関係づくりの重要性が見直され、育児のアドバイスも直接会話の重要性が失われることはないとしている。

4．感染症対策と環境汚染対策は現在の問題がなお当分継続する

新興および再興感染症の出現が注目されていることをふまえると、21世紀も感染症の人類への逆襲は継続するとしている。予防接種については、ポリオ根絶のめどがつき、生ワクチンの中止、それによりワクチンの麻痺発症例がゼロになることが図られる等、予防接種、ワクチンの将来像を示している。

5．周産期高度医療の整備や小児難病の治療法が進歩する

　未熟児医療の進歩に伴う周産期医療センターの整備により、母子周産期医療の充実が評価されるとしている。また、各種小児難病は、遺伝子レベルでの進歩が確実としている。　　　　　　　　　（文責：大川健次郎）

S＝昭和 H＝平成

論文・著作名：育児の流儀と流行
共著者名：　　　　　　　　　出典：周産期医学
刊行年：1993（H5）年　　巻・頁：23(6)、pp.838-840
Keyword：育児の流儀と流行、親子のスキンシップ

＜概略＞

　育児には、医学が勧める事項がある一方で、親が自分流に育てて差し支えない哲学の部分（流儀）や時代による変化（流行）がある。育児の流儀は、育児の指導者である医師、保健師の考えや親の考え方により異なり、自由裁量の部分が多い。そのため、育児の指導者は親に対してケースバイケースで対応するべきである。また、一時期はやった「乳児の頃から夜は一人で寝かせる」という育児法は、親子関係の亀裂をまねき、この反省から子どもとのスキンシップを大切にしようという考えが生まれ、早期からの親子のスキンシップを奨励する方向へと変化した。結果として、現代では子どもに対する過保護を心配するより、スキンシップを勧めるという方向がはやっている。最後に、最近の子どもたちにいわれる「無気力な子どもが増えている」「骨折する子どもが増えている」などについては、医学的な観点からはとくに原因があるわけではなく、生活習慣の改善や心の問題の解消がカギになる。

＜内容＞

1．育児には自由裁量で差し支えがなく、指導者や親によって違いがある部分（流儀）と、社会や時代の背景が大きく影響し変化する部分（流行）があるとしている。

2．アメリカでは比較的最近になって、出生直後の母親のお腹に新生児を

乗せるという試みから、ごく早期からのスキンシップの意義は大きいとする報告がなされており、母乳推進運動が起こっている。

3．わが国ではアメリカの動きに先駆け、あるいは影響されつつ母乳栄養推進運動が母子関係を円滑にする方策として推奨されるに至った。昔は自然に行われてきた育児方法だが、社会の近代化や母親の就業によって生じる親子関係や家族の崩壊を阻止するために積極的に推進されるようになった。

4．親子が一緒にいられる時間でのスキンシップの勧めは、現在の育児の大きなテーマになっており、過保護の心配よりスキンシップの勧めという育児のアドバイスが流行している。

5．育児を指導する立場の者も、自分の経験やそれに基づく信念をもとに助言を行っているのが実態である。つまり、過保護を注意する必要がある場合もあり、スキンシップを強調して勧めるべき親もあり、ケースバイケースの個別指導が重視されている。

6．最近の子どもをみると、脳貧血で倒れる子どもの増加や骨折の増加などが問題とされている。これらについて、医学的な異常はほとんどみられず、生活習慣や、心の問題などが要因であると考えられる。ほかにも地域や学校の場で、医学的には間違った事柄が流布されており、気になることも多く、子どもの健康を損ねる内容のものは医師の責任で正しく指導してほしいとしている。

　医師や保健師などの育児指導者が親たちにアドバイスする際は、自分の考えを押しつけないという自戒がまず必要であり、また、相手の育児態度をみて、それに応じたアドバイスをする「ケースバイケースの対応」の必要性があることを再確認している。　　　　　　（文責：本間　歩）

S＝昭和 H＝平成

論文・著作名：子ども虐待防止の手引き
共著者名：子ども虐待防止の手引き編集委員会編（平山宗宏監修）　　出典：
刊行年：1997（H9）年　　巻・頁：
Keyword：子ども虐待、関係機関連携、地域の支援

＜概略＞

　「児童虐待」を「子ども虐待」とし、虐待の定義、種類、性格、対応法などをまとめており、主に福祉関係の機関、教育・保健・医療機関などの従事者を対象に作成された手引きである。虐待の早期発見、被虐待児やその親（虐待者）への対応で注意すべき点を例をあげて説明している。

＜内容＞

1．子ども虐待が発生する要因には、親の生育歴の問題、家庭の状況、社会から孤立している、子ども自身の要因、親子関係の悪さなどがあげられる。これらの要因は虐待発生の可能性を高めるリスク要因であって、虐待のリスク要因があっても虐待が必ず起こるということではない。この場合、虐待防止要因（補償要因）があるからと考えられる。

2．虐待に気づくためには、親子の様子を観察する必要がある。また、虐待は隠されることが多いため発見がむずかしく、集団生活の場や、地域の目、乳幼児健診時などで虐待が疑われるような場合は専門家に相談し、子どもを守ることを考える必要がある。また、虐待発見者には通告の義務がある。

3．医療の場や電話相談では、不自然さを見逃さないことが求められる。したがって、虐待の通告は子どもの生命を守るための緊急避難に相当し、医療の場における守秘義務に優先される。

4．虐待が通告されると、専門機関が他の機関と連携し情報収集、今後の対応の検討、親子分離に関する判断が行われ、親子の分離が必要と判断されれば、子どもは施設に入所し、施設職員の手で安全かつ必要なケアが行われる。同時に虐待した親へのケア、親子関係の修復など総合的なケアと援助プログラムの作成などが行われる。

5．児童相談所は、子ども虐待のケースへの対応では中心的役割を担い、家族や関係機関からの相談だけでなく、児童福祉法に定められた被虐待児等の通告先機関として、さまざまな専門職が配置され、一時保護機能、行政措置機能、家庭裁判所の法的申立てなどの機能や権限を有している。子ども虐待に対して児童相談所が行う援助には、虐待者への在宅指導、一時保護所への保護、保護者の同意を得て、子どもの児童福祉施設入所や里親への委託、家庭裁判所の承認による施設入所や里親への委託、親権喪失の申立てなどがある。

6．関係機関には保育所、福祉事務所、家庭児童相談室、児童委員、主任児童委員、乳児院、養護施設、里親、障害児施設、保健所・保健センター、病院、警察、弁護士、民間団体などがあげられ、それぞれにおいて、子ども家庭への相談や虐待の通告を受理する場、子どもに居場所を提供する場などの役割を担っており、それぞれが連携し、子ども虐待に対応することが求められる。

　子ども虐待は家族関係、親族関係、地域の人間関係が希薄な家庭で起こるため、地域の関係機関による安全網（セーフティネットワーク）による支援や地域ぐるみの子育てによって、虐待の予防や再発の防止、子どもと親のウエルビーイングの促進が可能になるとしている。

（文責：本間　歩）

S=昭和 H=平成

論文・著作名：保健と福祉の統合の時代に 　　　　　―子どもをめぐる保健福祉学を中心に
共著者名：　　　　　　　　　出典：大正大学研究論叢
刊行年：1997（H9）年　　巻・頁：第5号、pp.79-89
Keyword：市町村の時代、高齢化・少子化社会、母子保健、子育て支援、ヘルスプロモーション

＜概略＞

　わが国の急激な人口推移は高齢化・少子化社会への対策を急務とした。社会福祉の行政改革では「地域福祉の推進」という基本理念を法に示し、福

祉サービスの実施主体を国や県から市町村に移譲した。1994（平成6）年には地域保健法、母子保健法が改正され、1997（平成9）年には対人保健サービスの実施主体も全面的に市町村に移譲した。本論文は、1995（平成7）年の『母子保健事業マニュアル』が示す母子保健施策の3つの理念を軸にして取組みの要点を述べている。第1の理念は「子育て支援の中心的役割」を果たすことである。第2の理念は「疾病指向型から健康志向型へ」を柱とし、健康を広く身体的・精神的・社会的・環境的な状態と定義するWHOのヘルスプロモーションの考え方に基づく。第3の理念は「保健と福祉の統合化」であり、健康は保健だけではなくウエルビーイングにもかかわる問題としている。

＜内容＞
1．市町村の時代：1994年に保健所法は地域保健法に名称変更し、改正された。同時に母子保健法も改正され、思春期から妊娠、出産、育児および乳幼児保健に至る一貫した保健サービスを地域が提供することになった。市町村は福祉サービスと対人保健サービスの提供・実施主体となり、都道府県は管下の市町村との連絡・調整・支援を主な役割とする。
2．高齢化・少子化社会：年少人口の減少と老年人口の増加による社会問題が懸念されている。高齢化・少子化傾向は21世紀も続くと予測され、労働人口に大きな負担がかかるだけでなく、子どもに対するデメリットも指摘されている。
3．育児支援の重要性：母子保健施策では「子育て支援」を市町村の第1の役割とし、親の育児不安への対応をはじめ、子どもの「親性の育成」を含めて課題としている。
4．ヘルスプロモーション：ヘルスプロモーションの考え方は、健康を毎日の生活の資源として積極的な位置づけをしている。母子保健施策では、この考え方を「疾病指向型から健康志向型へ」の活動として据えている。
5．保健と福祉の統合：福祉概念がウエルフェアからウエルビーイングへと変化し、保健・福祉・教育の連携・協調と統合的な住民サービスが求められている。
　　地域で子どもの健康を守る：地域住民全員に対する保健福祉の実践

は、行政担当者のみならず地域社会にも責任と役割があるとしている。

（文責：萬歳芙美子）

S＝昭和 H＝平成

論文・著作名：新しい母子健康手帳
共著者名：川井　尚、安藤朗子　　出典：小児保健研究
刊行年：2002（H14）年　　　巻・頁：61（3）、pp.79-89
Keyword：母子健康手帳の歴史、平成14年の改正、育児と仕事の両立、育児支援、児童虐待防止、日光浴

＜概略＞

　2002（平成14）年の母子健康手帳の改訂は、2000（平成12）年の乳幼児身体発育調査に基づく新発育曲線への差し替えに併せて実施された。母子健康手帳の歴史を概観し、今回の改訂内容を示して追加・改正の理由と経緯を解説して特別報告としたものである。

＜内容＞

1．母子健康手帳の歴史

　1942（昭和17）年創設の妊産婦手帳（全8頁）は世界初の妊婦登録事業であり、妊産婦の心得も記載されていた。1947（昭和22）年の児童福祉法制定に伴い母子手帳となり、1965（昭和40）年の母子保健法の制定時に母子健康手帳と改称された。現行手帳の前半は省令様式に基づくが、その基本はこのときに定められた。後半の情報部分は手帳の作成・配布主体である市町村に任されている。省令様式と情報部分とで構成されるようになったのは1992（平成4）年の改正による。情報部分では、妊娠中から幼児期までの重要事項をミニ育児書的に解説して、現行手帳は80頁近いものとなっている。各時代の手帳の特色を述べている。

2．今回の改正

　母子保健の背景にある問題点として、①保健・福祉サービスの実施主体は市町村、②雇用均等社会における育児と仕事の両立、③最大のテーマは育児支援、④児童虐待の予防、⑤医学、小児保健の新知見の反映があげら

れている。この章の大半を、月齢別「乳幼児の発達や生活に関する質問項目の改訂」にあてている。1歳6カ月の頃では、育児不安は「虐待へのリスク」をはらむものと注意を喚起し、育児不安の関連要因として背景の家族機能等に焦点を当て、母子丸ごとの相談が必要としている。2歳のみたて遊び、3歳の指しゃぶり、遊び友だちの有無、衣服の着脱は6歳から4歳に変更、といった事項も解説を加えている。

3．付

上述の改訂の前に行われた母子健康手帳の一部改訂と補充に関して、著者は「母子健康手帳の一部改正とその経緯」（日本小児皮膚科学会誌18（2）：27-29、1999）で、省令改正と情報の改訂・追加の要点と理由を報告している。皮膚科学会の成果をふまえて、環境破壊による紫外線のマイナス影響を考慮し、「外気浴や日光浴をしていますか」という記述から「日光浴」を削除した。肥満ややせを気にする親が増加しており、乳幼児身体発育曲線にカウプ指数を図示した肥満度曲線を加え、理解と指導に資するよう改正した。情報部分では、就学後の記録ページの追加、「乳幼児突然死症候群の予防のために」など7項目の改訂・追加を報告している。

（文責：萬歳芙美子）

S＝昭和 H＝平成

論文・著作名：これからの母子保健・福祉活動の拠点
共著者名： 　　　　　　出典：周産期医学
刊行年：1995（H7）年　　巻・頁：25（1）、pp.62-64
Keyword：地域保健法、市町村委譲、母子福祉、連携

＜概略＞

1994（平成6）年に保健所法の名称変更（地域保健法）および改正と母子保健法等が一部改正されたが、それに伴う変更や準備（とくに施設）について整理している。法改正の最大の要点は「対人保健サービス」の市町村移譲、都道府県（保健所）の二次医療圏ごとの整備充実であり、以前より市町村委譲が行われている福祉サービスとの連携の必要性を書いてい

る。保健・福祉サービスの拠点を整理したうえで、施設の統合だけでなく、両サイド要員の協力体制の必要性を述べている。

<内容>
1．福祉の考え方がwelfareからwell-beingへと発想の転換がなされ、住民全体の生活の質の向上を目指し、すべての住民の心身の健康の向上を目指すという保健サービスとの差がなくなってきたと述べている。
2．具体的な市町村における母子保健サービスの拠点として以下のように整理している。まず保健センターは地域保健法により1997（平成9）年までに市町村への設置が義務づけられ、未設置市町村への建設が期待されること、第2に母子保健センターは今後市町村保健センターへ統合される可能性があること、第3に市町村保健センターは老人中心から乳幼児対象の施設としての充実が望まれること、第4に人口30万以上に下げられた保健所政令市と併せて政令市に保健センターの設置が勧められること。
3．母子福祉のための拠点について、「広義の母子福祉を小学校2学区ごとに育児相談に応じる小センターを既存施設に設置し、また『子ども家庭支援センター』を市町村ごとに設置、児童相談所の一部機能を含め、育児相談全般に応じる」という東京都児童福祉審議会の中間報告を紹介している。そのうえで著者は、①子ども家庭支援センターと市町村保健センターの内容が重複するため、市町村ごとの施設の整理・工夫と保健・福祉両サイドの要員の協力体制の必要性、②保育所の育児相談としての活用など、保育に欠ける子の福祉施設から地域のなかの子育て支援として位置づけること、そして③子育て支援の拠点としての児童館での活動などを提案、期待として述べている。
4．都道府県レベルでは、施設・内容ともに整備される可能性がある保健所と、福祉事務所や児童相談所が将来的に建物として統合および連携した事業も提案している。

（文責：古山　明子）

S＝昭和 H＝平成

論文・著作名：B型肝炎の母子感染予防対策とその意義
共著者名：　　　　　　　　出典：産婦人科の世界
刊行年：1985（S60）年　　巻・頁：37（5）、pp.419-423
Keyword：B型肝炎、母子感染、予防

＜概略＞

　厚生省（当時）がB型肝炎（以下、HB）の母子垂直感染の予防を目的に、1985（昭和60）年度より発足させた事業の意義について概説している。まずHBが重要な感染症であり、特殊な意義をもつ疾患であると述べ、臨床的意義を説明している。HBウィルスの感染経路について、感染予防として重要な点を整理し、母子垂直感染の重要性を明確にしている。本事業の問題点として発見されるキャリアーへの対応が未解決でのスタートであったこと、これに対しプライバシーに配慮し、また十分な知識が必要であるとまとめている。

＜内容＞

1．肝炎にはA型、B型、非A非Bなどウイルスの違いがあることや、HBがDNAウイルスであり、慢性肝炎への移行や、感染後無症状（無症候性キャリアー）のうちに慢性肝炎の型で肝障害がでてくることがあり、さらには肝硬変や肝癌に進行することがあると整理している。

2．感染経路は輸血など血液・体液を介しての水平感染と、キャリアーの妊婦から出生児への垂直感染があることを説明している。水平感染は注射の一人一針や供血者の検査などにより激減し、相対的に垂直感染対処の重要性が増加していると述べている。

3．感染の予防としてはまず、死亡につながる慢性肝炎、肝硬変、肝癌へ移行する可能性のある部分が重要であり、かつ感染源ともなるキャリアーの新たな発生を極力防止しようというのが母子感染の予防であると述べている。ここで重要なことは、①感染者が治癒するか、②キャリアーとなりウイルスを保持し、肝機能障害を起こすか、感染源になるかの分かれ道であると述べている。また3歳くらいまでの幼若小児、とくに新

生児への感染はキャリアーになりやすいことが明らかであり、この点からも母子垂直感染の重要性を述べている。
4．HB予防で最も重要な母子垂直感染にHBワクチンが使用可能となり、その効果への期待が大きい事業であるが、キャリアーを解消する治療法がなく、本人に対する健康管理および生活上の指導しか方法がない状況や、プライバシーの保護への十二分な配慮と知識が必要であると整理している。
　　　　　　　　　　　　　　　　　　　　　　　（文責：古山　明子）

S＝昭和 H＝平成

論文・著作名：エイズ教育のあり方
共著者名：　　　　　　　出典：小児科臨床
刊行年：1996（H8）年　　巻・頁：vol.49（増刊号）、pp.1515-1520
Keyword：エイズ、学校教育

＜概略＞
　学校におけるエイズ教育の経過と現状、その基本姿勢などを紹介し、地域内、学校医として協力している小児科医の方々の理解と支援をお願いしている。わが国の新しいHIV感染者の20歳代の増加、男女間の性感染が大多数を占める現状をふまえ、学校の場におけるエイズ教育の重要性と、エイズ教育が性教育の基本のうえに立って行われるべきものであり、人権教育そのものであると述べている。

＜内容＞
1．文部省（当時）によるエイズ教育の経過を以下のようにまとめている。最初のエイズ教育は国会などでエイズが注目され出した頃、教師用の手引きを作成したことに始まる。1992（平成4）年末、日本学校保健会の事業として教師用の手引きの改訂、高校生全員にQ＆A方法のパンフレットを配布した。翌年には中学生用パンフレットを作成、配布し、地域で小・中・高連続したエイズ教育実施のため、各都道府県1カ所ずつのモデル事業を開始した。1994（平成6）年度、小学生用壁新聞や紙芝居式パネルを作成し、中学生用にはビデオを作成、社会教育向けには地域

指導者用の指導手引書を作成した。1995（平成7）年度は小・中・高教師向けにビデオを作成し、パソコンネットを利用したエイズおよび教育に関する文献やＱ＆Ａほか、情報提供事業を開始した。
2．筆者は、エイズは性病である以上、エイズ教育は性教育のうえに成り立つと述べ、また性教育は人間教育そのものであるとし、人間教育は発達段階（学年）に応じた心と保健の教育を進めること、エイズ教育はそのうえに立ったかたちで感染の予防と人間の心を重ねて理解させていくことと述べている。
3．エイズ教育を学校の場で行う場合、教師が性教育自体に不慣れであり、学校医等医師の方々の協力依頼や地域、教師、学生への解説依頼も考えられると述べ、その場合の注意点として、具体的なHIVの感染経路や学校・保育室での注意や垂直感染の知識を整理している。
4．学校におけるエイズ指導は健康教育の内容として位置づけられ、体系的・計画的指導が必要であるとし、エイズ教育は人間教育そのもので「豊かな心を持ち、自分も友だちも大切にする子の育成」にほかならないと述べている。そして性教育は「発達段階に応じた課題を教科や諸活動を通じて理解させ、身につけさせていくこと」とまとめている。

（文責：古山　明子）

第4章 平山宗宏業績一覧

● 著書

S＝昭和 H＝平成

著書・学術論文等の名称	単著・共著の別	発行・発表年	発行所・発表雑誌等
ポリオ・急性灰白髄炎の最近の知見	共著	1956(S31)年	永井書店
児科学	共著	1963(S38)年	医学書院
小児医学	共著	1968(S43)年	医学書院
ウイルスと疾患	共著	1969(S44)年	朝倉書店
母子保健学の進歩	共著	1970(S45)年	診断と治療社
予防接種	共著	1970(S45)年	医学書院
最新小児医学	共著	1972(S47)年	医学図書出版
学校の健康管理	共著	1973(S48)年	医歯薬出版
母子の健康管理	共著	1974(S49)年	医歯薬出版
新乳幼児保健指針	共著	1975(S50)年	日本小児医事出版
The vaccination theory and practice	共著	1975(S50)年	International Medical Foundation of Japan
臨床ウイルス学	共著	1976(S51)年	講談社
小児科学テキスト	共著	1980(S55)年	診断と治療社
公衆衛生学	共著	1980(S55)年	朝倉書店
小児保健	共著	1980(S55)年	東京書籍
小児の感染症	共著	1982(S57)年	医歯薬出版
新臨床小児科全書 第2巻	共著	1983(S58)年	金原出版
The growing child in family and society	共著	1984(S59)年	東京大学出版会
小児保健指導の指針	共著	1985(S60)年	南山堂
Vaccine production and immunization programme in south east asia, its present status and prospects	共著	1986(S61)年	SEAMIC
ワクチン学	共著	1987(S62)年	講談社
保健衛生学 第5巻	共著	1991(H3)年	全国社会福祉協議会

著書・学術論文等の名称	単著・共著の別	発行・発表年	発行所・発表雑誌等
小児保健（新現代幼児教育シリーズ）	共著	1995(H7)年	東京書籍
予防接種の手びき 第8版	共著	1995(H7)年	近代出版
子ども虐待防止の手引き	共著	1997(H9)年	母子愛育会
最新乳幼児保健指針	共著	1997(H9)年	日本子ども家庭総合研究所編、日本小児医事出版社
Infant mortality in Japan and the United States	共著	1998(H10)年	Mother's and Childrens' Health Organization
Health and welfare for fanilies in the 21st century	共著	1999(H11)年	Jones and Bartlett Publishers
少子社会と自治体	共著	2002(H14)年	日本加除出版
新訂小児保健（新現代幼児教育シリーズ）	共著	2003(H15)年	東京書籍

● 学術論文

S＝昭和　H＝平成

著書・学術論文等の名称	単著・共著の別	発行・発表年	発行所・発表雑誌等
ツベルクリン反応の注射部位による強度差について、Sign Testによる左右差	共著	1953(S28)年	公衆衛生 14(6)、医学書院
BCG接種回数別にみた接種後ツベルクリン反応の陽転および陰転状況について	共著	1954(S29)年	結核の臨床 2(2)
農村結核の疫学的研究	共著	1955(S30)年	結核の臨床 3(4)
母子保健法の改正と小児科医	単著	1955(S30)年	日本小児科学会雑誌 99(11)
急性灰白髄炎のウイルス学的血清学的研究—第一報	共著	1957(S32)年	ウイルス 7(4)、日本ウィルス学会
Distribution of poliomyelitis virus in clinically suspected cases	共著	1957(S32)年	Paediatria Univ. Tokyo 1、東京大学小児科
Studies on poliomyelitis in Tokyo areas	共著	1957(S32)年	東京大学小児科
急性灰白髄炎のウイルス学的診断について	共著	1958(S33)年	治療 40(9)、南山堂

著書・学術論文等の名称	単著・共著の別	発行・発表年	発行所・発表雑誌等
Occurence of poliomyelitis in various nervous diseases	共著	1958(S33)年	Paediatria Univ. Tokyo 2, 東京大学小児科
An outbreak of infantile diarrhea due to adenovirus type 2 in a nursing home	共著	1958(S33)年	Paediatria Univ. Tokyo 3, 東京大学小児科
ソークワクチンをめぐる最近の問題―ソークワクチンについて	単著	1958(S33)年	医学のあゆみ 26(14), 医歯薬出版
Studies on Polio-myelitis in Japan-Ⅰ: Isolation of polioviruses and the age distribution of neutralizing anti-bodies in urban population	共著	1958(S33)年	Am.J.Hygiene 67(2), Johns Hopkins University
乳幼児消化不良症のウイルス病原論に関する研究	単著	1959(S34)年	日本小児科学会雑誌 63(11・12), 日本小児科学会
Virologocal and serological studies on the Poliomyelitis epidemic in Shuso county, Ehime prefecture	共著	1960(S35)年	Ann. Rept., Ins. Virus Res. 3, 京大ウイルス研究所
ポリオの予防をめぐる諸問題―殊にワクチン問題について	単著	1960(S36)年	臨床と研究 37(6), 大道学館
ポリオの臨床像と病型	共著	1961(S36)年	日本臨床 19(4), 日本臨床社
ECHOウイルス感染症	共著	1961(S36)年	日本臨床 19(4), 日本臨床社
小児院における仮性小児コレラについて	共著	1961(S36)年	小児科臨床 14(6), 日本小児医事出版
座談会「生ワクチンとポリオ」		1961(S36)年	日本醫事新報 1942, 日本医事新報社
弱毒生ポリオウイルスワクチン投与成績	共著	1962(S37)年	小児科診療 25(9), 診断と治療社
小児の下痢症	単著	1962(S37)年	診断と治療 37(8), 診断と治療社
ポリオ類似疾患	共著	1962(S37)年	診療 15(7), 診断と治療社
エンテロウイルス症の実験室内診断と自験例	共著	1962(S37)年	臨床病理 10(9), 金原出版

著書・学術論文等の名称	単著・共著の別	発行・発表年	発行所・発表雑誌等
Influence of pre-existing immunity upon effect of Sabin vaccine	共著	1963(S38)年	Jap. J. Med. Sci. Biol. 16(2-3), 国立予防研究所
Etiological studies on Poliolike-discascs and incidence of antibodies against coxsackie viruses	単著	1963(S38)年	日本医学会総会会誌, 日本医学会
ポリワクチン発展の経緯と今後の問題点	単著	1963(S38)年	小児科臨床 17(1), 日本小児医事出版
ポリオの予防接種	単著	1964(S39)年	小児科診療 27(5), 診断と治療社
はしかワクチンの研究	共著	1966(S41)年	小児科診療 29(12), 診断と治療社
The suppression on A2 influenza in children by the chemoprophylatic use of Amantadine	共著	1966(S41)年	J.Pediatrics 69(4), C.V.Mosby
麻疹―その概念と予防	単著	1967(S42)年	Medicina 4(3), 医学書院
第17回日本医学会総会講演「風疹と先天異常」	単著	1967(S42)年	第17回日本医学会総会学術講演集 I, 日本医学会
発育・発達と保育	共著	1967(S42)年	助産婦雑誌 21(8), 医学書院
発達医学とは	共著	1967(S42)年	保健婦雑誌 23(9), 医学書院
出生前小児科学　その2	共著	1967(S42)年	保健婦雑誌 23(12), 医学書院
昭和39年、40年、届出ポリオ患者の調査成績	共著	1967(S42)年	日本醫事新報 2248, 日本医事新報社
Protein require-ments in infants	共著	1968(S43)年	Paediatria Univ. Tokyo 15, 東京大学小児科
母子保健	共著	1968(S43)年	産科と婦人科 35(1), 診断と治療社
精神機能の発達―感染防御機能の発達	共著	1968(S43)年	保健婦雑誌 24(1), 医学書院
風疹と先天性風疹症候群	単著	1968(S43)年	小児医学 1(1), 医学書院

著書・学術論文等の名称	単著・共著の別	発行・発表年	発行所・発表雑誌等
器官とその機能の発達	共著	1968(S43)年	保健婦雑誌 24(4), 医学書院
予防接種	単著	1968(S43)年	保健の科学 10(11), 杏林書院
ハイジェッター	単著	1968(S43)年	Medicina 5(12)
わが国の麻疹ワクチン	単著	1969(S44)年	医学のあゆみ 68(4), 医歯薬出版
エンテロウイルス感染症ポリオおよびエコーウイルス感染症―臨床的立場から	単著	1969(S44)年	小児科臨床 22(1), 日本小児医事出版
沖縄における先天性風疹症候群	単著	1969(S44)年	医学のあゆみ 69(7), 医歯薬出版
その後のポリオ	単著	1969(S44)年	臨床と研究 46(7), 大道学館
特集 母体の異常と新生児先天性風疹症候群の臨床	単著	1969(S44)年	小児外科・内科 2(8), 東京医学社
母子保健	単著	1969(S44)年	からだの科学 35
日本における風疹の現状―風疹と先天性風疹症候群の疫学	単著	1969(S44)年	小児科臨床 23(1), 日本小児医事出版
最近の予防接種の進歩について	単著	1970(S45)年	学校保健研究 12(6), 日本学校保健学会
かぜと保健学	単著	1970(S45)年	保健の科学 12(2), 杏林書院
Surveillance of poliomyelitis in Japan from 1962 to 1968	共著	1970(S45)年	産科と婦人科 37(5), 東大小児科
ウイルスと妊婦管理	単著	1970(S45)年	診断と治療社
ポリオワクチン	単著	1970(S45)年	診療と保険 12(8)
風疹―とくに奇形と対策	単著	1970(S45)年	内科 26(3), 南江堂
日本における風疹の現状	単著	1970(S45)年	小児科 11(9), 金原出版
異型麻疹	単著	1970(S45)年	医学のあゆみ 75(5), 医歯薬出版
麻疹ワクチン	共著	1970(S45)年	小児科診療 33(11), 診断と治療社
ポリオ生ワクチン	共著	1970(S45)年	小児科診療 33(11), 診断と治療社

著書・学術論文等の名称	単著・共著の別	発行・発表年	発行所・発表雑誌等
種痘	共著	1970(S45)年	小児科診療 33(11), 診断と治療社
Rubella and congemital rubella syndrome in Japan	単著	1970(S45)年	Paediatria Univ. Tokyo 18, 東大小児科
感染症のサーベイランス	単著	1971(S46)年	科学 41(11), 岩波書店
予防接種の副作用と対策	単著	1971(S46)年	治療 53(2), 医学書院
予防接種の問題点と実際	単著	1971(S46)年	小児保健研究 29(3), 日本小児保健協会
外国の予防接種事情	単著	1971(S46)年	公衆衛生 35(3), 医学書院
種痘合併症の実態	単著	1971(S46)年	日本臨床 29(4), 日本臨床
ポリオその後	単著	1971(S46)年	治療 53(6), 南山堂
新しいワクチンについて	単著	1971(S46)年	都医師会雑誌 24(6), 都医師会
乳児下痢症とウイルス感染	単著	1972(S47)年	薬物療法 5(8)
種痘の現況	単著	1972(S47)年	診断と治療 60(9), 診断と治療社
脳の先天異常と風疹	単著	1972(S47)年	神経研究の進歩 16(2), 医学書院
感染による先天異常の予知と予防	単著	1972(S47)年	産婦人科の世界 24(7), 医学と世界社
種痘をめぐる最近の動向	共著	1972(S47)年	臨床と研究 49(4), 大道学館
予防接種の免疫学	共著	1972(S47)年	育児学読本 増刊3
予防小児科学の領域から	単著	1973(S48)年	小児科診療 36(1), 診断と治療社
沖縄における先天性風疹症候群の現状	単著	1973(S48)年	神経研究の進歩 17(1), 医学書院
風疹ワクチンの開発	単著	1973(S48)年	治療 55(3), 南山堂
予防接種に関する最近の話題	単著	1973(S48)年	こども医療センター医学誌 2(3), 子ども医療センター
こどもの健康	単著	1974(S49)年	小児科診療 37(1), 診断と治療社

著書・学術論文等の名称	単著・共著の別	発行・発表年	発行所・発表雑誌等
新しい苗痘―弱毒苗痘を求める動きと現状	単著	1974(S49)年	MEDICO 5(9)
予防接種法の改正と問題点	単著	1974(S49)年	小児科 15(7), 金原出版
風疹の疫学と接種対象	単著	1974(S49)年	臨床とウイルス 2(3), 近代出版
先天感染と免疫	単著	1974(S49)年	周産期医学 4(8), 東京医学社
1973年麻疹・風疹ワクチンの追跡調査成績	共著	1974(S49)年	臨床とウイルス 2(3), 近代出版
風疹	単著	1974(S49)年	周産期医学 4, 東京医学社
予防接種の禁忌に関する意見	共著	1975(S50)年	日本医師会雑誌 73(6), 日本医師会
臨床医学の進歩と優生保護―母子保健の立場から	単著	1975(S50)年	産婦人科の世界 27(2), 医学の世界社
新生児のスクリーニング検査の意義	単著	1975(S50)年	周産期医学 5(2), 東京医学社
これからのワクチン開発の現状	単著	1975(S50)年	小児外科・内科 7(4), 東京医学社
ムンプス免疫グロブリンによるムンプスの治療および予防効果に関する研究	共著	1975(S50)年	臨床とウイルス 3(2), 近代出版
ポリオサーベイランス成績―昭和37年から48年まで	共著	1975(S50)年	日本醫事新報 2659, 日本医事新報社
百日咳およびDPTワクチンの現状についての資料	共著	1975(S50)年	臨床と細菌 2(2), 近代出版
疫学調査の成果：小児糖尿病の疫学的現状―昭和47年度厚生省小児慢性疾患実態調査の成績から	単著	1975(S50)年	総合臨床 24(6), 永井書店
弱毒痘苗を求めて―種痘研究班10年の歩み	単著	1975(S50)年	臨床とウイルス 3(3), 近代出版
母子保健学のあり方	共著	1976(S51)年	周産期医学 6(1), 東京医学社
弱毒痘苗開発と今後の種痘	単著	1976(S51)年	日本薬剤師会雑誌 28(3), 日本薬剤師会
新しいワクチン	単著	1976(S51)年	小児科診療 39(6), 診断と治療社

著書・学術論文等の名称	単著・共著の別	発行・発表年	発行所・発表雑誌等
風疹の流行とその対策	単著	1976(S51)年	日本醫事新報 2720, 日本医事新報社
風疹のワクチンの使い方	単著	1976(S51)年	周産期医学 6(10), 東京医学社
今回の風疹流行とその疫学	共著	1976(S51)年	小児科診療 39(11), 診断と治療社
風疹	単著	1977(S52)年	医学のあゆみ 100(1), 医歯薬出版
先天性風疹症候群の臨床	単著	1977(S52)年	内科 39(2), 南江堂
日本の海外医療協力―フィリピン	単著	1977(S52)年	臨床科学 13(2), エースアート社
予防接種	単著	1977(S52)年	総合乳幼児研究 1(1), 同文書院
母乳栄養と感染抑制	単著	1977(S52)年	小児医学 10(2), 医学書院
麻疹	単著	1977(S52)年	最新医学 32(9), 最新医学社
新しい予防接種法実施後の諸問題	単著	1978(S53)年	小児保健研究 36(6), 日本小児保健協会
1975～76年にみられた風疹流行の疫学的研究	共著	1978(S53)年	臨床とウイルス 6(2), 近代出版
麻疹	単著	1978(S53)年	感染・炎症・免疫 8(3), 鳥居薬品
わが国における予防接種の現況	単著	1978(S53)年	小児内科 10(9), 東京医学社
麻疹罹患に関する実態調査成績―麻疹ワクチンの接種適齢時期を考えるために	共著	1978(S53)年	臨床とウイルス 臨時増刊号, 近代出版
1歳6ヵ月児健診実施後の諸問題	単著	1979(S54)年	小児保健研究 37(6), 日本小児保健協会
予防接種	単著	1979(S54)年	小児保健研究 38(2), 日本小児保健協会
学校における予防接種	単著	1979(S54)年	学校保健研究 21(8), 日本学校保健学会
子どもの健康と将来	単著	1979(S54)年	学校保健研究 22(4), 日本学校保健学会
臨床医学と保健学	単著	1979(S54)年	東京医学 87(3・4), 東大医学会

著書・学術論文等の名称	単著・共著の別	発行・発表年	発行所・発表雑誌等
予防接種とその副反応	単著	1980(S55)年	治療 62(2), 南山堂
特集 小児科と児童福祉―乳幼児健診と事後措置	単著	1980(S55)年	小児科診断 43(7), 診断と治療社
予防接種	単著	1980(S55)年	小児科 21(10), 金原出版
予防接種とその副作用	共著	1981(S56)年	皮膚科診療 3(12), 協和企画通信
生ワクチンによる感染症の根絶	単著	1981(S56)年	臨床とウイルス 9(2), 近代出版
弱毒ムンプスウイルス鳥居株ワクチンの開発に関する研究―試作ワクチンの力価と抗体産生能の検討	共著	1981(S56)年	臨床とウイルス 9(3), 近代出版
感染症サーベイランス事業の意義	単著	1981(S56)年	感染・炎症・免疫 11(4), 鳥居薬品
おたふくかぜワクチンの効果	共著	1981(S56)年	小児科 22(12), 金原出版
予防接種の現状	単著	1982(S57)年	Medicina 19(2), 医学書院
予防接種事故とその背景疾患	単著	1982(S57)年	小児科MOOK 23, 金原出版
母子保健	単著	1982(S57)年	公衆衛生 46(7), 医学書院
少産時代の乳幼児保健・医療	単著	1982(S57)年	周産期医学 12(11), 東京医学社
小児ウイルス感染症の展望と問題点	単著	1983(S58)年	小児内科 15(5), 東京医学社
水痘生ワクチンの意義と使用法	単著	1983(S58)年	臨床とウイルス 11(2), 近代出版
予防接種	単著	1983(S58)年9月	看護MOOK 6, 金原出版
おたふくかぜワクチン	単著	1983(S58)年	免疫と疾患 6(4)
Measles vaccines used in Japan	単著	1983(S58)年	Reviews of Infect.Dis. 5(6)
これからのこどもとからだ	単著	1983(S58)年	小児保健研究 42(6), 日本小児保健協会
児童福祉法と母子保健	単著	1984(S59)年	周産期医学 14(2), 東京医学社

著書・学術論文等の名称	単著・共著の別	発行・発表年	発行所・発表雑誌等
勤労婦人の育児—乳児保育の問題を中心として	単著	1984(S59)年	周産期医学 14(5), 東京医学社
乳幼児健康診査の現状と問題点	単著	1984(S59)年	こども医療センター医学誌 13(2), こども医療センター
小児保健の現状と展望	単著	1984(S59)年	日本医師会雑誌 91(9), 日本医師会
学校保健法と母子保健	単著	1984(S59)年	周産期医学 14(12), 東京医学社
B型肝炎の母子感染予防対策とその意義	単著	1985(S60)年	産婦人科の世界 37(5), 医学の世界社
B肝炎のワクチンと母子感染予防事業	単著	1985(S60)年	月刊薬事 27(3), 薬事時報社
神経芽細胞腫マス・スクリーニング	単著	1985(S60)年	産婦人科の世界 37(7), 医学の世界社
ワクチン	単著	1985(S60)年	臨床免疫 17, 科学評論社
予防接種：異常反応と対策—総論	単著	1985(S60)年	アレルギーの臨床 5(5), 北隆館
予防接種の変遷と将来	単著	1986(S61)年	感染・炎症・免疫 16(2), 鳥居薬品
妊婦における風疹の感染とその対策	単著	1986(S61)年	臨床婦人科産科 40(6), 医学書院
予防接種の現状と今後の課題	単著	1986(S61)年	小児科診療 49(10), 診断と治療社
The future prospects of vaccination	単著	1987(S62)年	Asian Medical J. 30(8), アジアンメディカルジャーナル
妊婦と予防接種	単著	1987(S62)年	周産期医学 17(9), 東京医学社
これから期待されるワクチン	単著	1987(S62)年	医学のあゆみ 142(13), 医歯薬出版
乳幼児健康診査の動向	単著	1987(S62)年	周産期医学 17(10), 東京医学社
ディスクレパンシー世代	単著	1987(S62)年	デンタルハイジーン 7(11), 医歯薬出版

著書・学術論文等の名称	単著・共著の別	発行・発表年	発行所・発表雑誌等
妊婦の風疹とムンプス	単著	1987(S62)年	周産期医学 17(臨時増刊号), 東京医学社
インフルエンザワクチンをめぐって	単著	1988(S63)年	小児保健研究 47(1), 日本小児保健協会
風疹	単著	1988(S63)年	皮膚科の臨床 30(2), 金原出版
母子間感染予防―最近の動き	単著	1988(S63)年	公衆衛生 52(2), 医学書院
感染症と母子保健	単著	1988(S63)年	周産期医学 18(10), 東京医学社
ワクチン	単著	1988(S63)年	耳鼻咽喉科・頭頸部外科 60(10), 医学書院
母子の健康診査とスクリーニング検査	単著	1989(H1)年	公衆衛生 53(1), 医学書院
急性小児ウイルス感染予防の今後のstrategy	単著	1989(H1)年	小児内科 21(1), 東京医学社
母子保健法改正をめぐって	単著	1989(H1)年	小児科 30(2), 金原出版
わが国におけるポリオ根絶への道	単著	1989(H1)年	小児内科 21(5), 東京医学社
予防接種に関する考え方の変化	単著	1989(H1)年	小児内科 21(12), 東京医学社
Development and evaluation of the TD97 measles virus vaccine	共著	1989(H1)年	J.Medical Virology 32
小児保健サービスとそのシステム―新しい動向と対策	単著	1989(H1)年	新小児医学大系年刊版 小児医学の進歩'89C, 中山書店
現在の予防接種	単著	1990(H2)年	小児科臨床 43S, 日本小児医事出版社
ポリオウイルス	単著	1991(H3)年	臨床とウイルス 19(1), 近代出版
母子感染予防対策	単著	1991(H3)年	周産期医学 21(1), 東京医学社
感染症最近の話題	単著	1991(H3)年	日本医師会雑誌 105(10), 日本医師会
最近の子どもの感染症の動向と予防接種の考え方	単著	1991(H3)年	月刊地域保健 22(5), 地域保健研究会

著書・学術論文等の名称	単著・共著の別	発行・発表年	発行所・発表雑誌等
妊婦のワクチン接種	単著	1991(H3)年	臨床婦人科産科 45(9), 医学書院
MMRワクチン株間にみられた1gG、1gM特異抗体産生の差異	共著	1991(H3)年	医学のあゆみ 159(3), 医歯薬出版
母子保健の焦点	単著	1992(H4)年	発達・別冊 別冊-12, ミネルヴァ書房
予防接種の変遷と今後	単著	1992(H4)年	小児内科 22(5), 東京医学社
母子保健法改正と小児保健	単著	1993(H5)年	小児科 34(2), ミネルヴァ書房
育児の流儀と流行	単著	1993(H5)年	周産期医学 23(6), 東京医学社
今後の母子保健・福祉を考える	単著	1993(H5)年	小児保健研究 52(6), 日本小児保健協会
JICWELS'WCH training program in the Aiiku institute	共著	1993(H5)年	Asian WCH workshop Acta Paediatrica Japonica 35
これからの学校健診のあり方	単著	1993(H5)年	日本小児学会 日本医師会雑誌 110(4), 日本医師会
保健所における母子保健活動	単著	1994(H6)年	周産期医学 24(1), 東京医学社
予防接種をめぐる諸問題	単著	1994(H6)年	学校保健研究 36(4), 学校保健学会
民間の母子保健事業支援活動	単著	1994(H6)年	周産期医学 24(5), 東京医学社
これからの予防接種―予防接種法改正の要点	単著	1994(H6)年	小児保健研究 53(6), 日本小児保健協会
乳幼児保健サービスのあり方	単著	1994(H6)年	小児内科 26(8), 東京医学社
予防接種の歴史と今日的意義	単著	1994(H6)年	小児内科 26(11), 東京医学社
これからの母子保健・福祉活動の拠点	単著	1995(H7)年	周産期医学 25(1), 東京医学社
外国の感染症と予防接種の状況	単著	1995(H7)年	臨床と研究 72(3), 大道学館

著書・学術論文等の名称	単著・共著の別	発行・発表年	発行所・発表雑誌等
母子保健法の改正と小児科医	単著	1995(H7)年	日本小児科学会誌 99(11), 日本小児科学会
これからの予防接種	単著	1995(H7)年	小児感染免疫 7(3), 日本小児感染症学会
21世紀に向けた母子保健	単著	1996(H8)年	公衆衛生 60(1), 医学書院
麻疹ワクチンの今後	単著	1996(H8)年	臨床と微生物 24(2), 近代出版
Adverse events associated with MMR vaccines in Japan	共著	1996(H8)年	Acta Paediatrica Japonica 38, 日本小児科学会
災害が母子の心身に及ぼす影響についての総合研究	共著	1996(H8)年	厚生省厚生科学研究「災害時支援対策総合研究事業」平成7年度報告書, 厚生省同研究班
エイズ教育のあり方	単著	1996(H8)年	小児科臨床 49(増刊号), 日本小児医事出版
改正母子保健法とこれからの小児保健の理念	単著	1997(H9)年	小児科臨床 50(増刊号), 日本小児医事出版
少子社会における総合的な子どもの健康づくり施策の確立に関する研究	単著	1997(H9)年	平成8年度厚生科学研究「社会保障・人口問題政策調査研究事業報告書」, 厚生省同研究班
保健と福祉の統合の時代に―子どもをめぐる保健福祉学を中心に	単著	1997(H9)年3月	大正大学研究論叢 第5号, 大正大学出版部
新たな地域母子保健事業の実施体制	単著	1997(H9)年	周産期医学 27(8), 東京医学社
災害が母子の心身に及ぼす影響に関する総合的研究	共著	1997(H9)年	厚生省「災害時支援対策総合研究事業」平成8年度研究報告書, 厚生省同研究班
ヘルスプロモーションの理念のもとで心と身体の健康づくりを	単著	1997(H9)年	スポーツと健康 29(11), 第一法規出版
健康に生きる基礎	単著	1997(H9)年	中等教育資料
保健所と児童相談所	単著	1998(H10)年10月	明日の家庭教育シリーズ5, 文部省

著書・学術論文等の名称	単著・共著の別	発行・発表年	発行所・発表雑誌等
少子化問題を考える	単著	1998(H10)年12月	子ども家庭福祉情報14号, 母子愛育会
「少子化についての専門的研究」初年度総括報告	単著	1998(H10)年12月	子ども家庭福祉情報14号, 母子愛育会
学校における感染症対策の動向	単著	1999(H11)年	日本医師会雑誌 121(10)
ポリオの根絶	単著	1999(H11)年	臨床とウイルス 27(4), 近代出版
21世紀における小児保健の課題	単著	1999(H11)年	小児保健研究 58(1), 日本小児保健協会
「健やか親子21」計画と学校保健	単著	2000(H12)年	学校保健研究 42(1), 日本学校保健学会
感染症と新しい学校保健の考え方	単著	2000(H12)年	保健の科学 42(1)
感染症対策のこれまでとこれから	単著	2000(H12)年	小児感染免疫 12(4), 日本小児感染症学会
周産期医療と母子保健の変遷	単著	2000(H12)年	周産期医学 30(12), 東京医学社
「健やか親子21」について	単著	2001(H13)年	小児保健研究 60(1), 日本小児保健協会
「健やか親子21」検討会報告書	共著	2001(H13)年	小児保健研究 60(1), 日本小児保健協会
子育て支援としての「健やか親子21」	単著	2001(H13)年	教育と医学 49(11), 慶應義塾大学出版会
新しい母子健康手帳	共著	2002(H14)年	小児保健研究 61(3), 日本小児保健協会
こころの健康・からだの健康―近ごろの子どもの実態	単著	2002(H14)年	女子教育 25(4), 目白大学短大女子教育研究所
学校で予防すべき伝染病の種類と対応の基本	単著	2002(H14)年	臨床と微生物 29(5), 近代出版
「健康日本21」から「健やか親子21」まで	単著	2002(H14)年	健康管理 576(6), 保健文化社
日本の育児の変遷	単著	2002(H14)年10月	周産期医学 増刊号, 東京医学社

（作成：根本　浩典）

第4部

新しい福祉への途

小松源助、吉澤英子、平山宗宏の全仕事

第 1 章

サービス評価の種類と満足度調査の位置

須加　美明

　痴呆性高齢者グループホームの第三者評価をはじめ、福祉サービスの多くの分野で第三者評価が推進されているが、サービス評価の種類と目的、評価者と関係者のかかわり方、用語の概念などふまえるべき基本は十分論議されていない。本論は、サービスの質をとらえる手法として福祉でも盛んに用いられるようになった満足度調査に焦点を当て、サービス評価全体のなかに位置づけ、その長所と問題点、今後の課題を整理する。

　まずサービス評価は、切り口で区分すると4種類に分かれ、成果の評価が理想的だが困難が多いため、満足度がその代替的な一部に位置づけられている。次に目的で評価を区分すると、判断志向か改善志向かによって、総括的評価と形成的評価に大別され、評価での目的（得られる利益）は、当該事業の利害関係者によって同じでないことに注目すると多元的評価、エンパワメント評価、評価可能性の評価の意義が明らかになる。利用者による評価である満足度調査には、長所も多いが、意識調査であることによる問題と限界もある。このような特徴をもつ満足度をサービス評価で活用するためには、成果の評価との関連を明らかにする必要があるが、ナップ（Knapp,M.）らの「福祉の生産モデル」を用いると、成果に影響を与える要素と関連させて満足度を位置づけることができる。

すが　よしあき　武蔵野大学現代社会学部社会福祉学科助教授

1 プログラム評価の種類と特徴

　ケースワークなど個別援助の事後評価とは別に、政策や事業レベルでのサービス評価は、一定範囲の政策対象集団に対する行政および民間団体によるサービスを評価するもので、アメリカ、イギリスではprogram evaluationと呼ばれる。わが国でも公共事業への説明責任が問われるようになり、官公庁や政治学などの研究者は、これを政策評価と訳している。しかしprogram evaluationが対象とする範囲は、政策（policy）レベルのみではなく、施策（program）レベル、事業（project）レベルでの評価も含む。プログラム評価を政策評価と訳すと、訪問介護事業の評価にはそぐわない。社会福祉ではサービス評価と訳してきたが、ここではプログラム評価と呼ぶ。福祉サービスでのプログラム評価とは、福祉サービスの提供、運営、実施にかかわる評価をさすこととする。

　福祉サービスでのプログラム評価は、4種類に区別できる。冷水豊は、①投入資源（input）の評価、②過程（process）の評価、③結果（outcome、効果）の評価、④効率（efficiency）の評価という4種類に整理している[1]。投入資源とは、設備、人員、専門職配置、予算、サービス回数などをさす。この4つの分け方は、医療の質をとらえるときの3つの切り口、①構造（structure）、②過程（process）、③結果（outcome）と3つがほぼ照応する。医療の質評価の3方法と異なる点は、(1) 設備、人員、専門職配置など事業・施設の「構造」のみでなく、そこに予算やサービス回数などを付け加えて、「資源投入量」という概念にまで拡張したこと、(2)「構造」を「資源投入」にまで拡張することによって、投入（input）、過程（process）、結果（outcome）という整理ができ、投入と結果の比較検討が効率であると明解に整理した点である。次に4種類の評価の特徴、長所と短所を整理する。なお、ここでは評価として特徴がわかりやすい構造の評価に置き換えて特徴を述べる。

1) 構造の評価

　構造の評価とは、設備、人員、資格者の配置などをみることであり、把握しやすいのが長所であるが、設備人員などは、サービスの質には間接的にしか影響を及ぼさず、質の評価としては最も間接的、鈍感な方法である。人員配置が相対的に多い福祉施設の処遇が必ずしもすぐれているとはかぎらないことからも、構造と結果との関係は明らかではない。また予算投入との関係においても、予算と効果、投入（input）と産出（output）の関係は立証できない、つまり資金を投入しても質が高くなるわけではないことが、1980年代末にアメリカの評価研究で明らかにされ、評価において効果、成果を重視する方向を促した[2]。

2) 過程の評価

　過程の評価は、①サービスを提供する過程のなかから重要な部分を取り上げて、望ましい基準や標準をつくりやすいこと、②通常業務のなかで評価に必要な情報を集めることができ、結果の評価と比べて取り組みやすいという長所がある。しかしたとえば、訪問介護計画が作成されていたとしても、そのとおりにサービスが実施されているとはかぎらないし、目標が「在宅生活の継続」のように誰にでも通じるようなものでしかない場合には、サービスが個々のニーズに即しているかを把握できない。過程の評価は、評価する部分をよほどうまく取り上げないかぎり、結果との関係につながらない短所がある。ただし訪問介護計画を作成していない事業者よりは、作成している事業者のほうが、サービスの質が高いという推測はできる。また契約書や「利用案内」などを点検することによって、どの程度「説明と同意」がなされているかも推測できる。過程の評価は、結果の評価のようにサービスの質を直接表すことはできないが、構造の評価ほど間接的ではない。

3) 結果の評価

　結果の評価は、福祉サービスの目指す結果を成果として生み出したか否かをみることであり、サービスの目的そのものを評価することである。つまりサービスの質の評価では、最も理想的といえる。しかし正確な結果・効果を

把握するためには、評価をする側にもされる側にも多くの努力が要求され、時間と費用がかかり技術的にもむずかしいという短所がある。さらに高齢者の日常を支える介護サービスなどでは、大きな改善は期待できず、わずかな生活の変化を測定する尺度もないため、効果測定の評価では、実践に役立つ結果が得られにくいという短所もある。そのため利用者の満足度で成果を探る方法が多く用いられる。満足度調査は成果の調査ではないが、結果（成果）の評価の一部として位置づけられる。なお成果の評価と満足度との関係については、後に整理する。

4）効率の評価

　効率の評価とは、ある事業を実施するために要する費用とそれによって達成された効果を比較することで、費用効果分析（cost-effectiveness analysis）と費用便益分析（cost-benefit analysis）とに分けられる。費用便益分析は、効果の側もすべて貨幣価値に換算するもので、橋や道路では計算しやすいが、福祉や教育では換算がむずかしい。費用効果分析では、1977年から取り組まれたイギリスのケント・コミュニティケア・プロジェクト（以下、ケント・プロジェクト）による研究が、効果指標のとり方も緻密で総合的・学問的水準が高く有名である。これによってケアマネジメントによるコミュニティケア方式が、福祉と医療と機会費用の面で効果に見合った経費軽減をもたらすことが確認された[3,4]。アメリカでは1972年から全米各地で18件の地域長期ケアモデル事業が取り組まれ、うち分析可能な14の事業についての費用効果分析では、入所入院日数などでの経費軽減効果はほとんどなく、利用者の生活の質で効果があるのみであった[5]。

　費用効果分析の特徴は、ケント・プロジェクトとアメリカの例をみるとよくわかる。長所は、ケント・プロジェクトの成果がイギリスのコミュニティケア改革を先導したように、研究機関と行政、実践現場が一体となって取り組むならば、政策提起できるほどの説得力をもつ点である。短所は、効果を比較する対照群のサンプリングをはじめ、正確な評価のためには、広範な協力体制を整え、多額の費用と時間をかけなければ行えないことである。評価のためのデザイン、調査研究の緻密さと規模が決定的であることは、ケン

ト・プロジェクトとアメリカの例で異なる結論が出たことからもうかがえる。

2 目的による評価の区分

　構造の評価、過程の評価、結果の評価は、評価を行うときの切り口に着目した区分であるが、一方、評価を何のために行うのか、その目的や機能に注目した場合には、いくつか別の評価の呼び方がある。総括的評価（確定的評価summative evaluation）は、事業の結果を重視し、その継続や資金助成の可否などを判断することに主な目的を置く判断志向型評価（judgment-oriented evaluation）である。これに対して、形成的評価（formative evaluation）は、利用者へのサービス提供の過程や事業運営の過程を重視し、業務の改善を図ることに主な目的をもつ改善志向型評価（improvement-oriented evaluation）である。評価で中心的に扱う要素の違いをもとに、結果（成果）の評価のことを総括的評価、過程の評価のことを形成的評価と呼ぶ論者もいるようだが、プログラムの出資者や資金助成団体などスポンサーの側が判断の材料を得るために行う評価と、プログラムに従事する管理者やスタッフが、自分たちの業務改善のために、現状を見直す「質改善のサイクル」とでは、評価の目的が違う。評価の対象にする要素（切り口）による区分と評価の目的による区分は、別の用語で理解するほうが適切と思われる。

　資金提供者と従事者では、評価を行う際のねらいが違うことから、同じプログラムにかかわる人びととの間でも、その置かれている立場によって何を利害と感じるかが異なることがわかる。評価では、このような関係者をステイクホールダー（stakeholder）（以下、利害関係者）と呼ぶ。利害関係者とは、あるプログラムがうまく機能するかどうかについて大きな関心や利害をもっている個人、集団、組織であり、たとえばそのプログラムについての判断にかかわる官庁の人びと、出資者や資金提供者、管理者や職員、クライエントまたはその事業で便益を受けると想定された人びとをさす[6]。

　プログラムの利害関係者の立場や状況に注目すると、多元的評価やエンパワメント評価、また評価可能性の評価などの考え方が出てくる。多元的評価

（多元主義的評価pluralistic evaluation）とは、プログラムにかかわる関係者の立場が違うなかでは、評価の目的とそれによって異なる評価の進め方について、一致させることは困難であるという前提に立つ。誰もが一致できる客観的評価が存在するかのような前提を排したうえで、それぞれの関係者にとって重要な視点を取り入れ、多様な方法でデータを収集し、それぞれの評価基準に即して評価を行うアプローチとなる。そこでは、評価結果のみでなく、それぞれの関係者にとって意味のある、自分たちに役立つような評価の進め方も重視される。エンパワメント評価は、プログラムの利害関係者のなかでも不利な状況に置かれているクライエントに焦点を当て、抑圧された人びとが評価の過程に参加することを通じて、自分たちの状況を語り、課題とその解決への過程を意識化していくことを目的とした評価である。「自己決定力を培うための評価概念や評価技術の利用法」と定義され、「その目的は人びとの自立を助けることにある」と規定される[7]。アクション・リサーチと同じように、評価データの客観性よりも、実践（活動）としての側面が重視されている。

　評価可能性の評価（evaluability assessment）は、プログラムの関係者の間で、事業の目的が曖昧なまま一致していない場合が少なくないことから生まれてきた視点である。これは、プログラムの結果・影響を測ることから出発したアメリカにおける評価の歴史のなかで、プログラムの目的や達成すべき内容について、出資者、管理者、職員などで理解が違うと評価の実施が混乱をまねくこと、また予定したようにサービスが提供されていない場合には、影響を測る意味がないことなどから1970年代に提起された。評価を進めるためには、そのプログラムが評価できるかどうか、評価の前提条件を検討する評価可能性の評価が重視される。今日でもこの用語のまま使うこともあれば、アメリカで定評のある専門テキスト（Rossi,P.H., et al.）は、より充実させてプログラム・セオリーの評価（assessment of program theory）と呼び[8]、パットン（Patton,M.）は、スタッフと共に曖昧であったプログラムの目標や計画を考え、組織を発展させていく過程を重視して、開発型評価（developmental evaluation）と名づけている[9]。

3 プログラム評価での満足度調査の位置

　サービス評価は、評価を行う主体によって区分すれば、利用者評価、事業者評価、第三者評価の3つに区分でき、第三者評価とは利用者・事業者のいずれにも属さない中立で専門的かつ客観的な評価であるといわれている[10]。多元的評価の観点からは、すべての利害関係者が一致できる「中立的、客観的評価」が可能か否かは論議のあるところだが、すでに職業としての評価者（専門家）がおり、全米評価協会や各種の認証団体が活躍している評価先進国に倣って、今から評価専門家と各種評価団体を育成したいという政策的な意図は理解できる。

　プログラム評価のなかで満足度調査の位置を整理すると、わが国で促進されている第三者評価は、事業者のサービスの質向上を目的とした形成的評価であり、したがって東京都の例のように利用者評価（聞き取りや満足度調査）を組み入れることも当然必要になる。事業者評価でも満足度調査は必要である。介護保険の指定基準では、「指定訪問介護事業者は、自らその提供する指定訪問介護の質の評価を行い、常にその改善を図らなければならない」と定められ、「提供された介護サービスについては、目標達成の度合いや利用者及びその家族の満足度等について常に評価を行う」と満足度調査が指示されている（平成11年9月17日老企第25号）。要するに利用者評価、事業者評価、第三者評価という評価主体による区分では、そのいずれでも利用者からのフィードバックを得る必要があり、満足度調査はその手段として重視されるだろう。

　目的による評価の区分における満足度調査の位置を検討すると満足度調査は、利用者の意識調査の一種であるため、総括的評価においても形成的評価でも使うことができる。ただし総括的評価によって事業の継続を決定するなどの場合、満足度は参考データにとどまると思われる。後にも述べるが満足度は、設問の設計やサービス、利用者の違いによって含まれる意味が一義的でなく、また事業の目的が達成されたかどうかを示す適切な指標ではないため、満足度の数値（高低）によって事業の継続などの判断を下すことはでき

ないと思われる。

多元的評価やエンパワメント評価において、利用者の満足・不満足を数値で示す満足度調査は、利用者の声を表すデータであるようにみえるが、複雑な状況にある当事者にとっては、設問と選択肢があらかじめ決められてしまうため、いいたいことがいえないという批判がある。自由に意見がいえるインタビューやフォーカスグループなど、質的で双方向的な調査のほうがエンパワメントの促進に向いている。しかし後に述べるように満足度を用いた量的調査でも、当事者の視点を強めるような調査設計も可能である。評価可能性の評価は、評価を実施する前段のステップなので、ここに満足度調査が入ることはありえない。しかし評価可能性の評価は、評価の目的、評価のデザインを評価者が関係者と協議して決めていく過程であり、満足度調査を取り入れるかどうか、またその満足度によって誰が何を知りたいのかを明確にしていく必要がある。逆にいえば、評価可能性の評価の過程をふむことなしに、ただ満足度を聞くことによって、満足度の数値、その意味への疑問が生じてしまうとも考えられる。

4 サービスの質の確保における満足度調査の活用例

イギリスでは、サービスの質を確保する（quality assurance）ために、多くの施策を重層的に採用し、満足度調査（satisfaction surveys）もこれら施策全体のなかの一部として制度化され、重要な役割を果している。1998年の白書『社会サービスの近代化』[11] 以来、①長期ケア憲章[12]、②対人サービス業績評価フレームワーク（Personal Social Services Performance Assessment Framework；PAF）、③統一ケア基準による監査体制の設立の3つを主要な柱に据えて、福祉と医療を含むケアの質を確保する政策が進行している[13]。長期ケア憲章とPAF（自治体による業績評価）の2つの政策のなかで、利用者満足度調査が関連づけられている。長期ケア憲章によって、自治体は毎年、長期ケアの利用者に満足度調査（サンプル調査）をすることが指示されている。満足度調査の項目は必須2項目と自治体による項目とに分かれ、回答への影響を防ぐために、必須項目の前に別項目を入れてはいけ

ないなど評価の信頼性を担保する詳細な手引きが出ている[14]。これは2項目の満足度が、業績評価PAFの項目に織り込まれ、全国の自治体が同じPAFの物指しで評価されるためと思われる。

　満足度は、評価方法の一つとしてイギリスで以前から使われており、ケアマネジメントのモニタリングにおいても、改善の度合いをみるために、質問紙やその他の方法によって、利用者と介護者の満足度を折にふれて再検討することが重要であるという提起もある。社会サービス部が、ホームヘルパーの定着率低下が問題となっている民間営利部門を満足度調査で評価した例がある。ハンプシャーの社会サービス部は、満足度調査を行い、ホームヘルプ事業者によって満足度の数値が違うことを明らかにした。社会サービス部は、以前から苦情やエピソードから当該事業者に問題ありとみなしていたが、この満足度調査によって個別の苦情例ではなく、統計的事実として確認できたことになる[15]。

　ケント大学のデイヴィス（Davies,B.）らは、利用者を介護の必要な程度によって重度、中程度、軽度に3区分し、それぞれでのサービスへの満足度を調べることによって、サービスがニーズの違いに即しているかを検討した。重介護を必要とする利用者では、「非常に満足」と「満足」を加えた満足度の割合が他の中程度や軽度の利用者と比べていちばん低いこと、さらに「どちらともいえない」が他の2者に比べとくに高いことを分析して、重介護を必要とする利用者の場合、ニードが正確に評価されていない、援助が少ないと感じているのかもしれないと推測している。また痴呆の高齢者と痴呆のない高齢者を世話している介護者での満足度を比較し、痴呆なしの場合の不満足が4.4％なのに対し、痴呆ありは12.9％と3倍の違いがあることは、痴呆高齢者へのサービスには、依然としてニーズとのギャップがあると分析している[16]。障害や介護の必要な程度ごとに満足度の違いを調べることによって、サービスがニーズに適しているかを検討できる。

5 満足度調査の長所

1）満足は広い意味での成果

　満足とは、個人の欲求と外的環境との調和・葛藤の程度が導く個人の感情といわれており、福祉サービスの利用者が、そのサービスを使うことによって満足感を得るということは、それを一つの成果とみなすこともできる。ただし成果を、「利用者の状態の好ましい変化」としてプログラム評価で用いる本来の定義にした場合には、満足感は成果と同じではない。成果の評価が時間、費用、技術的に簡単には取り組めないなかで、利用者の満足は広い意味での成果の一部、または成果と並ぶ結果の評価の一つと考えることができる。満足度を測ることは、成果あるいはサービスの質自体を測ることではないが、結果から質を評価する一つの手段となり、これが満足度調査の第1の長所である。なお満足度と成果の関係は後に再度整理する。

2）受けた便益の評価

　満足度調査の第2の長所は、利用者がサービスから受けたと思う便益を自分でランクづけることによって、簡易な成果の指標にすることができる点である。利用者が自身でつける尺度（self-report measures）は、さまざまな尺度のなかでも調査者による解釈を含むことなく、すぐに行うことができるので測定でよく用いられる方法であるが、満足度調査もやり方によっては、この一つにできる。たとえば「配食サービスはあなたが健康と栄養を保つうえで役に立っていますか」という設問に対して、1「まったく役に立っていない」から、5「大変役に立つ」までの目盛りをつけた横線を並べ、評価ランクの数字にマルをつける。これによって利用者がどの程度役に立つと感じているかを知ることができる。

　単一のサービスで便益を評価するだけでなく、多くのサービスのなかでの評価もできる。精神保健福祉サービスの利用者に対して、どのようなサービスを利用しているか、どれだけ役に立ったかを質問し、入院、外来、デイケア、訪問看護、ソーシャルワーク、ホステルなど10種類のサービスのそれ

ぞれについて、「大変役に立った」「役に立たなかった」などの選択肢から該当するものを選んでもらう。これによって数多くのサービスのなかで、どれが利用者にとって役に立つと思われているか、主観的な順位を知ることができる[17]。

3) 実施が容易で分析範囲が広い

満足度調査の第3の長所は、施設や事業所で簡単に実施でき、応用も可能な点である。調べたい評価の項目をつくり、「そのとおりだと思う」や「大変満足」などの選択肢を入れることによって、順序尺度になり高度な統計処理をすることもできる。サービスの質という定性的なものを定量的に分析して記述することができ、これを活用すれば、同じ組織のなかで他の部門との比較や、調査を継続することによって時系列比較もできることになる。

4) 障害の程度ごとに満足度を調べ、ニーズとの適合を評価する

満足度は、標準化された尺度をつくるという手順をふむことなく、障害の程度や介護度ごとに満足度の違いがあるかどうかを統計的に検定することによって、サービスがそれに適しているかを検討することができる。ケント大学のデイヴィス教授らの研究例を前にあげたが、わが国の研究でも、デイサービス利用者の介護者を対象として満足度調査を行い、週2回のサービス回数は、障害の重い高齢者をもつ介護者のニーズに応えていないことを明らかにしている[18]。デイサービスに対する介護者の満足度をたずねた8項目のなかで、利用回数について「やや不満」「まったく不満」と回答した介護者は、障害老人の日常生活自立度のランクB・Cで23.5％、ランクJで9.9％であり、この間で有意な比率の差が認められた。満足度で便益を評価するといっても、「大変役に立った」などを聞くだけでは意識調査でしかないが、要介護度などニーズの違いを生むと推測される利用者属性との間で違いがあるかどうかを検定することによって、そのサービスの適切さを検討することができる。

5) 当事者主導への手段にできる

満足度調査は、とかく専門職主導になりがちな保健福祉医療サービスに対

して、当事者主導を強める一つの手段にできる。専門家が行う第三者評価や援助する側からの評価は、専門職能やその部門に注目するために部分的な機能評価になりがちである。しかし利用者からみれば、どの職種やどの部門のせいでうまくいかないかなどは二次的であり、どのように役立ったか、どれだけ適切であったかこそが重要である。サービスを総合的に評価するためには、利用者からみた満足度という切り口が有効である。たとえば精神保健ケアで満足度調査を行うと、患者が最も役立つ（helpful）と答えた項目は、薬物治療よりも、楽しく話せるような人をもつことであるという結果が示される。利用者は医学的治療よりも、スタッフや他の患者とのよい人間関係や傾聴技術、自分の自由について重きを置く傾向があることがわかる。満足度調査は、それ自体としてパターナリズムや医療モデルに対抗するものではないが、意識して用いるならば、治療優先の価値観に対して、当事者の視点を強めていく手段として活用することができる[19]。

6 満足度の問題点と限界

　満足度を用いた調査には問題も多い。満足度がもつ基本的な問題、満足度の手法がもつ限界を整理する。

1）概念の曖昧性
　医療でも福祉サービスでも高い満足度が報告されている。患者満足度では多くの研究で約75％が満足という結果で、このなかには、不満足な回答者も含まれている可能性を否定できないといわれている。これについては、利用者に満足しているかどうかを聞くような大雑把な質問が、同じ通り一遍の答えを引き出しているという指摘がある。利用者は、サービスのある部分に満足していると同時に他の部分には不満なのかもしれないのであり、これを「満足か」という質問ですませてしまうのは、調査設計の問題である。高すぎる満足度とは、何を測っているのかという疑問は、満足度のもつ複雑性であると同時に、貧弱な調査デザインに多くの責任がある。満足度のなかでも何を測定するのか、全般的満足度（評価）か、個別の具体的満足度（評価）

なのかが区別されるべきであり、さらに全般的評価を得る場合には、個別の要素での評価との関連が検討される必要がある。満足度に影響する要素は多く、その複雑さのために、満足度の概念には曖昧な部分が多い。研究の蓄積がある患者満足度において、ある一つのケアに関してでも満足度を構成する概念の数やタイプ、概念同士の関係について共通見解はなく[20]、また患者満足度を測る最も標準化された尺度として定着している Client Satisfaction Questionnaire（CSQ）も単次元的構成になっているため、感受性と内容妥当性に課題があるといわれる。福祉サービスでは、標準化された満足度尺度はない。満足度とは何を測っているのかという問題は、解明すべき基本的課題である。

2）期待水準のつくられ方

満足度は期待との関係が強いといわれており、サービスが期待したよりよければ満足を感じ、悪ければ不満に感じる。期待の水準を決める仕組みが重要になる。一般商品での満足度と違い、福祉サービスの満足度では、①期待の基準がないこと、②自尊心の低下による影響、③置かれた現実への妥協という3点を重視する必要がある。

第1に、福祉サービスでは、期待の基準がないまたは不明確なことによる満足度への影響がある。一般に流通している商品や市場のサービスについて消費者が期待をもつ場合には、以前の自分の経験や他人の経験に基づいて期待レベルを決められるが、福祉サービスでは同じようにできない。福祉サービスの利用者の多くは、援助が必要になってはじめて使うべきサービスがあることを知る。したがって周囲にサービスを使った経験者がいない場合も多く、これが病院での患者満足度とも異なる点である。期待水準の高低以前に、そもそも何を期待してよいのかよくわからない利用者もいる。デイサービスの利用を施設に行くことだからと嫌がったり、訪問介護員を使用人扱いしたりするのも、そもそも何をするためのサービスかについての理解がないことの表れとも考えられる。第2に、福祉サービスへの期待は、自尊心（自己評価 self esteem）の低下による影響を受けている可能性がある。人は、自分が受けるのにふさわしいと思う扱いを受けた場合に満足を感じる。ところが、

「自分にふさわしい」と思うもとである自己の評価が低下してしまうのが、障害を受けた高齢者の特徴である。低下した自己評価を基準に「こんなになってもよくしてくれてありがたい」という評価が生まれている可能性は高い。
　第3に、福祉への期待は、現実への妥協によって影響を受けている可能性がある。そもそも人は、好ましい理想的な水準と、その時どきの現実のなかで望めそうな期待とを区別しながら生活している。福祉サービスの利用者も、理想的なサービスの存在を何かで知ったとしても、自分が置かれた施設や「わが家」のなかで、現実的と思える水準を自分の期待レベルにすることになる。
　最高級品から日用品まで、幅広い水準がすでに存在しかつ宣伝もされている一般商品における顧客満足度と、福祉サービスの満足度とでは、期待水準を生み出す社会の構造が異なる。したがって、福祉サービス利用者の回答する「満足」とは、その個人が受け入れることのできる最低限を満たしているにすぎないのかもしれない。また「不満足」とは、つつましく期待していた水準と実際の経験との間に、非常に大きな食い違いがあった場合を表現しているだけなのかもしれない[21]。

3）満足度は成果と相関しない

　満足度調査には、主観的な意識を測るという性格によって生じる2つの限界がある。ケント大学のデイヴィスらは、コミュニティケア方式による費用効果研究のなかで、利用者の満足度は他の成果尺度とは相関していないと報告している。満足していないサービスから明らかに利益を得ている利用者がいる一方、利益を得ていないのにそのサービスに満足している利用者もおり、満足度は、社会サービスが目指す多くのねらいのなかで、ある目的が達成されたかどうかを示す適切な指標ではないと説明している[22]。
　別の満足度の調査では、面接した10％の人がより多くの援助を要求していたにもかかわらず、現在のサービス提供の水準に不満足と回答した人は、2％しかいなかったという報告があり、満足度は、利用者が感じるニーズの充足・不充足とも関係しないという例もある。満足度の高さ・低さとは、基本的に人とのふれ合いの質と関係しており、成果とは関係していないという

理解がある。

4）自覚のないニーズへの援助は評価できない

満足度の長所である「受けた便益の評価」は、サービスの意味を認めない非自発的な利用者（involuntary client）に対しては、限界がある。ロッシ（Rossi,P.H.）は、薬物依存者へのプログラムの例をあげ、利用者はプログラムが役立つことを常に理解しているわけではないと、満足度の限界を述べている[23]。福祉サービスでは、本人が望んではいないが、援助の必要がある場合も少なくない。訪問介護の利用者のなかには、不潔・不衛生な状態が慢性化し、食事も満足にとらず、入浴も拒み、着替えもしない高齢者がいる。このような自己放任（self neglect）の利用者に対して、訪問介護員は、拒否されても根気強く訪問を続け、認めてもらえる部分からサービスを始め、信頼関係をつくり、ついには通常の生活を回復するという援助を行っていた。援助困難な利用者は、一定の割合で必ず存在している。また「寝たままがいちばんよい」「いまのままでよい」という高齢者は少なくない。寝ているだけの高齢者に離床を促す、閉じこもりの高齢者を外出に誘うなど、利用者が求めていないが自立に必要なサービスを、了解をとりつけつつ展開していくことが、質の高い介護サービスである。

質の評価としては、このような自立支援を評価することが求められる。しかし、一時点で調査する満足度調査によっては、測定することができない。非自発的な利用者に対する援助は、継続的な働きかけによって、利用者の意識を変え、生活の変化を目指す取組みであるため、時系列で調査する設計にしないかぎり、変化した状態やそれによる満足感を知ることはできない。満足度調査は時系列でもできるが、状態の変化をとらえる調査は、効果測定の調査設計にするのが一般的で、満足度調査とは呼ばれない。サービスの質の評価を目的とする満足度調査であるが、介護サービスにおいて最も重視される自立支援の評価については、満足度では測定がむずかしい。

7 成果の評価と満足度との関係

　サービスの評価では、そのサービスがどの程度、本来の目的を達成しているかを測る成果の評価が最も望ましいといわれ、政策判断のもとになる効率の評価をしようと思えば成果（効果）の測定が前提になる。したがって評価すべき成果とは何か、成果をどう定義するかが重要になる。社会福祉のなかで成果を広く理解すれば、ある政策によって、サービスやその提供の仕組みがよりよい方向に変化することも、政策の成果といえる。たとえば、高齢者の希望をもとに介護支援専門員が必要なサービスを斡旋してくれるようになったことは、介護保険を導入した政策の成果ともいえる。本論ではこのようなサービス提供過程の変化も含めた広い意味の成果ではなく、利用者の状態変化、そこへの影響に限定して成果を考える。

　プログラム評価のなかで、成果（outcome）と産出（output）は区別される。成果とは、サービスやプログラムがその目的をどの程度達成したか、利用者に望ましい影響をどの程度与えたかを問うものであり、産出は、施設・機関やプログラムがどれだけの単位のサービスを生産したかを示すものである。行政外郭団体の一部には何の役に立つのか疑問な事業もあることを考えれば、提供された実績（産出）とそれによってもたらされる影響（成果）を区別することは重要である。

　ナップらによる「福祉の生産モデル」は、この2つの違いを媒介的成果（intermediate outcome）と最終的成果（final outcome）の区別で示すとともに、成果が何によって規定されるかを示した概念モデルである。これは、ケアマネジメント方式を研究したケント・プロジェクトの準拠枠となり、イギリスの費用効果研究では、引用されることが多い。

　図1のようにナップは、成果に影響を与える要因を「投入」と呼び、「資源的投入」と「非資源的投入」の2つに分けた。「資源的投入」は、職員、施設、車輌などかたちのある資源でサービスを形づくり、サービスの目的達成に役立つ消費可能なものである。すべての資源的投入は費用（コスト）に集計できる。成果に影響を与える要素は多く、利用者のさまざまな特徴、そ

第4部　新しい福祉への途

の環境はとくに重要であり、近隣の見守りがあるといったような地域の特徴も要素の一つになる。スタッフの態度、経験も成果に影響を与える。「非資源的投入」は、かたちをもたないが、福祉サービスのなかで重要な役割を果たす利用者や職員の諸特徴、パーソナリティ、態度、経験、環境をいう。非資源的投入にはコストがないが、そのなかの一部は、資源的投入やコストに影響される[24]。チャリス（Challis,D.）とデイヴィスは、このモデルから「高齢のクライエントに対するケアの成果は、受けたケアサービスの水準と型（資源的投入）、高齢者自身の特性と環境（非資源的投入）、そしてクライエントの環境と特性にサービスを結び合わせる方法によって決定される」という命題を立てて、サービスを結び合わせる新たな方法（ケアマネジメント）の費

●図1　福祉の生産モデル（Davies and Knapp, 1981）

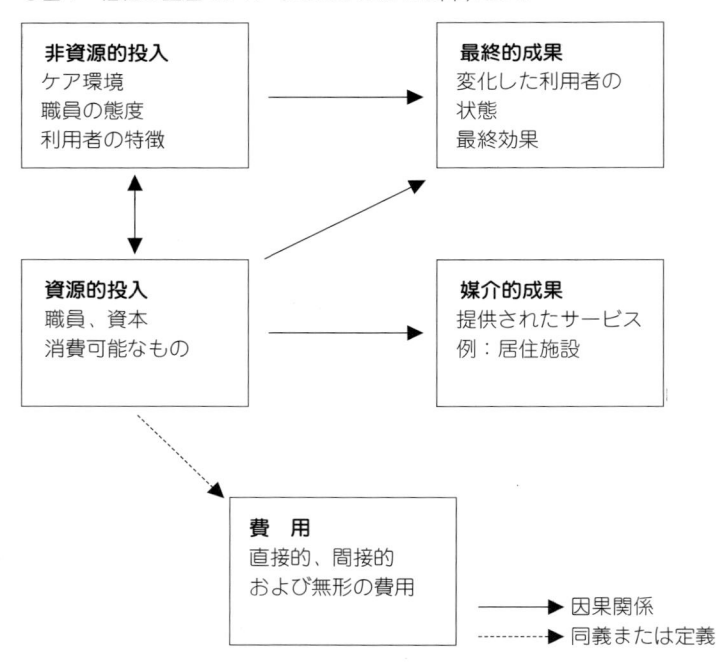

非資源的投入	最終的成果
ケア環境 職員の態度 利用者の特徴	変化した利用者の状態 最終効果

資源的投入	媒介的成果
職員、資本 消費可能なもの	提供されたサービス 例：居住施設

費　用
直接的、間接的および無形の費用

──▶ 因果関係
------▶ 同義または定義

資料：Knapp,M., et al. "Care in the community ; Challenge and demonstration" Ashgate Publishing Limited, 1992, p.54.

用対効果を分析した[25]。

「福祉の生産モデル」をもとに成果と満足度との関係を考察すると、まず一般的な生活満足度（life satisfaction）とサービス利用者の満足度とが区別されなくてはならない。主観的満足感と訳されるsubjective well-beingは、ケント・プロジェクトでもPGCモラールスケールなどが最終的成果を測定する指標の一つに組み込まれている。一方、一般企業で顧客満足度（customer satisfaction）と呼ばれるサービスを利用した結果に対する利用者の満足度については、すでに述べたように他の成果尺度とは相関しない。つまり利用者の状態の変化である成果（最終的成果）とサービス満足度とは、関係がない。またデイヴィスらは同じ研究のなかで、サービス利用6カ月後での総括的な満足では、障害程度の軽いほど満足度が高いが、反対にホームヘルプの在宅継続効果についての利用者の評価（感想）では、サービス提供が多いほど高くなっていると述べている。ここからサービス満足度と成果との関係を考えると、利用者の満足感は、提供されたサービス（諸サービスの受け取り）を意味する媒介的成果と同じではないし、その一部ともいえない。しかし、サービス提供が多いほどホームヘルプ効果への主観的評価が高いことを考えると、満足度のなかのある部分は、資源的投入の影響を受けると思われる。次に、障害がある人ほど満足度が低いという傾向は、他の文献でもいわれており[26]、満足度のなかのある部分は、利用者のもつ障害や身体的健康という特徴によって影響を受けている。つまり「福祉の生産モデル」で非資源的投入のなかに位置づけられる利用者のもつ特徴は、満足度に影響を与えていることになる。さらに、満足感は利用者とスタッフの人間関係の質に影響されるという他の知見を採用すれば、職員の態度や経験などの非資源的投入も、満足度に影響を及ぼしていると考えられる。

以上を前出「福祉の生産モデル」の図において示すとすれば、最終的成果の上の余白に「サービス利用者満足」の囲みを描き、資源的投入と非資源的投入のそれぞれから因果関係の矢印を引くことができよう。もとの図でサービスの受け取り（提供）である媒介的成果と最終的成果との間に矢印（因果関係）がないのと同様に、ここで付け加えた図においても、サービス利用者満足と最終的成果、媒介的成果との間には矢印（因果関係）がないことが注

意すべき重要な点といえるだろう。

8 満足度調査の留意点と課題

　満足度調査をサービスの質の評価で活用するには、その長所を生かし、短所を補うように留意する必要がある。満足度は、成果と相関せず、サービスの目的が達成されたかどうかを測るものではないことから、満足度の高低がサービスの質自体を示すものではない。これが第1の留意点である。一方、事業者による自己評価や第三者評価が、評価基準の妥当性や評価者のレベルによって左右される部分が大きいのに対して、利用者の意識調査である満足度は、利用者が受けとめた評価（意識）としては事実であり、誰も否定しえない点で説得力がある。利用者の受けとめとしての評価の特徴を生かせば、当事者の視点からサービスを見直すことができる。また障害の程度ごとに満足度の違いを調べてニーズとの適合を検討することができる。ただし満足度は、多くの場合、あらかじめ設定された選択肢を選ぶよう強いられる。この順序尺度をつくる選択肢は満足の程度を区切り、質を定量的に示す利点をもつ反面、評価項目ごとに異なる質を表現できない。満足度調査で留意すべき第2の点は、利用者のもつ多様な評価を表していないことである。満足度調査は、選択肢が押しつけ的で、個別的評価に即していないという強い批判もある。調査票での自由回答を重視するだけでなく、利用者に集団で自由に意見をいってもらうフォーカスグループなど、質的で双方向的な評価を併せて行うことも望まれる。

　福祉サービスでの満足度調査の基本的な課題は、満足（不満）とは何を評価しているのかという測定内容の明確化である。何にでも満足度で設問をつくり、その数値をもって利用者の声であるかのように集計する傾向があるように思われる。日々サービスを実践している福祉職員にとっても、個々の利用者にとっても、評価結果の意義が感じられ、事業者や行政に方向が示されるような満足度評価のあり方が、問われている。そのためには、評価の過程と設計の2つで課題がある。プログラムにかかわる関係者それぞれにとって評価が役立つような進め方、誰のために誰とどのように評価を進めていくの

か、利害関係者との関係を重視した評価の過程が、効果的な満足度評価のための第1の課題である。第2の課題は、誰が用いても結果がばらつくことのない信頼性と何を測定しているのかが明確な妥当性の両方が検討された満足度尺度を開発することである。東京都のある区では訪問介護の満足度が93.9％であるのに対して、実態で大差のない別の区では48.6％という結果があり、やり方で高い満足度が出せることに「数字のマジック」との不信感を表明している市民団体もある。評価への不信が残されたままでは、サービスの質は確保できない。医療のCSQ-8のような標準化された尺度をすぐに開発することが困難ななかで、当面、個別のサービスごとに測定内容を限定して、サービスの質のどの部分を測っているのかを明確にした満足度尺度を作成していくことが求められている[27]。

　本論は、大正大学大学院博士後期課程福祉・臨床心理専攻の博士論文（2002〔平成14〕年3月）の部分要約（大正大学大学院研究論集第27号）に加筆したもので、ご指導いただいた小松源助先生、中村敬先生をはじめとする先生方、また尺度案開発でご協力いただいた訪問介護の関係者や利用者の方々に、この場を借りて深く感謝いたします。

文　献

1) 冷水　豊：福祉計画におけるサービス評価．定藤丈弘・他編，社会福祉計画，有斐閣，1996，pp.179-193．
2) Patton,M.Q.：Utilization-focused evaluation；The new century text. Sage Publication, 1997, p.13（大森　彌監修，山本　泰・長尾眞文編：実用重視の事業評価入門．清水弘文堂，2001, p.8）．
3) 平岡公一：費用一効果分析．定藤丈弘・他編，社会福祉計画，有斐閣，1996，pp.195-208．
4) Callis,D., Davies,B.：Case management in community care. Gower Publishing Limited, 1986（窪田暁子・谷口政隆・田端光美訳：地域ケアにおけるケースマネジメント，光生館，1991）．
5) 中谷陽明：老人福祉におけるケースマネージメント―米国での効果測定が意味するもの．社会福祉研究 46:19-25, 1989．
6) Rossi,P.H., Freeman,H.E., Lipsay,M.：Evaluation；A systematic approach. 6th edition, Sage Publication, 1999, p.36．行政サービスをはじめ公的資金の投入を受ける福祉プログラムの場合、利害関係者に市民や住民を加えることが多い。

7) 1993年全米評価学会理事長Fetterman,D.による定義．Patton,M.Q.：op.cit., p.101（大森　彌監修：前掲書，p.67）．
8) Rossi,P.H., Freeman,H.E., Lipsay,M.：op.cit., pp.173-187.
9) Patton,M.Q.：op. cit., pp.103-105（大森　彌監修：前掲書，p.70）．
10) 福祉サービスの質に関する検討会：福祉サービスにおける第三者評価事業に関する報告書 平成13年3月23日．
11) DH（Department of Health）：Modernising social services. 1998.
12) DH & DETR（Department of the Environment,Transport and the Regions）：Better care, higher standards；A charter for long-term care. 1999.
13) 冷水　豊・長澤紀美子：サービスの質の評価に関する政策的課題—英国の社会サービスをめぐる動向を素材として．三浦文夫編，図説高齢者白書2000，全国社会福祉協議会，2000, pp.162-181.
14) DH：PSS user experience survey what needs doing for 2000-2001. 2000, pp.12-13.
15) Rickford,F.：Value judgement. Community Care 16 November, 2000, p.22.
16) Personal Social Service Research Unit：Evaluating community care for elderly people. Bulletin No.2, the University of Kent, 1998, pp.18-19.
17) Atkinson,J.M., Elliott,L.：Evaluation and consumers.Titton,M.(ed.), Caring for people in the community；The new welfare, Jessica Kingsley Publishers Limited, 1944, pp.162-165.
18) 松原由美・他：デイサービスに対する介護者の希望と満足—利用者の要介護度による差．老年社会科学 22(3)：405-410, 2000.
19) Wallcraft,J.：Survivor-led research in human services；challenging the dominant medical paradigm. Baldwin,S.(ed.), Needs assessment and community care；Clinical practice and policy making. Butter worth-Heinemann, 1998, pp.186-208.
20) Applebaum,R.A., Straker,J.K., Geron,S.M.：Assessing satisfaction in health and long-term care. Springer Publishing Company, 2000, p.20（多々良紀夫・塚田典子訳：長期ケアの満足度評価法．中央法規出版，2002, p.47）．
21) Nocon,A., Qureshi,H.：Outcomes of community care for users and carers. 1996, pp.36-39.
22) Davies,B., Bebbington,A., Charnley,H.：Resources, needs and outcomes in community-based care. Avebury Ashgate Publishing Limited, 1990, p.107, p.113.
23) Rossi,P.H., Freeman,H.E., Lipsay,M.：op.cit., p.223.
24) Knapp,M., et al.：Care in the community；Challenge and demonstration. Ashgate Publishing Limited, 1992, pp.52-55. ナップはoutcomeとoutputを同義に使うが、デイヴィスは、後に同モデルの説明ではoutcomeにしている。アメリカではoutputとoutcomeの区別が一般的なことからも、文中での用語の混乱を避け、原書の図のintermediate output, final outputを成果と記載した。
25) Challis,D., Davies,B.：op. cit., p.198（窪田暁子・谷口政隆・田端光美訳：前掲書，p.245）．同書刊行時、非資源的投入はquasi-inputと書かれていたが、引用では現在の用語に直した。

26) Applebaum,R.A., Straker,J.K., Geron,S.M.：op.cit., p.14（多々良紀夫・塚田典子訳：前掲書，p.42）．満足度の構成要素は多く、単次元ではないので、障害程度の影響を受けるのは、満足度のなかのどの部分であるかを明確にしていくことが問われる。筆者の開発した満足度尺度案は、訪問介護員と利用者との援助関係に焦点を当て、サービスの質のなかでも介護度によって左右されない質の部分を測定している。
27) 須加美明：訪問介護の質を測る利用者満足度尺度の開発―ヘルパーと利用者の援助関係を基本要素として．老年社会科学 25(3):325-338, 2003．筆者は、信頼性と妥当性が一定程度検討された「利用者による訪問介護評価尺度案」15項目を開発し、今後さらに標準化と活用法を研究する予定である。

第 2 章

在宅介護を担う介護者の生活満足度に関する研究

川西　恭子

（　　　　　　は じ め に　　　　　　）

　わが国では、高齢化の進展による要介護高齢者の増加、介護の長期化・重度化、老老介護など家族介護をめぐる環境が今後ますます厳しくなるなかで、介護者の社会的支援が重要課題となっている。家族介護に関する先行研究を概観すると、1980年にザリト（Zarit,S.H.）らは介護負担を「負担感」（burden）[1]と概念規定し、その後の研究に理論的背景として大きな影響を与えた。わが国でも、高齢者を介護する家族介護にストレス認知理論を用いた先行研究が多くみられる[2,3]。介護負担感はストレスをもたらして介護者の生活満足に影響するという考え方から、ストレス軽減が社会的支援に重要であるとされ、2000（平成12）年4月からの介護保険制度にも反映されている。しかし、筆者は介護者に対する継続的な調査において、ストレスフルな環境にあっても肯定的な生活実感をもってお世話する様子を見聞きし、満足度にはストレス認知理論では説明のつかない情緒的なプラス側面が大きく影響することを実感した[4,5]。そこには、家族や周囲の人たちの理解・協力、楽しみなどにより充実感に満たされている事例が多いことから、ストレス軽減を経ずして生活満足感を直接高める存在の可能性を考えさせられた。これまでも先行研究や関連学会で情緒的支援の重要性についての報告はみられた

かわにし　きょうこ　　社会福祉法人全国精神障害者社会復帰施設協会事務局

が、生活満足度に対する情緒的支援の理論的根拠を明らかにした研究報告は少ない。そこで本研究は、介護者の肯定的な側面を重視した社会的支援の有用性に関する理論的根拠を明らかにすることを目的とした。

1 研究デザイン

本研究を進める準備段階で、第1に心的事象をどう理解するか、第2に事実に客観性があるか、第3に理論に妥当性はあるかといった3つの問題に直面した。その問題解決は本研究の独自性とも関係している。

第1の心的事象については、個々人の状況的個別性の強い満足感・充足感など心的領域の事象の理解には、リクール（Ricoeur,P.）[*1]の哲学的手法として解釈学的方法を用いることの妥当性を文献研究により確認した。

リクールは解釈体系に関して、「行動は解釈学的意識、つまり、出来事をいかに解釈するかの形をとって、また、何が物語れるかの形をとって歴史に照合される。人生とはこの物語ることを求めている生の歴史である」[6]と述べる。つまり、彼の哲学は、人間的生の解釈、たとえば物語的アイデンティティを通しての意味創造の哲学ともいわれる。彼は事象の本質を哲学的解析で知る手法として、著書のなかで、幸福など抽象的概念について科学する際、データの不完全さをその取り巻く全体から真実を洞察する解釈学的手法を提唱している[7]。それまでの解釈学あるいは現象学での「部分（parts）から全体（whole）へ」「全体から部分へ」のアーク（arc、弧）のほかに、もう1つのアーク「理解（understanding）から説明（explanation）へ」「説明から理解へ」を導入することで、動的な役割・機能をも洞察できるとしている。つまり、1つの現象を洞察し解釈していくうえで、理解するためには説明が必要であり、説明するためには理解することが必要であるとする発想を重視する。また、理解するうえで弁証法を用いて、肯定が必要であることを立証するために、否定的なもののなかでの肯定の役割を再発見しようとする[8]。

1994年、スウェーデンのベンゼン（Benzein,E.）ら[9]の研究グループが、出来事を言述（discourse）現象としてとらえ、意味を理解するという、リクールのテクスト解釈理論を看護研究領域に初めて取り入れた。表1に示すよ

うに、9人の看護師から得たインタビューデータを出来事の言述（discourse）現象としてとらえ、次の4つのステップで解釈を進めた。①インタビューデ

● 表1　構造分析の例：看護師におけるがん患者の希望に関する読解単位、要因、テーマ

読解単位	要因	テーマ
「病気が進行するほどに逆に生きたいという意思が日々強くなっていた」 「身体に宿っている生きる力、病に抵抗する力は信じられないほどに強い」 「鉄のような強固な意思で死期をのりこえていた。生き続けると決めていたのだ」	内なる強さと活力	希望にかかわる内面的・外面的要因
「娘の卒業がどうしても見たかった」 「もう一度夏のキャンプに行くのだと心に決めていた」 「Gothenburgへ家族と行くことになっていた、どうしても行きたかった」	心待ちのできごと	
「縁者には、患者が尊重されて安心できることがとても大切です」 「同じ病室の同じスタッフのもとに戻れて安心していた」 「在宅でもこうした社会的援助を受けられることがとても大切です。家庭には家庭の環境があるからです」	身内からの支援／馴染みの環境	
「一度治療を受けられなかったとき、もう治療してもらえないのではないかと心配するようになった」 「ひどい病状で、数週間も最悪の気分が続いても、それでも、次の治療にはやってくるものです」 「治療の効果がみられれば、自信と力が湧いてきます」	治療への信頼	
「物としてではなくかけがいのない人として扱われるべきなのです」 「尊厳を冒してはいけません。患者のためにそこにいることが必要なのです」 「話に耳を傾けてあげることが、何といっても、もっとも大切な、実のある支援になるのです」	看護活動と看護支援	患者と看護師の関係性

資料：Benzein,E., Saveman,F.I. "Nurses perception of hope in patients with cancer ; A palliative care perspective" Cancer Nursing 21(1):12, 1998.

ータについて全体から表出される意味を把握するため、先入観をもたずにnaive reading（以下、通読）する。②1つの言行推移を表す文脈をmeaning unit（以下、読解単位）として選び出す。③読解単位から一般的事象を表すsub-theme（以下、要因）へとstructural analysis（以下、構造分析）を行い、内なる強さと活力、心待ちの出来事、身内からの支援／馴染みの環境、治療への信頼の4つを要因とし、それらを包括するテーマとして、希望に関する内的因子および外的因子、また、要因として看護活動と看護支援からテーマ患者と看護師の関係性を導き出した。④全体解釈により、末期がん患者の"希望"を明らかにした。

欧米の看護学領域においては、希望、尊厳など心の領域を科学する有効な研究手法として、主観的概念を科学する手法について示唆に富む研究が多数報告[10-13]されているが、日本ではみられない。2001年、アメリカの社会福祉分野では家族介護者のインタビュー記録から、解釈学的手法で生きがいなどを追究している[14]。本研究は介護者の満足の程度を評価するだけでなく、介護者を取り巻く人や環境など複雑で混沌とした事象を解明することが目的である。介護者個々人のインタビューデータから生活満足度など心的事象を洞察・解釈し、一般化を進めていくうえで、リクールの解釈学的方法が適していると思われる。

第2に、客観的質的研究を新しく考案した。本研究課題である満足度など心的領域を研究する方法はいまだ解決されていない。質的研究手法は、研究者の主観、対象者の個別性、あるいはそのときの状況により大きく影響される。そこで、研究対象者の選択、特性判断を量的研究手法により決定し、それらのデータを前述のリクールの解釈学的方法により質的に解釈するという、客観からの出発による質的研究手法を確立した。まずアンケートデータから数量化可能な項目について、因子分析により介護状況を規定する因子を抽出し、概念枠組みをつくる。概念別に各因子の得点の大小から対象を層別化する。それぞれの群のインタビューデータは、解釈学的方法を用いて、4つのステップを踏み解釈を進めた。①インタビューデータについて全体から表出される意味を把握するため、先入観をもたずに通読する。②弁証法を用いて両群間に共通かつ対照的な1つの言行推移を表す文脈を読解単位として

選び出す。③読解単位から一般的事象を表す要因へと構造分析を行う。④全体解釈により要因の特性を明らかにする。

第3に、導き出された要因がどのように機能し合い生活満足度に影響を及ぼしているか、事例から俯瞰する必要がある。そこで示唆深い事例を選定して事例研究を行った。

以上、全体の研究デザインについて、図1に示した。

2 量的研究

1）調査対象と調査方法

対象は、同意が得られた介護者54名（含1998〔平成10〕年調査対象21名）に、2000〔平成12〕年9〜10月、アンケート調査と半構造的面接調査を同時に進めた。対象者に研究の趣旨および方法について、プライバシー尊重、データの取り扱い、拒否する権利等を説明し、承諾を得た。面接は1人50分前後、同意を得てテープを使用し、逐語記録した。アンケート調査項目は基本属性および介護の状況、対処行動、生活の満足感、健康、サービスの利用、

●図1 研究デザイン

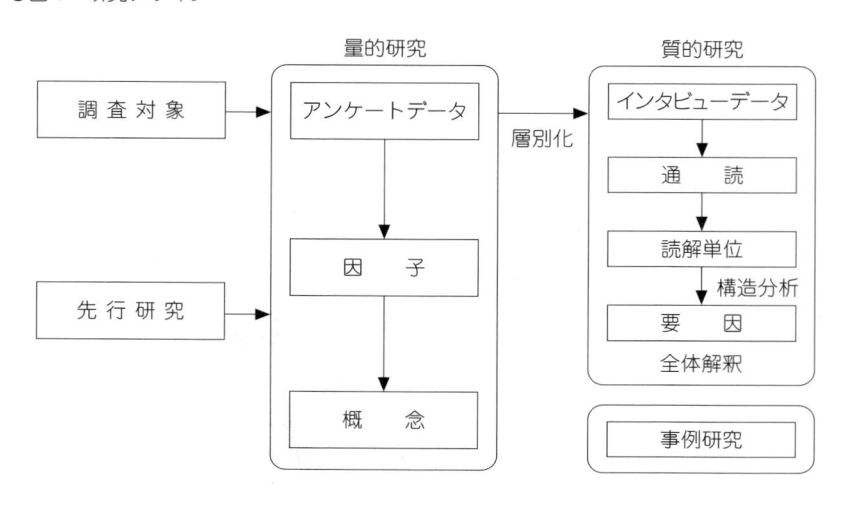

余暇活動、人間関係等から構成した。また、アンケート調査から見出すことのできない介護者の肯定的な生活実感、介護者はどんなときほっとしたり、楽しいと感じたり、元気づけられるか、そして余暇のよさなどをインタビューにより調査した。インタビュー調査は、ソリューション・フォーカスト・アプローチ[*2, 15)]を用いて開かれた質問に努めた。

2) 属性および介護の状況

　介護者は女性39名・男性15名、平均年齢は62.8歳で全体の84％が50歳以上、そのうち70歳以上が37％を占めていた。続柄は、妻26％、娘26％、夫23％、嫁19％などであった。要介護者は平均年齢78.4歳、介護期間3年以上が80％を占め、介護が1日9時間以上で夜中も起こされる介護者は半数を超え、介護負担感は5割以上（過半数）の介護者にみられた。要介護者54名の介護状況は、「寝たきり」が全体の54％、「脳梗塞後麻痺や拘縮」46％、「痴呆」31％であった。また、「全面的に介助が必要」が7割弱、要介護認定度3以上が全体の81％を占めていた。介護の長期化・重度化傾向で、介護からくるストレスの多い厳しい状況がうかがわれた。介護者の健康では、「健康である」39％、「健康とはいえないが介護に支障はない」54％、「健康がすぐれず介護に支障がある」7％であった。全体の91％の人は、余暇活動は気晴らしや気分転換に役立つと答え、生活における余暇の大切さがうかがえた。その一方で、外出を伴う余暇の減少がみられ、余暇への否定的な声が聞かれた。生活全体の満足感では、満足13％、まあまあ満足63％、不満20％、非常に不満4％であった。

3) 因子分析による介護状況の規定要因

　介護者の生活満足度は、介護状況の何により規定されているかを明らかにするために、数量化可能な項目について因子分析を行った。その結果、介護状況を規定する6因子を抽出した。主要概念との関係から次の6因子、第1因子：コンピテンス、第2因子：生活満足度、第3因子：介護量、第4因子：健康、第5因子：介護保険、第6因子：対処行動と命名した。各因子間の相関係数をみると、生活満足度は介護量あるいは対処行動との関係性は小

さく、生活満足度とコンピテンス（r = 0.563）および健康（r = 0.593）に対して高い相関がみられた。この事実から、生活満足度を高めるうえでコンピテンスおよび健康の重要性が示唆された。

4）層別化分析によるストレス非依存性要因の検証

ストレス認知理論の妥当性を検証する目的で、生活満足度に対する介護ストレスの影響を検討した。状況的個別性の強い精神的ストレスに比べ、日々変動の小さい身体的ストレスの一つである介護量を、ストレスの指標として本研究において使用した。初めに第2因子（生活満足度）を構成する13質問項目の合計スコアを算出し、そのスコア上位19名を満足群、中位16名を普通群、下位19名を不満足群に層別した。

満足群に層別された19名中6名が介護量大、つまりストレスの大きい介護者であった。一方、不満足群19名中6名が、介護量小のストレスが少ないとみなされる介護者に含まれていた。この事実は、生活満足度はストレスだけに規定されるものでなく、他の要因、つまりストレス非依存性要因の存在を示唆するものである。満足群および不満足群を比較対照した層別化分析による「ストレス認知理論」のみでなく、「ストレス非依存性要因」の存在についての検証は、再現性および信頼性が高いと考えられる。満足群および不満足群の層別では、満足群最下位の人が不満足群最上位になる確率はきわめて低い（$p < 0.001$）ことから、調査者の主観や対象者の状況的個別性の影響はきわめて少ないと考えられる。

3　客観的質的研究

研究課題である生活満足度を解き明かすためには、主観的な領域に踏み込む必要がある。介護者54名のインタビューデータは、膨大で混沌とした心の事象を描き出していた。本研究では、リクールが言及する説明と理解のアークを導入するとともに、理解するうえで弁証法を用いて、肯定が必要であることを立証するために、否定的なもののなかでの肯定の役割を明らかにしようと試みた。今回、量的研究からの層別化分析を用いて典型的な対象を選

定し、構造分析を進めた。その際、次の3つの異なる視点、A：満足群19名に対し不満足群19名、B：1998年および2000年の生活満足度の経時的変化において向上した群12名に対し低下した群9名、C：介護量が大きいにもかかわらず生活満足度の高い人6名に対し介護量が小さいにもかかわらず生活満足度の低い人6名から、解釈学的方法により生活満足度にかかわる要因を導き出す。まず介護者のインタビューデータを通読し、両群間に対照的かつ特徴的な読解単位を選び出した。それらの読解単位から構造分析による解釈を進めた結果、A：生活満足度にかかわる14の要因、B：介護の経時的変化にかかわる9の要因、C：生活満足度にかかわるストレス非依存性の8の要因が導き出された。注目すべきは、Cでの8要因は前記AおよびBにも共通してみられることから、介護者の生活満足度に強くかかわる要因であることが示唆された。

1）生活満足度に強くかかわる8要因

表2に示すように弁証法を用いて、相反する読解単位の相互比較により、両者の読解単位に共通し、かつ対照的な内容として一般的事象を表す要因へと構造分析を進めた。

（1）わかり合える人の存在

満足群の①は、進行性難病の夫を13年介護する妻の読解単位で、父親の世話を当たり前と思っている子どもたち、友人、気さくで信頼できる訪問看護師が身近にいる。①・②はいずれも応答的な環境のなかで自分をわかってくれ、何かのときは相談でき頼りになる人の存在が複数いる。介護の厳しさはあるものの、自分は一人ではないという強い安心感は、生活満足度によい影響を及ぼすと考えられる。一方、不満足群の①'は、痴呆のみられる母を介護する52歳の息子と、身内や近隣との疎遠な関係がある。支えということは「ありえないと思いますよ」という言葉の背後に、支えとなる人の存在の希薄さがうかがえる。②'では長男の嫁を気づかう電話や来訪者も希薄な状況で、身内の心ない言葉は孤独感を強め、その結果、介護の負担感を増し生活満足度を低めると思われる。以上、両者の読解単位に共通し、かつ対照的な内容として、要因「わかり合える人の存在」を導き出した。

(2) 気軽な手助け

　脊髄小脳変性症の68歳の夫を介護する妻の読解単位④では、必要時の子どもからの手助けがみられる。④・⑤・⑥のいずれでも、気軽な手助けは介護者の気持ちを明るくし、現実のストレスフルな状況を和らげると思われる。また、近くにいることは手助けをさらに容易にする。多くの人が身体も楽だけど気持ちがうれしいと表出する。一方、対照的に②'は、嫁が世話して当たり前と日常的な手助けもないことへの気持ちの苛立ちは、介護の多さとは無関係に生活の満足度を低めると思われる。以上より、両者の読解単位に共通し、かつ対照的な内容として、要因「気軽な手助け」を導き出した。

●表2　構造分析（読解単位→要因）

読解単位		要因
満足群	不満足群	
①　一人ではないということは強いよ（笑顔）、相談できる相手がいるってこと安心だね。 ②　従妹と気が合っていつも連絡し合っているの、それといろいろいってくれる友人がいるの、愚痴なんかいうとそれとなくいってくれる。 ③　主人は私を精神的に支えてくれる。非常に強いですよ、気晴らしにも理解あるし、兄弟に報告も兼ねて介護の状況をメールで送ってますよ。	①'兄弟や近所の人に相談したり、専門の人に聞くことはないですね、支えということは親密な関係でないといわないと思いますよ、ありえないと思いますよ。 ②'電話もなければ誰も来ないよ…義理の妹はこの近くにいて、嫁がみるのは当然だと、すごいこと、いいたい放題いわれた。 ③'近所とは挨拶だけですよ、誰もわかってないよ、聞いてくれる人もいないし…。	わかり合える人の存在
④　息子夫婦はそばにいるもんで、しょっちゅう来たり、病院やら必要なときは車で送り迎えしてもらうの。 ⑤　弟2人が近くに住んでて電話一本すれば車ですぐ来てくれるし、昨日もちょっと寄ったら送っていくよって（笑顔）。 ⑥　妹がよく来ては手伝ってくれる。娘も孫連れて来たら何もいわなくてもしてくれるの。	②'義理の妹は、来ても手伝うわけでなし…。 ④'娘もめったに来ないし、手助けもあまりね、嫁は仕事してるし…。 ⑤'手伝ってくれると身体は楽になるけど、気持ち的に悪いなーと思って。	気軽な手助け

読解単位		要因
満足群	不満足群	
⑦ してやらなくてはと思いますよ、生きておればよいですよ、おってくれればよいですよ、喋らなくてもわかるということもあるからね…。 ⑧ 目線を合わせるまで葛藤だったね、自分の親が痴呆になったことがショックで、すごく怒ったの、話も聞かなかったし、今は怒ることないの、やさしくすると穏やかだね。	⑥' もう10年ですよ、時間はそうでもないけど負担は大きいですよ。責任の重荷もありますしね、仕方ないよ。 ⑦' ただ介護一筋、介護してて後悔したくないと思ってやっているんですけど。 ⑤' 親戚も縁が薄いし、自分の親だから今はやっぱり義務みたいなものですし、負担は大きいわ、仕方ないなーという感じ。	介護の受け入れ
⑨ 仏画など書いていると仏さまと向かい合っているようで、心が安らかになりますよ…。この近くにね、野鳥公園があるんですよ、朝早くと夕方、景色をみながら歩いていますよ。 ⑦ 小学校の同級生と20人くらい集まるんだよ、長い付き合いでね、毎月集まってますよ。 ⑩ 隣のおばあさんと外の腰掛に座って喋って笑ったり、気楽にしてますよ ⑧ おばあさん（要介護者）のそばで好きなテレビみて、楽しいですよ。	①' すべてが介護に連動していますからね。切り離して考えられないですよ。テレビをみるのも自分の好きな時間に好きなものというわけにはいかないし…介護中心で動いていますよ。 ⑤' スポーツは好きで水泳などしていたけど…ショッピングも好きでよく行ってたけど、行っても時間が気になっちゃって…時間がないし。	息抜きになる余暇
⑨ みなさんからよくやってるよ、よく面倒みているねといわれますよ、あのね、ヘルパーさんの集まりとか介護している人たちに話を聞かせてくださいといわれて、話したりしますよ。 ③ 自分の介護が家族だけでなくて専門職の人からも認められていると元気づけられます。 ⑩ 近所の年寄りからあんたよーやるよ、私もあんたのこと思い出して文句いわないよって（笑顔）。	②' この間熱が出てね、37℃台、下がったけどなんか弱ってね、そうすると介護の仕方がよくないといわれるし、時々やってきてはきついの…。 ⑥' やっても家族もなんもいわないし、感謝なんてそんなこと思ってないですよ、ありがとうという言葉なんてないですよ。	家族や周りからの評価

読解単位		要因
満足群	不満足群	
⑧ 前はおとうさんにそんな悪いことはいえなかった、今は何でもいえる、おばあさんにやさしくすると穏やかだね、私の気持ちしだいだね（笑）。 ⑪ 後ろを振り返ってたってどうしようもないもの…どうがんばったってできることとできないことがあってどうしようもならないんだったら、残された時間を明るく楽しく過ごしていけば…それだったら60年余り無事に過ごさせてもらったのを感謝して…元に戻るものでなし仲よく暮らしたいわ。 ③ 介護で私の生活が変わった…介護しているから家族の会のかかわりをもって、必要に迫られてパソコンもしたり…、自分にとってさらに向上していこうとか、チャレンジしてみようと思って…。	⑥' 毎日毎日追われちゃって、気持的に明るくもつといってもね、できないですよ…仕方ないですよ。 ⑦' 実際は大変なんだけど表情には出しません。弱みをみせたくない。男だからやってやれないことはない。 ④' 今はやっぱり義務という面が強くって、仕方ないなあという感じ…。杖ついて歩けるけど病気の後遺症でいいたいことがいえず、身近な生活用具もあれあれ、あれが多い。簡単な名詞が出てこないみたい…、毎日のことなんで、わからないしイライラする…。	気持ちの切り替え
② 生活していて自分で時間はつくる、自分の気持ちのもちようで介護が特別とは思わない、毎日の仕事と思っているし。 ⑧ 病院に行ったりするとおばあさんのこと、先生にも相談して。	②' やるだけやったらよいといわれているんでそれだけやっていますけどね、おばあさん（姑）の世話で全部バランスを崩しちゃって。 ⑥' 声かけてもらうけど介護の講習会って行ったことないです。世話に役立つ情報といっても目が悪いし新聞やテレビあまりみないですよ。	介護の主体性
⑨ 介護してるからよけい私が元気で丈夫でなくちゃーと思いますよ。食事も気をつけてますし、気持ちを明るくもつように心がけてね…。 ② 私、あまり疲れるということないし…気分転換、そりゃーしてますよ。暗く考えてもしょうがないことですよ。	①' 横になる習慣がないから、疲れを感じてもなかなかペースダウンができなくて、やることはやってしまわないと…。 ⑤' 胃を悪くして病気がち、ストレス性胃炎といわれて、薬飲んでます。身体も疲れひどい、腰痛もあるし睡眠不足…しんどくって。	健康への取組み

（3）介護の受け入れ

　寝たきりの妻を世話する84歳の夫の読解単位⑦から、妻の存在を通してかけがえのない自己の存在を自覚し、自然な受け入れとともに妻へのやさしさが引き出されていることがうかがえる。その背後に、長男夫婦との良好な人間関係や、フォーマルな介護サービスの活用などがある。一方、⑥'では、介護の長期化とともに介護の負担感は増す一方で、仕方がないとの諦めが強くみられる。⑤'の過度の義務感は、介護の受け入れを否定的にさせる。その結果、生活満足度を低めると思われる。以上より、要因「介護の受け入れ」を導き出した。

（4）息抜きになる余暇

　⑨では73歳の妻を介護して14年が経過。要介護者はアルツハイマーといわれ、現在寝たきりである。介護者には昔から絵の趣味があり、とくに仏画や写経、花などを描くことで心が癒される。また、近くの野鳥公園での適度な運動は、自然とふれ合い心休まるひとときと考えられる。そうした心地よさは、朝夕の楽しい生活習慣になって生活満足度を高める。一方、対照的に①'では、すべてが介護と直結してリラックスできない緊張が持続する。⑤'の意欲の減退、時間に対する否定的な情動は、余暇の充実感を低めている。介護の負担感が重くのしかかり、生活満足度を低めると思われる。以上より、要因「息抜きになる余暇」が確認できた。注目すべきは、余暇活動そのものよりも、その結果感じる満足感や充実感が生活満足度を高めていたことである。

（5）家族や周りからの評価

　満足群である⑨の読解単位から、周りの人の肯定的な言葉は承認を意味し、加えて介護体験を他の介護者や専門職の人に聞かせてほしいと頼まれることが、介護者にとって自分の介護への自信や意欲といった自己効力感を促すと思われる。一方、不満足群②'の世話の仕方が悪いといわれるなどの身内からの否定的な評価は、世話する意欲を低める。⑥'では介護に要する時間は少ない。しかし、家族などからプラスの評価もなく、無関心が続く。その結果、介護を否定的にさせ、生活満足度を低めている。以上より、要因として「家族や周りからの評価」を導き出した。

(6) 気持ちの切り替え

満足群の③は、介護があるからこそ社会との広がりを実感している。「向上、チャレンジ」から、さらに自己の生活をよりよいものにしたい、充実させたいという意欲がうかがえる。介護という出来事を自分の新たな人生を創造しうるチャンスとしてとらえている。③・⑪は、いずれも復元力といった立ち直っていく力を示唆する印象的な読解単位である。一方、⑥'・⑦'は毎日の介護に追われ、介護への諦めや過度の義務感が継続し、気持ちの変化はみられない。以上より、要因として「気持ちの切り替え」を導き出した。古澤頼夫は、「人間は生涯にわたってそれぞれの経験を積み重ねていくのではなく、常にこれまでの経験を現在に引きつけて理解しなおし、再構築していくと考える必要がある。つまり、過去は現在から将来の自分に統合されていく過程においてその時その時に生きているといえる」[16]と述べる。介護を契機に過去を考えることによって現在の意味をとらえ直し、また未来に向かってより意味のあるものにしようとする傾向が満足群の介護者にみられ、とくに、要因「気持ちの切り替え」のプラス志向性により、自己を客観視し、生活の再構築がなされていることがうかがえた。

(7) 介護の主体性

②の読解単位では、介護の負担は現実としてあるものの、気持ちのもちようで重くなったりそうでもなかったり、微妙に揺れ動く介護者の気持ちが、「気持ちのもちよう……」という印象的な言葉で語られる。自分の時間は自分でつくろうという主体的な姿勢がみられる。一方、対照的に②'では、やるだけのことをやったらよいと夫からいわれ、その範疇での消極的な介護が繰り返される。その背後に、介護によって生活が振り回される犠牲感がうかがえる。以上より、要因として「介護の主体性」が導き出された。

(8) 健康への取組み

読解単位の⑨は、介護しているからなおさら健康に気をつけるようになったと健康を重要視する。一方、①'・⑤'では、疲れを感じてもペースダウンができない、腰痛や不眠があるといった心身の不調は、意欲を低下させ生活全体にマイナスの影響を及ぼしているといえる。以上、両群の読解単位において、満足群・不満足群それぞれの群内に共通し、かつ反対特性の意味を

表す要因として、「健康への取組み」を導き出した。

2) 全体解釈

見出された8要因「わかり合える人の存在」「気軽な手助け」「介護の受け入れ」「息抜きになる余暇」「家族や周りからの評価」「気持ちの切り替え」「介護の主体性」「健康への取組み」のプラス志向性は、生活満足度によい影響を及ぼしていることが確認できた。小松源助[17]は、ストレングズとは人間個々人および個々人を取り巻く環境がもっている能力、可能性、資源を含めた強さ、力、パワーであり、パワーとは復元力、癒し、政治的な力を意味すると述べる。つまり、ストレングズとは人間のもつ強さと環境の強さに注目して、これらの肯定的な側面を支援することで、力や自信・効力感を発達させ、より多くの幸せを生み出すことに特質があると述べる。

本研究において、肯定的な側面から生活満足度に強くかかわる要因としての8要因の位置づけを図2で示すと、「わかり合える人の存在」「気軽な手助

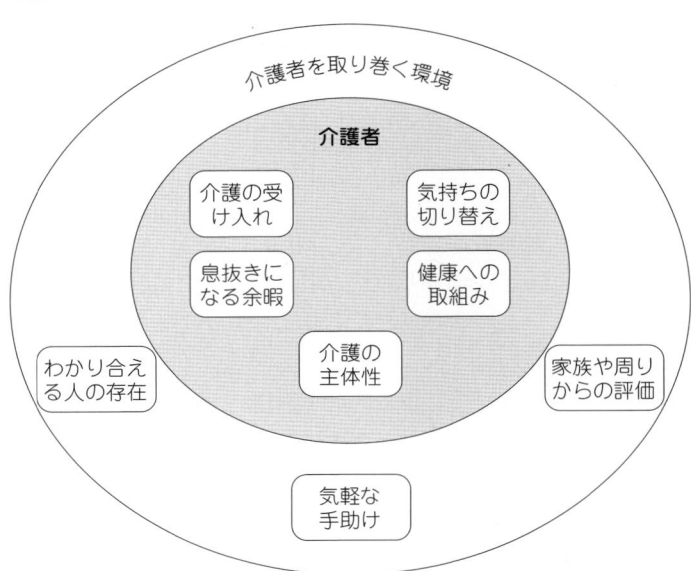

●図2 ストレングズにかかわる8要因

け」「家族や周りからの評価」は、いずれも介護者を取り巻く環境資源を意味している。また「介護の受け入れ」「息抜きになる余暇」「気持ちの切り替え」「介護の主体性」「健康への取組み」は、介護者個々人の認知、健康などを意味する内容である。いずれも自らのニーズに応じて活用し、変容させ、適応を図る能力であると考えられる。表2の満足群の読解単位から、各要因のプラス志向性は肯定的な生活実感とともに自信・自己効力感を促し、生活満足度によい影響を及ぼしている。このことは、ラップ（Rapp,C.A.）[18] も言及しているように、人間個々人および周りの環境の能力・可能性・資源などのポジティブな側面を支援することで、力、自信、自己効力感を発達させ、より多くの幸せを生み出すストレングズの特質に一致する。すなわち、生活満足度にかかわるストレス非依存性要因としての8要因は、ストレングズにかかわる要因であることが明らかになった。

4 事例研究

　介護者に対する肯定的側面から社会的支援の理論的根拠を検証するうえで、介護者個々人の生活満足度に8要因がどのように機能しているのか、事例を俯瞰する必要がある。そこで、量的研究から事例を選定し、示唆深い5事例より検討を行った（表3〔p.270-271〕参照）。

1）事例1

　介護量大・生活満足度の高い対象で、2年前（前回）も生活満足度が上位に高い人でありながら、生活満足度向上群として位置づけられた。生活満足度とストレングズにかかわる要因の機能を検討するうえで注目すべき事例と考える。

　77歳の叔母（関節リウマチによる変形・拘縮、寝たきり、要介護度5）を、37歳の姪が仕事を辞めて介護し、4年が経過する。「前はしょうがないと思っていたけど、今は残された時間を有意義に過ごさせてあげたいなぁって。世話するようになって私、竹を割ったような性格だったけど、やさしくなったよ。おばあさんもやさしくなったのかなー、世話をしてたらうれしそうな

顔して」と、要介護者に対する命の尊重ややさしさへと双方向的な態度の変容がみられる。つまり「介護の受け入れ」および「気持ちの切り替え」の要因に変化がみられ、「介護の主体性」が円滑に機能している。他の要因も関連してよい状態が継続され、その結果、生活満足度をさらに向上させたと考えられる。

2）事例2

2年前に比べて、生活満足度が著明に向上した。痴呆のみられる母親を自分のなかに受け入れるエピソードを通して、ストレングズの機能を検討するうえで注目すべき事例と考える。

83歳の母親（痴呆、寝たきり、要介護度4）を57歳の娘が介護して5年が経過する。介護者とその夫、要介護者の3人暮らしで、近くに妹がいる。「目線が合わせられなくて、（おかあさんを）すごく怒った。妹にはいえても、主人にそんな悪いことはいえなかった」から、2年後には「やさしくすると穏やかだね。お父さん（夫）に何でもいえる、相談するしね」と心が開かれる。その背後には、痴呆についての学習や家族・身内、関係機関の温かな支援がある。また、本を読んだり、病院に相談したり、主体性をもって行動している。市の公的機関では、痴呆老人介護者への対応のニーズに応えて、訪問を行ったり、相談窓口や定期的な介護者教室を開催したりと、積極的な活動がなされている。2年前より介護量増の一方で、介護の負担感は全体の半分に軽減し、世話に楽観的な態度がみられる。「わたしの気持ちしだい」という印象的な言葉は、自分の気持ちのありようが鏡のごとく映し出されることを、向かい合う母親を通して気づいているようにも思える。今の母親を受け入れること、つまり自己を受け入れ、やさしく接することを通して、介護の意味を見出したのではないかと思われる。前回に比較すると「わかり合える人の存在」「介護の受け入れ」「気持ちの切り替え」の要因が強く機能し合い、生活満足度向上に貢献したと考えられる。

3）事例3

介護量大・生活満足度の高い人である。アルツハイマーと診断された妻を

介護するなかでの余暇がもたらす癒しに着目し、ストレングズの機能を検討するうえで注目すべき事例である。

　高齢夫婦世帯で、73歳の妻（アルツハイマー、現在寝たきり、要介護度5）を介護して14年が経過する。絵が好きという昔からの趣味が、介護のなかで発展的に生かされている。写経や観音様、草花などを描くことで心が癒される。また、四季の移ろいを感じながら野鳥公園を歩くことは、健康維持とともに、ほっと休まるひとときであると思われる。こうした「健康への取組み」や「息抜きになる余暇」がうまく機能し合い、規則的な生活リズムをつくり出し、生活満足度によい影響を与えていると思われる。つまり、「気持ちの切り替え」および「介護の受け入れ」の変化の背後に、癒しにつながる余暇活動が大きく貢献したと思われる。また、子どもたちもなにくれとなく電話し、1カ月に1回孫を連れてやってくる。近隣、友人といった「わかり合える人の存在」や、「家族や周りからの肯定的な評価」など、いずれもポジティブに機能し合い、生活満足度を高めている。

4）事例4

　2年前より生活満足度が著明に低下した。介護者の健康や人間関係に着目してストレングズの機能を検討するうえで、注目すべき事例である。

　52歳の長男の嫁が、85歳の義母（脳梗塞後の右片麻痺）を介護する。近くに義妹がいる。自宅は周囲を山で囲まれている。前回は健康と答えていたが、2年後、「くたびれちゃった。更年期に入ってイライラするし、あちこち痛いし、もうくたびれちゃった。毎日追われちゃって楽しいことなんてない……」と心身の疲弊感が強い。さらに「家族や周りからの評価」は否定的で、身内の心ない言葉は「介護の受け入れ」や「介護の主体性」を否定的にする。唯一、夫が「わかり合える人の存在」としてかかわるが、要介護者や身内への影響はみられない。健康の悪化とともに、息抜きになる余暇の実感がない。8要因すべてが否定的に機能し、生活満足度を悪化させ、在宅介護の継続が危ぶまれる。

5) 事例5

　前回よりも生活満足度が著明に低下し、介護量が中程度で、不満足群に位置する。痴呆で見守りの多い母親の介護を、代替のない状態で仕事と両立して続ける。介護の主体性に着目してストレングズの機能を検討するうえで、注目すべき事例である。

　52歳の息子が92歳の母を介護して4年が経過した。要介護認定度3、日常生活自立度ランクJ2、痴呆Ⅱaである。つまり、日常生活に支障をきたす行動や意思疎通の困難さがみられても、誰かが注意していれば自立できる状態であり、予期しないときの早急な介護の対応が求められる。「介護が10割って感じですね、介護の一部としての家事であり、余暇もそう、仕事もそう……」と、生活に介護が突出する。兄弟や近隣、専門職などに相談や手助けは頼まない。「今はできるだけのことをしよう」と福祉行政に関心をもち、インターネット等で介護情報などを取り入れ、「介護の受け入れ」「介護の主体性」は積極的である。その一方で、「わかり合える人の存在」や「気軽な手助け」には否定的で、自立と依存の不均衡な状況がある。また、ほっとしたり息抜きになる余暇が実感できず、精神の緊張と弛緩の不均衡が持続する。その結果、生活満足度が悪化していったと考えられる。

　以上より、次の3点が明らかになった。
① 「介護の主体性」と「わかり合える人の存在」「気軽な手助け」といった要因間の自立と依存のバランスの良否は、生活満足度に影響を及ぼすことが示唆された。
② 「息抜きになる余暇」の有無、つまり、精神の緊張と弛緩のバランスの重要性が示唆された。
③ 生活満足度に、ストレングズにかかわる8要因が力動的に機能していることが明らかにされた。今後、肯定的な側面から生活満足度アセスメントとしての利用も考えられる。

●表3　事例と8要因

要因	事例1	事例2	事例3	事例4	事例5
わかり合える人の存在	身近に多い（家族や友人、近所の人）	いる（夫や妹、友人）「何でもいえる、相談できる」	いる（子どもたち、友人）	夫のみ	いない
気軽な手助け	ある「必要なときすぐ来てくれる」	ある「妹がよく来て手伝ってくれる」	少しある　時々近所の人から食事の手助け	夫のみ「機嫌の悪いとき、食事を運んでくれる」	ない　頼まない
介護の受け入れ	肯定的「残された時間を有意義に過ごさせてあげよう」	肯定的「みられるだけみたい」	肯定的「昔、献身的にしてくれたのでお返し」	否定的「仕方ない、負担大きいですよ」	肯定的「できるかぎりみていこう」
息抜きになる余暇	日常的にある　友人や姪との交流、ペットとのふれ合い、絵をみたり読書など趣味が多い	日常的にある「おばあさんのそばで好きなテレビをみて楽しい」夫とドライブなど	日常的にある　仏画、野鳥公園散歩（日課）、介護者の集い、親しい友人の訪問	ない「楽しいこと、ほっとすることってない。この半年外出していない」	ない「テレビみてても介護がすべてに連動している」
家族や周りからの評価	肯定的「よくしているよ」	肯定的「よくしているねといってくれる」	肯定的　子どもたちや近所の人、専門職からの賞賛	否定的	何も聞かれない
気持ちの切り替え	ある「気持ちのちよう、暗く考えたらダメ」	ある「今はやさしい気持ちで接する、怒っちゃーダメなの」	ある「忍耐と平常心と笑顔ですよ」	ない「ずっと負担大きいですよ」	ない「介護が始まったときから同じですよ」
介護の主体性	ある「時間は自分でつくる」	ある　主体的に介護している	ある　主体的に介護している	ない「仕方ない、するだけのことだけしている」	ある　自分で情報を集めて対処、主体的に介護している

要因	事例1	事例2	事例3	事例4	事例5
健康への取組み	よい 健康、食生活や必要時休息 気持ちを明るくもち気分転換	よい 健康、食生活や運動 気持ちを明るくもち気分転換	よい 定期的な受診（高血圧） 野鳥公園を歩くことが日課	悪い 更年期障害 心身の疲弊感強い 気分転換できない	やや消極的 食生活は気をつける 慢性的な睡眠不足、休息できない

5 まとめ

　ラップはストレングズモデルを、問題点でなく可能性を、強制でなく選択を、不健康でなく健康をみるという新しい視点でとらえている。

　筆者は、肯定的側面から社会的支援の有用性に関する理論的根拠を見出すことを最終目的として研究を進めた。研究課題である生活満足度を解き明かすためには、主観的な領域に踏み込む必要がある。介護者54名のインタビューデータは、膨大で混沌とした心の事象を描き出していた。久米博は、人文科学の場合、他者の生をいかに説明するかだけでなく、理解するかが重要であり、解釈するとは発見すること、そこに洞察力が要求されると述べる。本研究ではリクールの解釈学的方法を用いて、理解するうえでは弁証法を用い、肯定が必要であることを立証するために、否定的なもののなかでの肯定の役割を明らかにしようと試みた。つまり、量的研究からの層別化分析を用いて典型的な対象を選定し、構造分析を進めた。その結果、介護者の生活満足度にかかわる8要因「わかり合える人の存在」「気軽な手助け」「介護の受け入れ」「息抜きになる余暇」「家族や周りからの評価」「気持ちの切り替え」「介護の主体性」「健康への取組み」をリクールの解釈学的方法から導き出し、ストレングズにかかわる要因であることを明らかにした。さらに、ストレングズにかかわる8要因の機能を典型的な5事例から検討した結果、①「介護の主体性」と「わかり合える人の存在」「気軽な手助け」といった要因間の自立と依存のバランスの良否は、生活満足度に影響を及ぼすこと、②「息抜きになる余暇」の有無、つまり、精神の緊張と弛緩のバランスの重要性、③

生活満足度に、ストレングズにかかわる8要因が力動的に機能していることがわかった。

以上より、解釈学的方法が介護領域に敷衍できることを明らかにした。さらに、介護者や介護者を取り巻く環境や資源といったストレングズのポジティブ能力を活性化することが生活満足度を高めることを実証し、介護者に対して肯定的な側面を重視した社会的支援の、理論的根拠としてのストレングズに基づく有用性を明らかにした。

なお、本論は2002（平成14）年度博士論文を要約し、加筆修正したものである。最後に、修士課程から5年にわたり指導教授としてご指導いただき、終始温かく心強いご支援をくださった大正大学人間学研究科社会福祉学専攻小松源助教授に深謝いたします。先生からストレングズの重要性を学び、仕事をするうえで、また、継続的研究の核になっています。

註

*1 ポール・リクール（1913年フランス生まれ。パリ大学名誉教授、シカゴ大学名誉教授）は、2000年京都賞（思想・芸術部門）受賞で来日、20世紀を代表する哲学者と称される。「リクール教授は、西洋の長い哲学的伝統に立ちつつ、解釈学的現象学の方法を革新し、それまでの哲学が扱わなかった幅広い諸領域、すなわち神話、聖書解釈、精神分析、隠喩論、物語論にまでテクスト解釈学を適用して、現代哲学に新たな局面を切り開いた。教授は戦後、現象学と実存哲学の研究から出発し、（中略）精神分析の成果や英米分析哲学の手法を取り入れ、かつて自ら研究したフッサール現象学に内在する観念論的傾向を是正し、精緻な『解釈学的現象学』に立った独自のテクスト解釈理論を形成した。（中略）リクール教授の哲学は、一言にして人間的生を通しての『意味創造』の哲学と言える。（中略）言語による実在の記述という哲学の伝統的主題に、文学や歴史といった言説の多様性を尊重しながら接近するリクール哲学は、来るべき世紀の新しい知の可能性を開拓するものである」（第16回2000年京都賞受賞者贈呈理由より引用）。

*2 ソリューション・フォーカスト・アプローチは、1950年代に始まった家族療法にそのルーツがある。解決志向のアプローチであり、問題よりうまくいったときの解決の行動に焦点を当てることが基本的前提で、クライエントの長所を見つけ出し、活用する肯定的姿勢にある（後掲文献15参照）。

文献

1) Zarit, S.H., Reever, K.E., Bach-Peterson, J. : Relatives of the impaired elderly ; Correlates of feelings of burden. The Gerontologist 20(6):649-655, 1980.

2) 新名理恵：在宅痴呆老人の介護負担感―研究の問題点と今後の展望．老年精神医学雑誌 2:754-762，1991．
3) 中谷陽明：在宅障害老人を介護する家族の燃えつき―"Maslach Burnout Inventory"適用の試み．社会老年学 36:15-26，1992．
4) 川西恭子・他：在宅要介護高齢者を抱える主介護者の生活満足に関する研究．日本在宅ケア学会誌 4(2):126-127，2001．
5) 川西恭子・他：介護者の生活満足の経時的変化とそれに及ぼす要因．日本看護福祉学会講演集 7(1):38，2001．
6) O.モンジャン著，久米　博訳：ポール・リクールの哲学―行動の存在論．新曜社，2000，p.174．
7) Ricoeur,P. : Interpretation theory ; Discourse and the surplus of meaning. Christian University Press, Forth Worth, 1976.
8) P.リクール著，久米　博訳：他者のような自己自身．法政大学出版局，1996，p.86．
9) Benzein,E., Saveman,F.I. : Nurses perception of hope in patients with cancer ; A palliative care perspective. Cancer Nursing 21(1):10-16, 1998.
10) Soderberg,A., et al. : Dignity in situation of ethical difficulty in intensive care. Intensive and Critical Care Nursing 13:135-144, 1997.
11) Lindseth,M.A., et al. : Registered nurses and physicians reflections on their narratives about ethically difficult care episodes. Journal of advanced nursing 20:245-250, 1994.
12) Rasmussen,B.H., et al. : Stories about becoming a hospice nurse reasons expectations, hopes, and concerns. Cancer Nursing 18:344-354, 1995.
13) Wallace,C.L., et al. : Nursing as the promotion of well-being the client's experience. Journal of advanced nursing 22:285-289, 1995.
14) Berg-Weger,M. (ed.) : Strength-based practice with family caregivers of the chronically ill ; qualitative insights. Families in society 82(3):263-272, 2001.
15) I.K.バーグ著，磯貝希久子監訳：家族支援ハンドブック．金剛出版，1997．
16) 古澤頼夫：長い時間軸から見た縦断研究の方法を求めて．南　博文・やまだようこ編，老いることの意味―中年期・老年期，金子書房，1995，p.192．
17) 小松源助：ソーシャルワーク実践におけるストレングズ視点に関する考察．大正大学大学院研究論集 22:288，1998．
18) C.A.ラップ著，江畑敬介監訳：精神障害者のためのケースマネージメント．金剛出版，1998，p.44．

第 3 章

ろう者をめぐるソーシャルワーク実践の基礎的研究

奥田　啓子

（　　　　　　　　はじめに　　　　　　　　）

　「障害」あるいは「障害者」に対する社会的な見方（社会的言説）をめぐって、今日さまざまな議論が展開されている。本研究では、「ろう者」をテーマとしてろう者に対する社会的な視点が歴史的にどのような変化をたどり、またその言説の構築にろう者自身あるいは援助者がどのように関与してきたのかについて考察を進めている。その考察をもとに、ソーシャルワーク実践の新たな枠組みのなかでの言説構築の意義、また障害者のエンパワーを志向するソーシャル・アクションの方向性について検討することを意図した。「障害」に対する見方は主として障害者自身による問題提起によって近年変化をみせ、諸領域からの学問的関心も高まってきている[1]。とりわけろう者の場合には手話という言語の存在もあり、この20〜30年という期間に大きな視点の転換を経験した象徴的存在でもある。筆者は手話通訳者としてろう者の生活と身近に接しながら、そのような社会からの視線がろう者のアイデンティティにも大きな影響を与えてきたことに関心を寄せてきた。

　コミュニケーション障害という特殊性は、ろう者の生活世界の理解を困難にしている大きな要因である。筆者は修士論文において、教育機会にも恵まれず、社会的にもとくにマージナルな立場に置かれがちな「高齢ろう者」の

おくだ　けいこ　　武蔵野大学現代社会学部・東邦大学医学部ほか非常勤講師

事例を取り上げた。同論文では、手話による聞き取り（対話）と参与観察によって、「障害者」という枠組みではとらえきれないろう者の逞しい生き方、「ストレングズ」（強さ）を表現する生活世界のありようをまず明らかにすることに主眼を置いた。

そして本論文では、その「生活世界の理解」という視点の意義をソーシャルワーク実践の近年の理論的動向と重ね合わせて検討することを意図している。家族療法を中心として発展をみせてきたシステム理論は、その後エコロジカルな視点を導入しながらソーシャルワーク実践の基礎理論として展開してきた。そして現在では、システムモデルではいわばブラック・ボックスに置かれていたクライエントの内的世界の理解が一つのテーマとなってきている。たとえばストレングズ視点（強さ志向の視点）に立ったアプローチでは、クライエントの「自分なりに理解している主観的世界」や依拠する文化の尊重が重要視される[2]。また同様の脈絡で、クライエントとワーカーの出会いを「意味の創造的な生成のための場」ととらえ、新しいストーリーを共に構成していくことを目指すナラティヴ・モデルといった構成主義的な視点も提示されてきている[3]。今日、援助者としての専門性に対する問いも含め、当事者の自己認識を基礎とした「障害」をめぐる価値の転換への取組みが開始されている。

ろう者をめぐるさまざまな社会的言説の構築は、その時どきのあるいはその国の社会・文化的背景を映し出し、またろう者の集団的な活動のあり方に依拠している。本研究も、アメリカとわが国とのろう者をめぐる援助実践を対比的にとらえる視点、そして集団としてのろう者の活動を歴史的にとらえる視点に立って考察を進めている。本論文は次のような柱に沿って構成されている。①先行研究の検討の意図も込めたアメリカの状況についての考察、②わが国の「ろう運動」とろう者のアイデンティティ形成のプロセス、③「ろう運動」の過程におけるろう者と聴者の協働と援助関係の分析、④「聴覚障害者」という言説と社会的背景、⑤「言語的マイノリティとしてのろう者」という言説の台頭、⑥ろう者をめぐる諸領域の専門家の取組み、⑦医療モデルを超えた社会的言説の構築とソーシャルワーク実践（ソーシャル・アクション）の展開に向けて。

1 ろう者に対する社会的言説の変遷とソーシャルワーク実践
　　—アメリカの状況

　わが国におけるろう者とソーシャルワーク実践に関する研究は、ケースワークの事例やサービス検討など現場での問題を中心としたものに限られており、それも渉猟しえたかぎりまとまった研究業績は見出すことができなかった。そこで、ソーシャルワーク実践の長い伝統をもち、また、ろう者自身の活動においても世界の動きをリードしているアメリカに先行研究を求めた。これによって対比的な視点が導入され、わが国の状況のより深い理解が可能となった。

　アメリカでは周知のように、公民権法の理念をルーツとしながら、リハビリテーション法さらにADA（障害をもつアメリカ国民法）へと障害者の社会参加を保障する道が開かれていった[4]。その一方でアメリカのろう者たちは、とくに1980年代以降「言語的・文化的マイノリティ」としてのアイデンティティ（Deaf）を掲げた独自の運動を精力的に展開させていった。このようなろう者の活動がとくにアメリカで広がりをみせた理由として、次のような点があげられよう。

　まず、第1に「自立と自助」を重んじるアメリカの障害者運動の歩みが背景にある。そして第2にアメリカがさまざまな人種・エスニシティをかかえ、多様性と統合を絶えず摸索する歴史を歩んできた国家であることがあげられる。それが障害者というカテゴリーのなかで、とくに手話という特異な言語をもつ「ろう者」を一つのエスニシティとみなすことを容易にしたといえよう[*1]。第3に、世界で唯一の聴覚障害者の総合大学であるギャローデット大学がろう者の知的・文化的拠点としての役割を担い、Deafというろう者のアイデンティティのあり方を社会に発信する一団を輩出してきたことである[5]。

　本研究では、アメリカで1960年代から発刊され続けてきた専門誌（JADARA）[*2]の掲載論文を資料とし、ろう者に対する援助実践の30年あまりにわたる基本的な動向と変遷について、とくにろう者に対する援助者の視線（見方）に焦点を合わせて考察している。その結果、ろう者に対する社会

的な言説の変化を背景とした掲載論文の論調を、その特色から次のように3期に区分して示した。それは「重度の障害者」として、個々のろう者援助を志向していた第1期（1970年代まで）、「デフ・コミュニティ」という表現にみられるようにろう者の独自の集団化とアイデンティティのあり方に注目が集まる第2期（1980年代）、そして「文化的マイノリティ」としてのろう者集団の存在を所与のものとして、多様なエスニシティへの対応と同次元でのサポートが検討される第3期（1990年代以降）という道筋である。また、90年代以降の論文では、「専門職」あるいは「健常者」としての「自己のレンズ」を意識し、援助者としてのスタンスを自省的にとらえるポストモダン・ソーシャルワークの理念を反映した論調が目立ってくるのも一つの特徴である。

　いずれにせよアメリカではろう者の活動が先行するかたちをとりながらも、ストレングズ視点やエンパワメント・アプローチなどソーシャルワーク実践理論の動向に沿った、ろう者に対する理解とサポートの展開がみられる[6]。

2　わが国の「ろう運動」とろう者のアイデンティティ形成

　わが国のろう者集団の活動を特徴づけるものとして「ろう運動」がある。ろう運動は1960年代に実質的な活動を開始し、福祉の拡大と権利の平等化、社会参加を掲げて障害者運動のなかでもとくにパワフルな活動を展開していった[7]。このろう運動の特質は次のような諸点にあるといえよう。①対社会的なコミュニケーション障害という特殊性により、言語を共有するろう者相互の結びつきがとくに強い。②通常の障害者団体と比較して、親をはじめとする家族（聴者）の活動への関与は少なく、一方で手話という言語を仲介として一般の人びとのかかわりを呼び込む「社会的性格」を強くもっていた。③当時の社会情勢を反映した聴者自身の高い社会的関心を基礎に、ろう者の問題＝社会の問題としての認識をろう者と共に深めていくことができた。④組織の指導的立場にはない一般のろう者にとっての「ろう運動」とは、コミュニケーション手段を共有するろう者同士の集いへの参加と同義でもあり、それはごく日常的な感覚・行動の一部として末端にまで浸透していた。

ろう運動は「オシ・ツンボ」といった差別用語に象徴されるような社会的にマージナルな立場にあるろう者たちに、「権利の主体者」としての「聴覚障害者」という意識を植えつけた。ろう学校での相互の結びつきを基礎とした「集団」への参加と「パワー」の行使の経験は、ろう者としてのアイデンティティ形成の役割を担ったのである。たとえば、ろう運動の結実の一つとして京都に設立された聴覚障害者対応の特別養護老人ホーム「梅の木寮」には、ろう運動と人生を重ねるように過ごしてきた高齢ろう者の姿がある。事例として取り上げた「デフ・コミュニティ」としての梅の木寮を支えるキーパーソンの一人、80代の女性の手話に表現された多難なライフコースの語りは、運動の過程で形成されていったろう者としてのアイデンティティと誇りを如実に表現している。そしてこのような個々のろう者の意識が、ろう運動を末端から支えていたといえる[8]。

3 「ろう運動」にみる「援助関係」
——ろう者と聴者の「協働」のプロセス

1) わが国の手話通訳の社会的性格

前述のようにろう運動には多くの聴者がかかわっており、その運動のなかから手話通訳者という援助者も育っていった。わが国の手話通訳の「理念」を明示するものとして今日まで引き継がれているのは「伊東論文」[*3]と「安藤・高田論文」[*4]である。前者では「ろうあ者の権利を守る手話通訳」がテーマとなっている。その後約10年を経て書かれた後者の論文では、権利を守るのはろう者自身であり、手話通訳はろう者の社会的自立や社会的行為の自由を後押しする「協力者であり、援助者」とされ、さらに手話通訳の役割について次のように述べられている。

「手話通訳はすぐれた手話通訳技術者であることに先立って、すぐれた社会活動家であるべきである。幅広い市民層を結集する手話サークルはもちろん、ろう者の日常生活に接する諸施設、諸機関、さらに社会全体を対象として、ろう者と対等の協力者となって組織者あるいは社会啓蒙家として、ろう者の社会的自立のための条件整備に活動することが望まれる」(傍点筆者)。

このようなわが国の手話通訳者に付与された社会的性格は、他国と比較してもきわめて特異である。たとえばアメリカでは、手話通訳は比較的早い時期から大学などの公的な専門課程で養成されてきている。さらに認定試験によって資格を取得し、外国語通訳と同様の「通訳専門職」として「市場原理と競争に基づいて活動している」のである。一方わが国では、厚生労働省認定の「手話通訳士制度」が創設されて15年になろうとする今日においても、手話通訳専門職として職業に従事している通訳者はきわめて少ない。手話通訳者はボランタリーな精神をもちながら公的制度の一端を担う援助実践者という色彩が濃いのが現状である[9]。

ろう運動の過程で前記のようなわが国固有の手話通訳の社会的性格は育まれたのであるが、以下の事例分析からも明らかなように、それはろう者と、援助者の立場にある聴者との対等な関係を基礎とし、双方のエンパワーをかけた「協働」のプロセスであった。それでは、この「協働」はどのような社会背景と意識に支えられていたのであろうか。

2) 事例の概要と「協働」関係の分析

ここで事例として検討したのは、1960年代後半の東京で展開された手話通訳派遣機関の創設を求める活動である。家族と離れ、さまざまなろう学校出身のろう者が全国各地から集まる東京では、「手話通訳」へのニーズは高く、その必要性も意識されやすい状況にあった。また、この運動から専門職としての「第一世代の手話通訳者」が育ち、現在に至るまで第一線でわが国の手話通訳技術・通訳理念をリードするオピニオン・リーダーとして活動を続けている人材が輩出された。その意味では、この事例にはわが国のろう者と聴者の関係性の原型が示されているといってもよい。事例調査は、当時この活動の中心にあった聴覚障害者組織の幹部等のろう者（難聴・中途失聴者を含む）、そしてろう学校の教師・学生等（いずれも当時）の聴者合わせて16名に対し、半構造化面接調査の形式で進められた。主として当事者の運動に対するかかわりと意識、相互の関係性、社会状況に対する認識等について調査し、協働関係を支えた4つの要素を以下のように明らかにした。

まず第1にこの活動が、1960年代という時代背景に支えられていた点をあ

げることができる。同時期は安保闘争や公害問題に象徴される社会運動を背景に、わが国の民主主義のあり方が改めて問われた時代でもある。このろう運動にかかわった、とくに聴者の意識のなかには、たとえばろう学校教諭と組合運動、学生にとっての70年安保の意識化、学園紛争の経験といった自分自身と社会との接点を問う問題意識がすでに存在していた。それをベースとしながら、ろう者の問題を自らに重ねて受けとめ、集団的な議論によってさらに問題認識の共有化を図っていった。たとえばあるろう者は、「当時の手話通訳者にはろうあ者のかかえる問題について、それはそのまま自分の問題にもつながるという意識があった。一緒に考えるという姿勢だったが、今は違う。ろう者はろう者、自分は通訳という考えをもっている」と話している。またE氏（学生、現在手話通訳者）は70年安保への関心などを背景として、ろう者のかかえる問題を「ろう者個人の問題ではなく社会の問題である」と受けとめていくことができたと語る。そして当時の東京が革新都政下にあったことも、この運動に社会的なエネルギーを与えることになった。教職員組合や障害者団体にとって革新都政とパイプをつなぐことは比較的容易であり、都知事との対話集会も実現するなど、手話サークルやろう者団体の主張が少しずつでも受け入れられる方向に進んでいった。それは「社会を変えていける」という感触をろう者や聴者に与え、その協働の感覚をより育むことになったのである。いずれにせよ、この運動が1960年代の社会のうねりと変革の息吹を自らの力とし、同障者の親睦・障害の受容、あるいは聴者のボランタリーな関心といった個人的なレベルを超えて、相互のかかわりのなかでそれぞれが社会的存在としての自己を意識する社会的活動となったといえよう。

　第2に、手話通訳という専門職の誕生が、ろう者・聴者双方にとって主観的にも客観的にも必要であるという認識が共有されていたことがあげられる。前記のような時代認識の共通性を基本としながら、手話が単に相互理解のためのコミュニケーション手段としての道具的機能にとどまらず、ろう者の社会参加を保障しノーマライゼーションを推進するための重要なカギを握る象徴的な存在であることが、運動のプロセスで共通認識となっていった。単身者の多い東京で手話通訳の必要性がろう者の生活にとって切実な問題で

あったことは容易に理解される。また運動を進めるうえでの行政との交渉や、さまざまな会議においての情報保障は緊要な課題であった。それと同時に、とくに当時学生であった聴者にとっても、手話通訳は自己の社会的な関心に照らして、新しい魅力ある「職業」として意識されるようになっていった。その双方のニーズを具体化するためには、双方の存在とパワーが不可欠であった。そこには「援助」という一方的な関係は成り立たず、相互のエンパワーをかけた運動が展開されていったということができる。

　第3に「通訳」という拘束性が、聴者に課せられていたことである。外国語の通訳がそうであるように、「通訳」はあくまでも「情報を発信」し「情報を受けとる」主体があってこそ成り立つ業務である。手話通訳の場合も例外ではない。さらには現在のように聴者の講師が一般化し、テキストが多数存在し、マニュアル化もある程度進んでいればその比重は軽減されるにせよ、当時の情況においては、「手話」の習得は「ネイティブ・サイナー（native signer）」からの直接的な学びの必要性が当然高かった。ろう運動あるいは手話講習会のなかでも「ろう者が主体」は繰り返し刷り込まれ、援助者が陥りがちなパターナリズムは厳しく戒められてきた。それが両者の対等性と協働を支えていたのである。

　そして第4に、わが国の場合、ろう運動にかかわった聴者にとって自己の専門職（主として手話通訳）としての位置づけは、当初から「福祉」の枠組みのなかにあった。制度的にみてもわが国の手話通訳者の養成、設置・派遣は当初、障害者の明るい暮らし推進事業のメニュー事業として出発し、社会福祉法によって手話通訳は初めて法制度のなかに位置づけられている[*5]。このような状況はアメリカとは大きく異なるが、たとえばアメリカの障害者関連の法規が、公民権法の理念から出発していることと比較すればその違いが理解できる。人種問題のアナロジーとして障害者の権利が提起されたアメリカのような土壌がないわが国にとって、「聴覚障害者」と「福祉専門職」という枠組みは、一般に理解されやすく社会的に機能する唯一といってよい図式であった。手話通訳あるいは援助にかかわる聴者にとっても、「福祉」という足場から障害者を支援する以外の選択肢は当時なかったといってよい（言語通訳という社会的認知は当時生まれていない）。聴覚障害者と聴者はこ

の図式のなかで、「車の両輪」と称されるような安定的で一体的な関係性を築き、より広い援助実践もその図式の延長線上で今日まで展開されてきたといえよう*6。

4 「言語的マイノリティ」という言説の台頭

　前述してきたように、1960年代に始まるろう運動のプロセスには、マージナルな立場からの脱却を意味する（福祉の）権利主体としての「聴覚障害者」という言説が一つの社会的パワーをもちえた社会的・歴史的背景があった。そして今日、アメリカを中心として展開してきたDeafの理念に大きな影響を受けて、わが国にも「言語的マイノリティとしてのろう者」を主張するグループが、「ろう運動」とは異なる視点から独自のアクションを起こしてきている。たとえば1993（平成5）年に結成されたDpro（以下、Dプロと表記）は、活動の理念に「ろう者がろう者らしく生きていくことのできる社会、および日本手話とろう者の文化が日本語や聴者の文化などと同等に扱われ、尊重される社会の実現を目指す」を掲げている。同グループのメンバーが「ろう文化宣言」[10]・*7を発表するなどその活動は社会的に大きな反響を呼ぶ一方、一部のろう者の特異な活動とみられ聴覚障害者からの反発も少なくなかった。また、ろう者に近い福祉関係者や手話通訳者などからは表立った反応はみられなかった。しかし、その後もDプロは機関誌の配信、研究・啓蒙活動、「バイリンガル・バイカルチュラル教育」[11]を実践するフリースクールの運営など、比較的若年で高学歴のろう者を中心としたメンバーによる多彩な活動を展開し、社会的にもその活動を定着させてきた。

　また同様の脈絡で、ろう者を親にもつ聴者の子どもたちの肯定的なアイデンティティの表明がコーダ（CODA）という命名のもとで広がってきている。CODAはChildren of Deaf Adultsの略であり、ろうの両親のもとで育った聴者の子どもを指し、アメリカでは先行してコーダとしての集団の組織化が図られていた[12]。1995（平成7）年、同組織の事務局長を招いて講演会が行われたことがきっかけとなり誕生した「J-CODA」は、Dプロと連携を図りながらも独自の活動を展開してきている。聴者とろう者の2つの社会の狭間

で、2つの文化を体験しながら育つ聴者の子どもの立場には微妙なものがある。2つの世界に引き裂かれる存在になりうる自己を意識していた彼らにとって、「コーダ」というカテゴリー、社会的アイデンティティとの出会いは新鮮だった。自分と同じ立場の人たちがいる、自分はろう者でも聴者でもなくコーダだったのだと思ったとき、とても気持ちが軽くなったとあるコーダは語る。同様に星野正人は次のように述べている。

「コーダという存在・位置づけが明確化されるようになり、今までただ『聾者の子供』でしかなかった我々にも、お互いに話し合うことで、共通点が見えてきた（中略）『聾者の子』にとって、（ろう者と聴者の）どっちの立場にいたら良いのか？　中途半端な私にCODAの文字は、たいへん名誉というか、誇り高いものであった」[13]。

現在、プロの手話通訳者を目指して、専門学校などで改めて学ぶコーダが増えてきている。ろうの両親とろう者のネットワークのもとでごく自然に手話に馴染んできたコーダは、聴者でありながらネイティブ・サイナーであり、手話のスキルはもちろん高い。「コーダ」という命名と言説は、「ろう者の子ども」というマージナルな存在としての意識に悩む彼らに、その存在ごとプラスの価値に転換するきっかけを与えたといえよう。

このようにろう者をめぐる活動が多様に展開する状況にあっても、従来のろう運動が担ってきたノーマライゼーションのいっそうの進展を目指す活動の必要性・有効性に変わりはない。しかし、自己と社会を貫くテーマとしての障害者のアイデンティティを問題とするならば、ろう運動が聞こえない人たちのハングリーな精神を象徴していた時代は終わり、「聴覚障害者」とは異なる「ろう者」をめぐる社会的言説に関心が集まる段階に入っているといえるであろう。そしてこの流れは、ろう者の活動固有の変化というより、社会・歴史的なパラダイムの転換を背景としている。木原活信が指摘するように、1960年代の「社会改良へとつながるハードな政治運動」から1980年代以降の「言説に潜む人々の日常性におけるパワー」[14]を問題視する活動へと、社会的にマージナルな立場にある人たちの活動もその力点を移行させてきていると解釈することができる。それはろう運動が志向してきたノーマライゼーションの同化的側面よりも、聞こえないという「差異」を重視する動きで

ある。中野敏子は障害者自身によって感知される暮らしのなかの差異性に着目する重要性を指摘している。それは「現代社会が追い求めてきた逸脱の論理、多数と少数、治る・治らない、可能性・不可能性といった要素への問いかけ」である。障害者全般にかかわる動きとして、障害の「克服」の方法論を根底から問い直す視点が提起されてきているといえよう[15]。

5 医療モデルを超えて──新たなソーシャルアクションの課題

1) ろう教育の流れ

　聴覚の障害に対しては中野の指摘にもあるように、「治すべきもの」として医療的対応をはじめ、できるだけ「聴者」に近づけることを目標とするさまざまな取組みがなされてきた。それを象徴するのは、たとえばわが国のろう教育の歴史であるだろう。わが国では1878（明治11）年に「手勢法」（手話）を中心としたろう教育の歴史が開かれたが、ろう教育界の世界的な趨勢に押されて、大正から昭和の初めにかけて口話法（発語と読話を中心とした方法）一辺倒の教育へと大きく転換していった。近代教育の名のもと、手話は単なる身振りの派生であり動物的で卑しいものとされ、日本語獲得の弊害になるとされたのである。それは同時にろう児のロールモデルとしてのろうの教師の教育現場からの排除を意味していた[16]。以後、ろう児を「健聴児」に近づけるべく教育現場からは厳しく手話が排除され、口話法と残存聴力を活用した聴能訓練中心のろう教育の歴史が長らく積み上げられてきた[17]・*8。そしてこの手話か口話かという問題は、単なる教育技術上の論争ではないことに注意しなくてはならない。

　手話はこのような厳しい現実に直面しながらも、なおろう児たちの「母語」としてろう学校のなかで自然に当たり前に受け継がれ、成人ろう者の集団のなかで逞しく生き続けてきた。全寮制を原則とするろう学校は、わが国にかぎらず多くのろう者にとって、「仲間」との最初の出会いの場として特別な意味をもつ空間であった（それは手話を禁じられるというアンビバレントな場でもあったのだが）。パドン（Padden, C.）らは次のように記述している。

「寄宿舎でのろう児は管理された教室での生活から解放され、ろう者の社

会生活へと導かれる。寄宿舎のうちとけた環境のなかでろう児は手話だけではなく、ろう者の文化の意味も学び取る。このようにろう学校は周辺のコミュニティの中心として、代々の文化を受け継ぐ場となるのである」[18]。

　さて今日、ろう児をもつ親たち（その9割以上が聴者である）が動揺のなかで最初に出会う医療機関やそこから紹介を受けるろう学校など相談機関では、一般的に次のような説明を聞かされるという。「聞こえなくても補聴器をつけて訓練すれば話せるようになるし、音声の聞き取りもできるようになる。頑張れば『健聴児』と同じように生活できるが、手話は視覚情報に頼り日本語の習得の妨げになるので使わないように」。それ以外の情報（たとえば、手話をコミュニケーション手段として普通に生活しているろう者たちの情報など）は与えられない。聴者である親たちはわが子のために懸命になって家庭でも訓練を繰り返す。しかし、重度の難聴児の場合は教育効果が必ずしも上がらず、それが親子を心理的に追い込む結果ともなってきた[19]。

　現在、各自治体で開かれる手話講習会は満員盛況で、書店には手話関連の図書がずらりと並び、カルチャー・センターの定番メニューにもテレビドラマにも手話が登場している。しかしこの状況に至っても、ろう教育の現場と成人ろう者の生活との不自然な乖離が存在してきたのである。ろう学校を巣立った子どもたちが長い人生を送ることになる実社会の動きと連動することなく、成人ろう者やろう運動とも関連をもたないまま、ろう教育の現場は「聖域」であり続けたといわざるをえない。

2）ろう者をめぐる諸領域の動向

　「聞こえない世界」に生まれ、ろう者として自然に生きてきた人びとにとって、聞こえないことは必ずしも「マイナスの価値」を意味しない。ろう教育の「近代化」のプロセスにおける手話の排除への強い抵抗、特殊教育におけるインテグレート志向への疑義、そして最近の人工内耳手術への反発などに象徴的にみられるように、彼らのアイデンティティは病理学的な視点に立って「ろう」であることを問題視することに強い違和感をもち続けてきたといえる。それが今日、たとえば「ろう文化」あるいはDeafといった社会的言説の提起となり、言説のパワーをめぐって障害者という定義づけや「健常

者か障害者か」という二項対立の図式そのもののあり方を問う主張となって顕在化している[20]・[*9]。

このような流れに沿うように、わが国でも最近、ろう者・ろう児を社会・文化的な文脈から理解していこうという志向が、ろう教育・心理臨床・医療の分野をはじめとする専門家（実践者・研究者）の間にも広がっている。たとえばろう教育界では、「当たり前の子ども」としてのろう児の育ちを、彼らの自然な言語である手話とアイデンティティを尊重しながら支援していこうという試みが広がっている[*10]。

「それは、『聴児のように音声で会話し、活動し、幼稚園や保育園、小学校などの普通校に通う』ということではなく、『手話で話し（音声も使うが）、補聴器をつけ、友達や家族と密に関わり、ろう学校に通う』ということを意味している（中略）。数年前までは前者の考え方が主流であったが、その内容がここ数年で大きく変化した（中略）聴であることのみを基準にする限り、この変化は決して訪れまい。ろう児自身が肯定的な自己像を確立していくためには、聴者である親や教員など専門家自身がこれらの意味を考え、ろう児を身体状況や行動様式の異なる存在として認めることがまず重要である」[21]。

このようにろう児の当たり前のあり方を認めるという視点は、ろう児のアイデンティティの問題にも反映してくる。鳥越隆士は、聴覚障害児教育の歴史において口話か手話かの論争も含め、唯一のテーマは言語習得の問題であったことを指摘し、別の観点、口話あるいは手話が聴覚障害児たちの心の成長にどのような影響を与えているのか、という観点から検討すべきであると述べている。従来の、聴者を健康モデルとしてろう者をそのモデルからの逸脱とみる病理学的な視点からとらえるならば、その心理的特性も否定的なものとならざるをえない。これに対し「手話という一つの言語をもち、その話し手が社会を形成し、しかもその社会が実際に様々に機能しており、また、自身その成員であることに誇りをもっている人たちであると捉える視点」、この文化的視点から聴覚障害児の心理を考えるならば「成長の過程の中で、どのように肯定的で安定的な自己概念が形成されるか、それにはどのような対人的、社会的な経験が契機となるのかを明らかにしていかなければならない。その中でもアイデンティティの獲得が重要なテーマとなる」のである[22]。

このように、専門家の「聖域」とされてきたろう教育の分野では教師たち（聴者）の自己批判も含め、根本的なスタンスの転換を図る議論が噴出してきている。

心理臨床の分野でも、親子間のコミュニケーション手段（手話）の共有の重要性が指摘されてきている。心理臨床家の河崎佳子は、ろうの女性の相談室への来所をきっかけとして手話を習得し、聴覚障害者や家族のカウンセリングやコンサルテーションに積極的に取り組んできた。河崎がその臨床経験のなかで最も衝撃を受けたのは、聴覚障害児と家族（聴者）の間のコミュニケーションの希薄さであり、それが青少年期以降に引き起こす問題の深刻さだった。「母子を基本単位とする親密な二者関係」の豊かさをまず育むことの重要性を強調する河崎は、ろう児の幼少期の手話による家族との十分なコミュニケーション体験を重視する。「私が聴覚障害者との心理療法を通して感じることの１つは、事例にも示されたように、彼らの多くが『健聴者のようであること』『少しでも健聴者に近いこと』を価値基準として成長してきた印象を受けることです（中略）聴こえないという個性に目を向けず、聴こえる人のようになろうとするところから始まる教育は、聴覚障害をもつ子どもの健康なアイデンティティ形成の芽を摘んでしまう危険をはらんでいることになります」[23]。

そして聴覚障害の「治療」にあたってきた医療の現場からも、ろうであることの理解をめぐって新たな視点が示されている。たとえば人工内耳の手術に意欲的に取組んできたある医師は、「ろうを治療するのは間違っている」というろう者の主張に当初反発と戸惑いを禁じえなかった。しかし、次第にそれを「医療倫理」にかかわる問題として受けとめていく必要を感じるようになったと述べている[24]。

このような諸領域の動向は、ろうであることの「差異」をそのまま認め、「レイ・エキスパート」（lay expert）[*11]としてのろう者とともに、ろう者のアイデンティティのあり方を各専門分野の取組みのなかに生かし、新しい理念を構築して社会に広げていこうとする動きである。さらにごく最近では、「新生児聴覚スクリーニング検査」[*12]の実施をめぐって、これら専門家が一堂に会してろう者やろう児の保護者と共にシンポジウムを開くなど、社会的

なアクションを起こしていく機運が高まってきている。しかし、ろう者に最も近い位置にいるはずの福祉関係者はこの席についていない。

3）社会的言説の構築とソーシャル・アクション──結びにかえて

アメリカの状況において検討したように、ろう者の「文化的・言語的マイノリティ」という主張は、アメリカではいち早く援助専門職の意識のなかに取り入れられた。クライエントとしてのろう者に対して援助専門職（ソーシャルワーカーやカウンセラー等。手話通訳者は含まれない）としての自己のスタンスは独立的であり、JADARAの論文にみられるようにそこにはある種の緊張感がある。そのため、ろう者の主張に後押しされるかたちではあったにせよ、たとえばソーシャルワーク実践理論の動向と重ねてろう者のストレングズの表明でもある「文化的・言語的マイノリティ」という主張を理解することが可能となる。しかしわが国の場合、ろう者をめぐる援助実践の歴史的な経緯に明らかなように、ろう者と援助者（手話通訳を中心とする）の関係はきわめて近く、狭義の福祉の枠組みのなかで援助実践が機能してきたところに特徴がある。その脈絡からは、たとえば「ろう文化」という主張が「福祉」や援助実践に深くかかわる課題であるという認識は生まれにくい。

本研究ではソーシャルワーク実践理論の最近の展開（とくにストレングズ視点に基づくエンパワメント・アプローチ）を念頭に置きながら、ろう者の多様な運動の意義や援助実践をめぐる動向について考察を進めてきた。最後に社会的な言説の構築という視点から、ろう者（障害者）をめぐるソーシャル・アクションの新たな方向性について述べておきたい。冒頭で、クライエントの認識する主観的世界（自己認識）への理解の重要性について言及した。同様の脈絡から現在重要視されている「アイデンティティ」とは個人と社会を貫く概念であり、障害者のアイデンティティを尊重する実践は対個人にとどまらず、必然的に社会的なアクションに連動することになる。それは障害者の自己認識や「私にとって世界はこうみえる」という言葉に応答し、その理解のあり方を社会に共に広げていく新たな社会的言説の構築を視野に入れたアクションである。言説のもつパワーの重視は、障害が「個人の属性」というよりも「社会の見方」によってつくられるという観点を支持するもので

あり、それは彼らの「生きたいストーリー」を社会に提起し、そのエンパワーを志向する新たなかたちのソーシャル・アクションとなるであろう。このような認識のもとに、今後諸領域の動向をふまえ、障害当事者を中心とした多様な専門職間の連携を支える役割をソーシャルワーク実践として担うことが、具体的なアクションの第一歩となると考える。

「障害・障害者」に対する社会的な見方・言説を再構築していく作業は、中途障害者の「障害の受容・克服」といった問題にも新たな視点を提供する可能性をもっている。またそれは同時に、(新生児聴覚スクリーニング検査にも暗示されるように) 出生前診断・遺伝子操作等の問題に対応するソーシャルワーク実践のスタンスを築く作業ともつながっていくであろう。バイオ・テクノロジーの進展に伴い、生命倫理の問題は今後いっそうの論議を呼ぶことが予想される。障害当事者の生活に寄り添う活動を伝統的に展開してきたソーシャルワーク実践は、この重い課題と向き合うことを避けて通ることはできない。

本研究は、前述のようにソーシャルワーク実践の理論的動向を視野に入れて、ろう者をめぐる援助実践について基礎的な考察を試みたものである。今後はアメリカを中心として体系化が進むストレングズ視点やエンパワメント・アプローチの理論的研究[25]の成果から学び、より緻密な理論的枠組みから現実の動きや援助実践の意義を再検討していく研究を積み重ねていきたいと考えている。

註

＊1 エスニシティを同定する多様な要因をみると、Deafをマイノリティとみなすことは特異なことではないことがわかる。Thernstrom,S. : Harvard encyclopedia of American ethnic groups. Harvard University Press, 1980参照。

＊2 『Journal of American Deafness and the Rehabilitation Association (全米聴覚障害・リハビリテーション協会ジャーナル)』の略。同誌は、1967年に『Journal of Rehabilitation of the Deaf』として創刊されているが、1988年より現誌名となっている。

＊3 1968年に開かれた第1回手話通訳主会議の発表論文、伊東雋祐「ろうあ者の権利を守る通訳を」。伊東は当時ろう学校教諭。後に全国手話通訳問題研究会運営委員長となる。『日本聴力障害新聞』(全日本ろうあ連盟) 1968年7月号に掲載。

*4 第8回世界ろう者会議(1979年)の提出論文として、全日本ろうあ連盟の安藤豊喜・高田英一の連名で書かれた論文「日本における手話通訳の歴史と理念」をさす。『日本聴力障害新聞』(全日本ろうあ連盟) 1979年6月号に掲載。
*5 社会福祉基礎構造改革に伴う社会福祉事業法等の改正により、社会福祉法のなかに手話通訳事業が初めて法定化された (2000〔平成12〕年4月)。
*6 この2の要旨ついては第50回日本社会福祉学会 (2002〔平成14〕年10月) において「ろう運動に見られる援助関係の特質」というテーマで発表している。
*7 『現代思想』(1995)が初出。1996 (平成8) 年に同論文を中心とした臨時増刊号が組まれ、さらにそれがそのまま単行本となっている。「ろう文化宣言」の反響の大きさがうかがえる。
*8 1993 (平成5) 年になって、文部省 (当時) の諮問による「聴覚障害児のコミュニケーション手段に関する調査研究協力者会議」の報告が出され、中高等部以上の聴覚障害児指導において手話を含む多様な意思伝達手段の活用が勧告された。純粋口話法からの一応の転換の姿勢を示したものとされているが、多くの課題も残した。
*9 副題に「ろう者のコミュニティを無力化するということ」とある。レイン (Lane,H.) は同書のなかで、「社会問題の医療化」(medicalization) を厳しく批判している。
*10 ろう者が中心となって運営しているフリースクール (たとえば龍の子学園) の教育方法・内容に対して、ろう学校から高い関心が寄せられるようになってきている。またろう者の協力を得て国語の教材をろう者の手話語りとしてビデオに収録し、授業に用いるなどの実践が広がっている。
*11「素人の専門家」。アメリカのエイズ患者運動をきっかけとして芽生えた科学技術社会論の分野の概念として注目されている。当事者の経験的知識を重視する考え方が基本にあり、「クライエントこそ専門家」というナラティヴ・セラピー等援助実践のスタンスとも通じる概念である。
*12 新生児が誕生して病院で過ごす一週間ほどの期間に行われる聴力検査。厚生労働省はすべての新生児を対象とした「ユニバーサル・スクリーニング」の実施を決定しており、現在もすでに各地で試行が開始されている。しかし、「早期発見」の後の「早期支援」の方向性や内容について危惧する声がろう者や保護者、専門家のなかから上がっている。

文 献

1) 石川　准・長瀬　修編著：障害学への招待．明石書店，1999, pp.11-39.
2) 小松源助：ソーシャルワーク実践におけるストレングズ視点に関する考察．大正大学大学院研究論集 22:279, 1998.
3) Mcnamee,S., Gergen,K.J.: Therapy as social construction. Sage, 1992 (野口裕二・野村直樹訳：ナラティヴ・セラピー―社会構成主義の実践．金剛出版，1997).
4) Scotch,R.K.: From good will to civil rights transforming federal disability policy. Temple University Press, 1984 (竹前栄治訳：アメリカ初の障害者差別禁止法はこうして生まれた．明石書店，2000).

5) Cleve,J.V.V., Crouch,B.A.(eds.) : A place of their own ; Creating the deaf community in America, Gallaudet University Press, 1989(土谷道子訳：アメリカ聾者社会の創設―誇りある生活の場を求めて．全国社会福祉協議会，1993).
6) 奥田啓子：ろう者をめぐるソーシャルワーク実践の基礎的考察―アメリカの専門誌にみる援助観の動向を中心として．社会福祉学 43(1):155-164，2002．
7) 全日本ろうあ連盟：五十年の歩み．全日本ろうあ連盟出版局，1998．
8) 奥田啓子：ろう運動とろう者のアイデンティティ形成―ソーシャルワーク実践の理論的動向を視座として．手話コミュニケーション研究 49:32-40，2003．
9) 植村英晴：聴覚障害者福祉・教育と手話通訳．中央法規出版，2001．
10) 木村晴美・市田泰弘：ろう文化宣言．現代思想 23(3)，青土社，1995．
11) 都築繁幸：聴覚障害教育コミュニケーション論争史．御茶ノ水書房，1997．
12) Preston,P. : Mother father deaf. Harvard University Press, 1994.
13) 星野正人：CODAから見たろう文化．現代思想 24(5):76，青土社，1996．
14) 木原活信：ナラティヴ・モデルとソーシャルワーク．加茂 陽編，ソーシャルワーク理論を学ぶ人のために，世界思想社，2000，pp.53-84．
15) 中野敏子：現代社会と障害のある人の生活．大島巌・奥野英子・中野敏子編，障害者福祉とソーシャルワーク，有斐閣，2001，pp.2-24．
16) 川渕依子：手話は心．全日本ろうあ連盟，1983．
17) 遠藤 勝：「報告」の意義および残されている課題．日本手話研究所所報 14:30-36，1993．
18) Padden,C., Humphries,T, : Deaf in America voice from a culture. Harvard University Press, 1998, p.6.
19) 金沢貴之編：ろう教育の脱構築．明石書店，2001．
20) Lane,H. : The mask of benevolence ; Disabling the deaf community. VINTAGE. 1992.
21) 池頭一浩：手話がもたらしたもの―ろう児にとっての「当たり前」とは何か．ろう教育科学 42(4):8，ろう教育科学会，2001．
22) 鳥越隆士：聴覚障害児の心の成長とアイデンティティをめぐって．手話コミュニケーション研究 27:28-29，1998．
23) 河崎佳子：聴こえる親と聴こえない子．村瀬嘉代子編，聴覚障害者の心理臨床，日本評論社，1999，pp.121-145．
24) 内藤 泰：人工内耳の医療と倫理．聴覚障害 156:4-7，日本聴覚言語障害学会，2001．
25) 小松源助：ソーシャルワーク実践理論の基礎的研究―21世紀への継承を願って．川島書店，2002．

第 4 章

児童福祉施設における養護原理の確立
――中国の児童福利院への提言に向けて

金　　　潔

（　　　　　　は　じ　め　に　　　　　　）

　近年、日本の家庭では、児童虐待が多発している。また施設内において、体罰など子どもに対する不適切な処遇によって人権侵害が発生している。そこで、再び「児童養護施設の存在意義は何か」を問うてみる必要があると考えた。
　一方中国では、親から分離された子どもの養護に関する調査・研究がほとんどみられない。要養護の深刻な実態はあるものの、児童福祉施設および里親ケアに関する経年的な研究は十分とはいいがたい。このような状況のなか、2000年秋、中国の民政部主催の「第1回全国社会福祉理論および政策研究会」が開催された。これは、社会主義国における福祉の計画化、理論と政策の展開における歴史的な第一歩といえよう。
　私は修士論文で、日本と中国の既存の文献研究から、子どものニーズに応じた施設養護と家庭養護の相互連携を図る方向性を見出し、そのシステムの構築を試みた。同時に中国における児童養護問題を解決する、児童福利院のあり方の一端を検討した。その研究成果として、子どもの権利保障には、養護原理の確立が不可欠であると確信するに至った。
　「養護原理」は、単純に施設処遇の原理にとどまるものではなく、それは

きん　けい　　北海道浅井学園大学人間福祉学部生活福祉学科講師

家庭での養育にも通じるものであり、施設養護の展開過程における処遇技術および方法を支える共通基盤でもある。今回の研究は、中国における児童養護の新たな展開に大きな示唆を与えるとともに、専門職者の養成につながるものと思われる。

1 「養護原理」の共通領域の類型化

　本書第2部第2章においてすでに述べたように、私は吉澤先生と大谷嘉朗先生の共著である『養護原理』を手にしたことをきっかけに、「養護原理」と題する既版の文献（1967〔昭和42〕年以降出版された書籍40冊）[*1]を読み込み、その内容分析および傾向の類型化を試みた。

　それら類書の特色としての傾向は、施設養護を中心にしながら広義の養護、とくに社会的養護の意味を明らかにしようとすることである。類書の内容は、養護の処遇に関する研究成果を基礎とした原理、それとともに方法、あるいは養護技術を示唆するものも含まれており、社会における関係過程の途上にある子どもの存在を浮き彫りにしつつあるといえる。

　しかし、それらの書籍の多くは養護原理の展開に主眼が置かれており、その理念を実現するための具体的方策について、十分に論述されているとはいえない。いくつかのものを除いてほとんどの類書はパターン化しており、特徴がみられなかった。執筆者が10数人にも及ぶために統一した視点がずれていたり、テキストであるためその内容が画一的になっているものも多くみられた。すなわち、既版の文献は実践に生かしにくく、これから施設現場で働く人にとって活用しにくいものであるといえる。

　そして、各書籍が刊行された時代に議論された課題は、いまだ克服されず、議論は完結していない。それぞれの課題は、依然として未解決のまま今日に至っている。

　本論文では、養護原理の検証を子どもの発達（心身のバランス）・家族関係・社会的自立の視点をもって整理し、養護原理の共通領域を類型化した（図1）。そして、40冊の書籍の示す共通点を施設調査の視点とし、それと照合して、実践場面での検証を図ることにした。

2 養護原理に基づく施設養護実践の検証

1）児童養護施設実態調査

　私は養護原理に基づく児童養護施設での実践を検証するために、日本と中国の34カ所の施設長および処遇職員にインタビュー調査を実施した。インタビュー調査は、1999（平成11）年9月から2000（平成12）年12月までの期間で、日本（28カ所）と中国（6カ所）の施設を訪ね、1カ所に数日間宿泊して行った[*2]。

　40冊の書籍から養護原理を抽出し、そのなかから見出した6つの共通領域（図1参照）を用いて、施設実践を検証していくうえでベースとした。調査項目は、Ⅰ施設実態、Ⅱ施設長、Ⅲ養護実践という3つの柱の構成によって検討した[*3]。

　分析手法としては、調査した施設結果のグルーピングを図り、類型化して、細かく分析検討した[*4]。調査の結果、日本、中国それぞれの施設養護実践にみられる問題点として、表1にまとめているような項目があげられる。

　両国の問題点にみられるように、養育が学問的に体系化されていないことが、今後の養護原理構築の課題となると思われる。一人ひとりの子どもの権利保障のためには、養護原理の確立が不可欠である。

●図1　養護原理の共通点

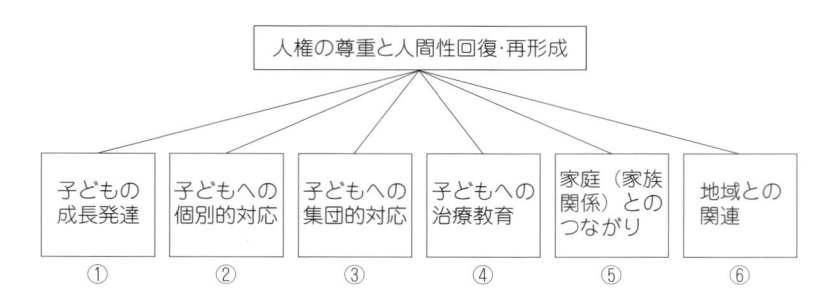

```
              人権の尊重と人間性回復・再形成
    ┌──────┬──────┬──────┬──────┬──────┬──────┐
  子どもの   子どもへの   子どもへの   子どもへの   家庭（家族   地域との
  成長発達   個別的対応   集団的対応   治療教育    関係）との    関連
                                                 つながり
    ①         ②         ③         ④         ⑤         ⑥
```

2）施設実践事例検討

　日本・中国の施設を2事例ずつ4事例により、施設形態の違い、公立と民間の格差、地域差が子どもたちにどう影響しているのか、養護原理に基づく施設実践などについて、日常生活援助の視点からのインテンシブな検証を行った。たとえば生活の基本（衣食住）となる事柄を、養育の営みのなかに位置づけしていくことを基点に据え、事例検討は日本と中国の生活文化の創造過程を考慮しながら進め、4施設を「日常生活援助」（「生活文化」を含めて）の具体的展開として分析を試みた。そして、日常生活において、施設長の意図（施設の理念）が具体的にどのようなかたちで実現されているのかを鮮明にすべく努力した。

　事例検討を通して、施設間によって、あるいは個々の職員によって、当然のこといえる援助に大きく格差がみられた。子どもを養護する場では、援助に格差があってはならず、たゆまぬ学習と援助技術の錬磨が求められる。そのうえ、個々の職員には日々新たな専門知識や援助技術を取り入れつつ、それを超える人間性が要求されるのである。

3　児童福祉施設における養護原理の確立

　40冊の書籍に書かれた原理について実践を通じて実証し、さらに実践から引き出された諸要素をもとに、養護原理の再構築を試みる必要性を確認した。
　養護原理は単なる観念的なものではなく、実践から引き出される理論構築（客観化し、文章化されたもの）をもとに、再びそれが実践に生かされなければならない。そこで今日の顕著に変化する社会情勢をふまえつつ、その原

●表1　施設養護実践にみられる問題点

日　　本	中　　国
①子どもの発達課題の理解不足	①施設養護の機能の認識不足
②日常生活文化の乏しさ	②管理的養育
③施設職員の専門性と人間性のバランスの欠如	③子どもの発達課題の理解不足
④集団的活動の積極的意義づけの欠如	④施設職員の専門知識の欠如
	⑤日常生活文化創造の機会の乏しさ

理を一般に承認される内容として、さらには中国の家庭生活パターンを念頭に置いた原理の構築を試みたのである。

マスロー（Maslow,A.H.）は人間の基本的欲求として、「生理的欲求」「安全的欲求」「所属と愛の欲求」「承認の欲求」「自己実現の欲求」をあげている[1]。施設養護の目標は、この基本的欲求をふまえて子どもの自己実現を保障することである。自己実現を目的とする子育ての場では、「自己確立」こそが「自己実現」の最優先課題となる。自分の家族も、自分の友だちも、自分の時間も、自分の生活空間も、自分の考えも、すべて「自己（個）の領域」である。それらの確立は「自己実現」を追求する基礎的条件である。自己確立がなされ、やがて過去を振り返り、自分自身をよく見つめ、自己客観視ができる。そして、自分のやりたいこと、生きがいを感じられるようになる。したがって、養護の基底となる原理を「自己実現の視点」とし、加えて、「成長発達の視点」「生活力の視点」「家族関係ダイナミズムの視点」「共生・共存の視点」の4つを原理として定めた。

これらの視点は、今日の施設養護の課題として強調したいものである。この5つの原理との関連、すなわち施設に入所している子どもと職員とのかかわりを図示したのが、図2である。

1）自己実現の視点

自己実現とは何を意味するのか？　ユング（Jung,C.G.）は、自己実現を「個人に与えられた資質を実現するための心理的発展の経過」と定義した。ここでは、自己実現とは「自分の可能性を十分に伸ばす過程」とする。子どもたちが自分たちのもっている可能性を発揮するためには、職員側はどのようなアプローチをすべきか、検討してみたい。

フランクル（Frankle,V.E.）は、人生に意味を与えるための3つの方法を創案した[2]。①何かを創造して、世の中に与える、②何かを体験して、世の中から得る、③苦悩に対してなんらかの態度をとる。この方法を用い、日々の生活を通して3つの価値に対応することが可能となる。ここでは調査した一施設の例を用いて解釈する。

①創造価値：華道クラブ活動を通して、四季折々の花を生けているときに

感じる充実感と、完成したときに感じる創造性で、世の中に何かを与えることに意味をもつと考えられる。

②体験価値：天文クラブ活動を通して、夜空の星の美しさから、「きれいだなあ」と大きな感動を与えられる。そして茶道を通して、一期一会の心を学び取り、人との出会いの感動を覚える。また動物を飼うことによって、産みの苦しみと命の尊さを感じ取る。これらは世の中から何かを受け取ることを意味している。

●図2　養護原理の関連

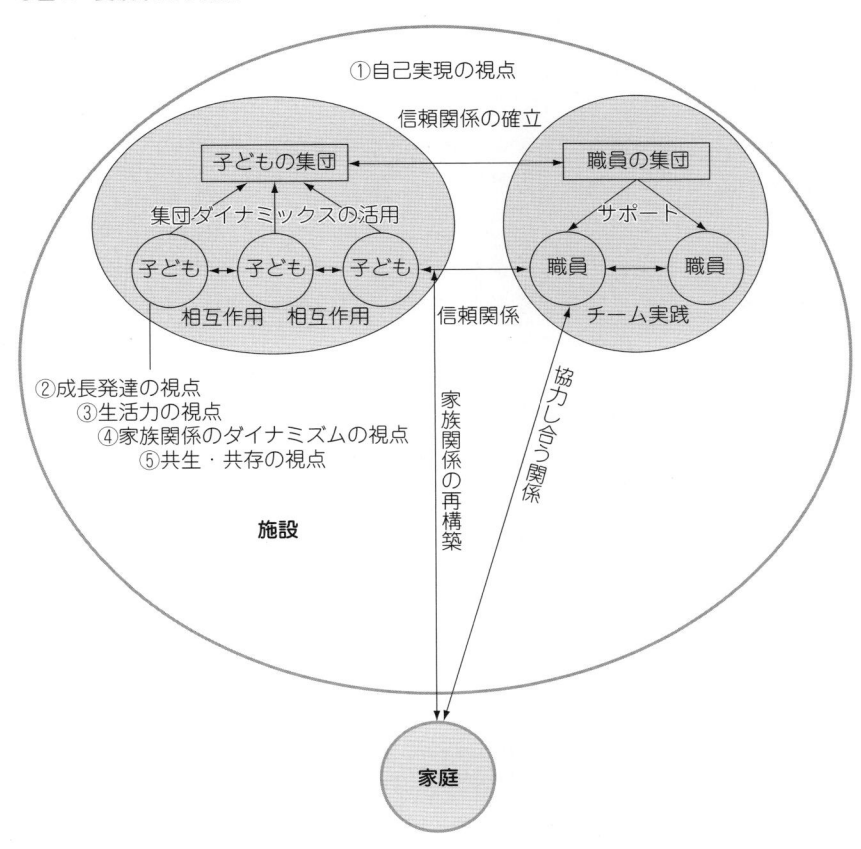

①自己実現の視点
信頼関係の確立
子どもの集団 ⇔ 職員の集団
集団ダイナミックスの活用　　サポート
子ども ⇔ 子ども ⇔ 子ども　職員 ⇔ 職員
相互作用　相互作用　　　　チーム実践

②成長発達の視点
③生活力の視点
④家族関係のダイナミズムの視点
⑤共生・共存の視点

施設

信頼関係
家族関係の再構築
協力し合う関係

家庭

③態度価値：避けることのできない運命的なものに対して、自ら受け入れる様式によって、態度価値が実現されるのである。どんな態度をとるか、いわば人間の尊厳を示す価値が態度価値なのである。一人ひとりが「かけがえのない自分」という独自の価値を子どもたちにもたせる。

　この3つの価値がいかにして高められるか、それによって生活の質が変わってくる。生活の質が、自己実現と密接に関係してくるのである。

　「何の生活目標ももはやなく、何の生活内容ももたず、その生活において何の目的も認められないことは、存在の意味をまったくなくしてしまう。同時に生きる意義もなくなってしまう」、これはフランクルが『夜と霧』のなかで書いているものである[3]。もちろん、生活目標をもつ意味が大きいが、人間は単に目標のために生きるのではなく、目標到達のプロセスそのものが生きる目的であることを、子どもたちに知覚させなくてはならない。子どもたちが自ら人生の主体者として、生活目標をもてるようになり、そしてその具現化に向かって、主体的に可能性を追求することが自己実現である。

　したがって、子どもの自己実現を援助する施設職員の生き方、生きる姿勢が、子どもに大きな影響を与えるのである。そのためには、絶えず自らの生き方を直視し、真摯に模索する必要がある。自己実現への志向は、施設職員の生きる姿勢を鮮明にさせるのである。

　もちろん、施設職員も決して完全な人間ではない。施設職員自身がどう生きるか、その問いの答えは簡単には出ない。それは、施設職員自身が、一生をかけて答えを探していくものである。職員たちが自身の問題で揺れ動き、不安のなかに居続けるときは、勉強会のようなかたちで、職員同士が養育とは何かを語り合うことが大切である。

　また、施設が職員にとって自己実現できる職場なのかどうか。それは、児童養護施設という環境から考えていかなければならない。施設には環境の整備が求められ、それが充足されれば生き生きとした職場となり、職員の活性化が図られ、子どもたちも活性化する。

　「子どもの養育に携わることが自分に課せられている」と感じている職員、つまり使命感に生きる職員が最も生きがいを感じている職員だといえよう。

2）成長発達の視点

　今日、日本の児童養護施設には虐待された子ども、知能指数の低い子ども、ハンディキャップをもっている子どもも入所している。それらの子どもは愛着関係がもてず、多くの発達課題を潜在的にもっており、子どもたちの処遇はきわめて困難な状況に置かれている。

　子どもの養育において、「成長発達」という視点の重要さを多くの施設長があげている。しかし、施設の実態として、施設職員は子どもに対する受容的な姿勢に欠けており、信頼関係が結べないでいる。そのうえ、子どもの発達段階に対する専門的知識も不足していることがうかがえる。

　以上の現状から、児童養護では「成長発達の視点」が重要であり、家庭養護においても、施設養護においても、今後の大きな課題といえる。

（1）信頼関係の確立

　児童養護施設における養育は、信頼関係がなければ何の成果も生まれない。子どもの養育は、信頼関係を確立するところから開始されなければならない。

　親に対して、教師に対して、大人に対して信頼感を喪失した子どもと、新しい信頼関係を培わなければならない。しかし、信頼関係を確立させることは容易なことではない。

　まず施設職員に求められるのは、子どもに対する共感の姿勢である。共感は、他人を理解し受容しようとするときに不可欠の接近姿勢である。子どもの存在（過去・現在・将来）に共感することが大前提であり、共感するためには施設職員の豊かな感性が必要となる。そして、共感こそが真の受容につながるのである。しかし、受容は施設職員が子どもを受容するのみでは達成されない。施設職員として、子どもに認められ受容されることが肝心なのである。不安に揺らいでいる子どもの心に、安心と信頼感を与えなければならない。次に、日常生活を通して、子どもが素直に甘えられるチャンスをつくる努力が大切である。さらに、相互依存を通じて、応えられること、応えられないことの境界を学び合う必要がある。

　日常生活は信頼感を基盤として成り立っている。人間関係において、相手を信頼することは不可欠の要素である。信頼とは本来、全面的なものではなく、部分的な信頼ということができよう。深くかかわることによって、信頼

すべき部分が増えていくというのが信頼関係のあり方である。信頼関係は、大人と子どもとの日常性の積み重ねによって培われるもので、毎日どんなことでお互いにふれ合っていくのかが問題となる。子どもの行動の現れとなった原因を常に考えて的確に対処していかないかぎり、信頼関係を築くことはむずかしい。また子どもの話に真剣に耳を傾けるのは大切なことであり、その積み重ねによって、子どもは少しずつ心を開くようになる。基本的信頼感の回復が施設養護の最も大きな課題ともいえる。

子どもから信頼され、子どもとの信頼関係ができたとき、はじめて養育が始まり、そのときはじめて養育者となれる。施設職員と子どもの基本的な信頼感が芽生え、形成されていく。この信頼感の質が自立の基盤となり、社会化への出発点になる。いずれの場合にも、日常的なごく自然に築き上げられてきた施設職員と子どもの信頼関係が根っこの部分にあることが前提となることを心しなければならない。

(2) 発達段階への対応

発達段階については、心身の成長発達を総合的にみて、その発達をいくつかの特徴ある段階に区分する試みがなされていることに注目しなければならない。各々の発達段階に到達する年齢には個人差があるが、その順序は変わらない。

発達段階を設けることは、人間の発達を理解する手がかりになるとともに、養護との関連においても役に立つ。

ピアジェ（Piaget,J.）、エリクソン（Erikzon,E.H.）ともに、生物学的な成熟と環境との相互作用によって発達が生じると考えている。ピアジェは環境との相互作用を強調し、養育者の役割は、子どもがもっているシェーマを見極め、これと若干異なるシェーマを要求するような環境を提示することだという。またエリクソンは、発達課題達成の基礎として基本的信頼の獲得を重視している。子どもの発達には、個人と環境が適切なかたちでかかわり合うことが重要である。

もちろん、養育現場においては、子どもの発達は必ずしも理論どおりではない。それぞれの子どもに個性があり、個人差がある。したがって、その個人差に対する観察力、分析能力が強く求められる。

(3) 発達課題

　発達課題の視点は、子どもに対して何を発達させるように働きかけたらよいかの目標を示すことにある。ハヴィガースト（Havighurst,R.J.）は、人が社会の一員として健全で幸福な成長を遂げるために期待される社会的役割に注目して、発達課題を取り上げた。「生きてゆくことは学習であり、成長することも学習である」と述べている。

　とりわけ施設児童にとっては感情発達、自律性の発達、社会性の発達が重要な発達課題である。集団全体がそれぞれの個別的発達課題を受け入れ、理解し、相互的に援助する姿勢が是非とも必要となる。

　感情発達については、感情の応答性の欠如など、愛され、大切な存在として扱われてこなかったことの負因に対応しなければならないのが施設養護である。

　次に自律性の発達であるが、社会的人間としての要件の一つは自己管理できるということである。まず第1に自分を大切にするという自己愛を培うことが大切である。そのためには、自分が他から大切な存在として扱われているということを実感させる必要がある。

　最後に、社会性の発達としてより重要なことは、自己と他者とのかかわりのあり方（人間関係）を学習することである。人は、他者とのどのようなかかわりによって生きているのか。自己存在を他者との関係性において、さらには、社会との関係性においてとらえることができるようにすることである。これは孤立した個として生きるのではなく、集団に所属する個として生きることを認識させることである。これは少年期の友人を求める行為を活用することによって、認識させることが可能である。また、人間としての存在が、さまざまな関係（役割・地位・期待）によって成立していることも理解させなければならない。施設養護の場合には、人間関係のあり方について意図的なかかわりをもつ必要がある。それはつまり、意図の内容が課題であり、子どもの将来の生活展開にも影響するものと考えられるからである。

3）生活力の視点

　また調査の結果、子どもの日常生活を通して、その生活体験が貧弱である

ことがわかった。これは日本と中国、両国の一般家庭にも施設にも共通している課題である。一般家庭の問題点として、とくに学業重視により遊び体験、集団活動の乏しさ、家庭内の労働の量的低さと、食生活の確保、生活習慣の確立がなされておらず、ゆとりのない生活を送っていることがあげられる。一方、施設においては、多くの施設長が「アフターケアの充実」を共通点としてあげていた。それは入所中に生活力が獲得できなかった現状を語っているともいえる。さらに、4施設事例のインテンシブな分析を通して、「日々の生活を子どもたちに与えているのであって、子どもたちが主体的に体験しているのではない」という意見が多くみられ、それをどのように具体的に、主体的体験に変えていくかが課題である。

根本的なところで、子どもたちの生活力に不安がある。食事・食習慣、片づけ・清掃、生活習慣、社会的役割、人とのかかわりなど、子どもたちの「生活力の視点」について考えなければならない。生活力のある子どもを育成するためには、次のようなことを配慮すべきである。

(1) 生活のモデルの提供

施設生活を一般家庭の生活と切り離さないように、いろいろな場面での工夫が必要である。たとえば、大根をまな板で切っている音、みそ汁のにおい、それらを感じることで子どもは家庭生活を実感できるのである。食事をつくりながら、掃除をしながら、洗濯物をたたみながら、施設職員が楽しそうに子どもたちと話しながら片づけることによって、共に生活の営みをしているという生活実感がもてるのである。

子どもが「やりたい」といったら、喜んで手伝わせ、失敗してもとがめず、手伝いが終わったときに「ありがとう。助かった」という一言を忘れないことが重要である。それにより子どもは達成感が味わえ、最初は上手にできなかったり失敗しても、何度か繰り返すうちに技術が上達して自信もついてくる。手伝いが徐々にその子どもの役割になり、集団の一員としての自覚につながり、満足感がよりふくらむことになろう。

さらに、子どもたちの自己中心的な言動や自立の遅れの背景には、「自己責任の考え方の欠如」があると考え、子どもに自分の行いには責任があるということに気づかせるように援助していくことが大切である。

最近は、子どもたちの規範意識の低下が目立ち、また、他人から叱られることで必要以上に傷ついたり、逆上してしまう場合もみられるが、これは叱られる経験が欠けていることがその一因と考えられる。そこで求められるのが、施設職員の「自分さえよければいいというような考え方をしない」「ルールに反することをしない」といった当然の対応を、自らの姿をもって示す努力過程である。そして、気分や感情に流されず一貫性をもって叱ることが重要である。日常生活そのものを子どもとともに学習しながらの生活展開を明示していくことである。たとえば、施設職員の失敗をそのまま子どもたちにみせることも、子どもにとって貴重な学習になる。

(2) 感覚を鋭敏にし、感性を培うこと

エアコンのきいた部屋で暑さ寒さを知らず、料理もほどよい熱さに冷まして出すというような、常に中庸なものを与えている環境が、子どもの感覚を鈍らせていることがある。「寒いから、コートを着よう」と思う前にコートを着せられてしまい、子どもは常に与えられている状態である。快適な環境、受け身の生活が、子どもが生活力をつけるうえでの障害になっていることに気づかなければならない。すなわち、認識や思考の土台を、五感を通して実体験から蓄積していくことが重要である。五感が鈍いと、思考も鈍る。したがって、生活のなかで感性を培い、感動の機会をもつことが必要となる。

子どもが自立して、たくましく生き抜くためには、過保護、過干渉をやめ、いろいろな体験をさせ、子どもに考えさせ、判断させることが大切である。

ただし、その状況を見極める判断と、時代の変化のなかでいかに体感のチャンスをつくるかという対応が、施設職員に任されていることを忘れてはならない。

(3) 生活のリズムを身につけること

集団生活においては、起床時間、食事時間、遊ぶ時間、入浴時間、寝る時間など一日の生活パターンが決められ、リズムをもった生活の習慣化が図られている。

自分から、起きる時間に目が覚めるということは、「自立した生活」獲得のスタートラインに立っているといえる。集団でできたことが一人になったときにもできるように、集団の相互関係を通して、生活のリズムを身につけ

る必要がある。

（4）対人関係の充実とその拡大を図ること

施設では、集団生活のなかで充実した仲間関係と集団活動により社会性を高め、自主的な態度を培うことができる。仲間とともに生活し、喜びを分かち合う。また、異年齢集団での遊びや地域の活動への参加を体験させることも大切である。さらに、子どもたちにいろいろな人びととの出会いの機会をつくり、対人関係を充実させていくことが大事である。出会いの喜びを知り、その輪を広げることは、子どもの今後の人生にとって相当なプラスになる。

（5）社会的経験を豊かにすること

子どもの年齢に相応な社会的認識や、自己理解を深めていく経験的ベースを豊かにする必要がある。いくつかの施設では、子どもたちに社会や世界の動き、問題を伝える場をもち、子どもたちに考えさせ、討論させるようにしている。子どもたちが社会的な出来事に関心を示し、働くこと、社会人になること、将来の生活などについても関心が広がるように努力する対応を行っている。また、現場の体験、進路学習を通して、主体的に進路選択について考えることは、その後の生活を規定するといえよう。子ども自身で選び考えることに重要な意味があると同時に、「自己決定」という課題への挑戦の機会ともなる。

生きていくには、食事づくりや身辺の整理整頓などの「生活力」をもつことが重要である。その「生活力」を支えるものは、すなわち「生命力」であり、「生命力」は心身の体内から湧き起こる「生きる力」が基本である。この「生きる力」がなくては、どんなに立派な「生活技術」を身につけたとしても、苦しみに立ち向かっていくことはできない。

「生活力」という「生きる力」を、日常生活の営みのなかで身につけていくことが大きな課題の一つである。

4）家族関係ダイナミズムの視点

一人ひとりの子どもの処遇のなかで、家族、とりわけ親との関係を明確に位置づけ、家族関係の再構築を目標として援助を展開することは課題の一つである。

施設に措置されているということはそれぞれが個別的な要養護問題をかかえているのであり、その大半は家族に問題があるといえよう。それゆえ家族の困難な状況（家族関係の歪み）にある子どもたちにとって、共感と受容は大きな支えとなる。負い目をもっている親の気持ちを理解し、親の悩みもよく聴き、親を支えるための信頼関係づくりに努力することが望ましい。

　子どもの家庭復帰を早める重要な取組みとして、「家庭調整」がある。入所時に親・家庭の問題の解決と、子どもの家庭復帰のための計画を立て、施設では随時、家族との連絡調整をしていく。家族や親族との縁が切れないように積極的にアプローチをすることの意味を具体化するためには、できるだけ早い段階で調整をしていくことが重要である。それは、時間が経つほど家庭状況が変わっていくのでむずかしくなる。

　親とのかかわりをみていくなかで、子どもが安定し、子どもの生活を活性化することが、子どもの施設職員に対する信頼感の増幅と関係する。施設で生活する子どもに対しては、処遇での直接的な指導よりも、子どものかかえている問題に対する共感と支援がいかに大切であるかを物語っている。そして、保護者との関係が円滑にいくことは、情緒の安定を促して子どもの成長にとって大切である。そのためには、親の心情や生活事情等を正面から受けとめる必要がある。その対応の基本は、「園の大切な人」「子どもの大切な人」として遇することである。また、子どもを共に育てることの具現化として、たとえば、学校行事への参加はもちろん、育成目標の設定や行事およびレクリエーション等への親の参加を促し、面会や外出、週末帰宅、家庭訪問などを積極的に行い、保護者の施設内宿泊制度を設けて家庭調整を図ることも必要となろう。

　さらに、児童相談所との連携を密にし、施設職員として両親等の情報を適切に把握して、両親の来園時や家庭訪問等の促進し、その機会を活用して、両親等に対して必要な援助を行うことも考慮すべきである。

　とくに虐待が理由で入所してきた親子の関係調整は、親側のケアやサポートを、児童相談所や関係機関のワーカーと役割分担していくことで改善を図り、効果をあげていくようにすべきである。

　交流はありながらも関係の希薄な親子に対しては、入所時より、子どもの

出生時の様子や家族関係、親としての思いなどを、親が子どもに伝えられるような機会をつくっていく。

施設側では入所児と保護者との家族関係が希薄にならないよう意図的な調整に務め、保護者によっては住まいと就労先の安定が子ども引き取りの前提条件になることを認識してもらうように働きかける場として「保護者会」をもつなど、可能なかぎり組織化を図り、その場を活用することを考える。困難を極める状況であるが、それへの努力が求められよう。

また、中学生で入所してくる子どもは家庭崩壊のプロセスを知っているが、幼児の場合はまったく空白の部分がある。それぞれの子どもの親に対する思いが違うし、それぞれの家庭に対する対応も相違があって当然である。たとえば、乳児院から来た子どものケースはいっそうむずかしい現状がある。乳児院にいた期間中に親子調整がうまくいかず、児童養護施設に措置変更される。その間、家庭状況の変化があって、父親または母親が再婚し、新たな生活がスタートしている場合、親子関係の調整は困難を極め、児童養護施設はその状況に見合った積極的な対応をしなければならない。父親または母親が現在の新しい家庭を壊したくないと思うため、施設からのアプローチはむずかしい。なかには、施設からというと拒否する親もいる。家族の幸せがないと、子どもの幸せはありえない。そこがむずかしいところで、施設の限界でもある。現状としては、児童相談所、福祉事務所、児童養護施設、その三者がもっている機能を協働していくことを心がけ、里親制度の有効な活用も必要であろう。すなわち、その子どもにとってよりよい環境整備を行い、そのシステム化を図っていくことが重要である。

5) 共生・共存の視点

ノーマライゼーションの考えに立ち、共生・共存に努力するとともに、多文化との共生・共存を大切にすること。「個」および集団のなかでの「個」を子どもに認識させ、人と自然、人と人との豊かなふれあいを通して、共存し、助け合って生きることを大切にする「共生」の意識を醸成する必要がある。

子どもたちにとってのよりよい生活環境づくりを目指して、集団による仲

間意識（連帯感）を学ぶ機会をつくる。そのなかで、集団生活にかかわるルール、他人への思いやりなどの社会性、基本的生活習慣の確立や、生活技術の向上を心がけた処遇が求められる。

施設における各種行事への子どもたちの参画によって、生活体験を豊かにし、自主性・主体性・創造性が発揮できる機会を多くもてるようにする。そのためには、行事の企画段階から実施に至るプロセスまで、子どもたちがみんなの力でやり遂げる喜びを日々の生活のなかに見出せるようサポートすることが必要となろう。

国は違っても、施設で生活する子どもたちはみな、自ら負の生い立ちを引きずっている。異文化体験が子どもの可能性を引き出し、新たな世界の体験が自己を豊かにしていくということの実践を、日本のいくつかの施設は隣国である韓国、中国との交流体験を通じて試みている。同じような境遇に置かれている子どもたちとの交流によって、それぞれ国の子どもに変化をもたらしている例がある。出会いの喜びを知り、世界の動きに関心を示し、自分たちよりも厳しい状況に置かれている人びとへの共感を得、自分の将来について積極的に考えるようになったことを、日本の施設長が強調していた。国際化社会に向けて、異文化のなかでの共生・共存意識を培うことが重要である。

4　中国の児童福祉政策および児童福利院への提言

中国の6施設のインタビュー調査と、2施設事例の生活の細部におよぶ検討を通して、今日の中国施設養護の現状と問題点を明確に把握することができた。

まず問題としてあげられるのが、要養護児童を「特殊児童」としてとらえている点である。この根強い子ども観から、現在も児童福利院は、子どもたちの存在について社会的に一般家庭児童とは別の児童の収容施設として位置づけられている。大規模施設という施設形態もその象徴といえよう。次に、子どもを保護・収容するという子ども観にとどまっているため、職員の資質がきわめて低いことがある。児童福利院には直接処遇職員が少なく、逆に管理職員が多くを占めているという不適切な職員配置がある。さらには、制度

と実践との開き、公私格差、地域格差が大きくみられたことは残念である。

現状を改善していくためには、まず児童福利院を子どもの生活の場であるという根本的な視点に立ってとらえ直す必要がある。それには、人的・物的な環境整備をすることから始めなければならない。施設職員の児童観、施設養護に対する考え方、心のあり方、すなわち人間性の問題が子どもに大きな影響を与えている現状から、職員の適切な対応および研修、その職員養成、資格制度の確立が求められる。また、衣食住、日常生活の全領域において、その子どもに「与える」のではなく、子ども自身が主体的に選択し、自己決定できるような生活設定が重要である。そのためには、物的環境の改善および養護体制、ソフト面の開発、意識の転換が求められよう。施設養護は集団による生活の場であるがゆえに、集団の有効な活用法として、協調性とともに、個の確立の視点をも強調することが望まれる。さらに、民間施設にいる子どもたちの最低限の生活保障、生存権を保障する国の責任も追求されよう。公私格差にも改善を要しよう。

日本・中国両国の児童養護をめぐる問題は、複雑な社会全体の生活条件との諸要因が絡んでおり、その解明には、なお継続的なそして地道な実態分析とその精査を必要としている。さらに実践研究の協力関係も必要と考えられる。

本論文（凝縮版）は、すでに提示されている児童養護に関する原理の内容分析、およびその傾向の類型化を試みたものである。同時に、それが子どもの日常生活の具体的営み場面（処遇上）にいかに具現化されているか、検証することの意義を見出し、私なりの質的研究方法によって研究を推進したものである。

紙面の都合上、研究過程の詳細については省いてある（2001〔平成13〕年に提出した博士論文「児童福祉施設における養護原理の確立―中国の児童福利院への提言に向けて」および2003〔平成15〕年大正大学大学院研究論集第27号を参照していただきたい）。

したがって、ここでは、既存の原理を見直し、その内容を分析・検討し（児童養護施設実態調査および施設実践事例検討に基づいて）、原理の基底に

加えるべき新たな内容・要素の提出にとどめおいたことをお断りしておきたい。

註
*1　(1)大谷嘉朗・吉澤英子：養護原理．誠信書房，1967．
　　(2)糸賀一雄・積惟勝・浦辺史編著：施設養護論．ミネルヴァ書房，1967．
　　(3)斎藤　謙・杉本一義編著：新版養護原理．川島書店，1968．
　　(4)小林堤樹・平井信義編：施設保育・養護の実際．日本小児医事出版社，1971．
　　(5)碓井隆次：施設収容児童の養護原理．家政教育社，1972．
　　(6)大谷嘉朗他編著：施設養護の理論と実際．ミネルヴァ書房，1974．
　　(7)遠藤邦三・吉田宏岳編著：養護原理の研究．福村出版，1974．
　　(8)木田市治：養護原理．朝倉書店，1974．
　　(9)中村　遥：養護原理の理論と実際．誠信書房，1975．
　　(10)大谷嘉朗・吉澤英子監修：養護の理論と実際．相川書房，1975．
　　(11)宮脇源次・他：養護原理と養護実習．建帛社，1976．
　　(12)宮脇源次・他：養護の現状と養護内容．建帛社，1976．
　　(13)瓜巣憲三・他：養護原理．東京書籍，1976．
　　(14)浦辺史・積惟勝・秦安雄編：新版 施設養護論．ミネルヴァ書房，1977．
　　(15)吉澤英子・他編著：保育講座 養護原理．医歯薬出版，1978．
　　(16)三沢義一・神谷育司編著：養護原理の実践．福村出版，1979．
　　(17)林　久雄・成田錠一編著：施設養護の理論と実践．福村出版，1979．
　　(18)須賀賢道・硯川眞旬・鬼崎信好編著：養護理論と実際．八千代出版，1981．
　　(19)全国社会福祉協議会養護施設協議会編：養護施設ハンドブック．1981．
　　(20)長尾章象・原田信一編著：施設児童の養護と福祉．川島書店，1981．
　　(21)小田兼三・石井勲編著：養護原理．ミネルヴァ書房，1982．
　　(22)菅　俊夫編：養護原理Ⅰ・Ⅱ．学術図書出版社，1983．
　　(23)井上　肇・他編著：新編養護原理．医歯薬出版株式会社，1984．
　　(24)宇治谷義雄編著：実践養護原理．ミネルヴァ書房，1985．
　　(25)安藤順一・星野政明編：現代の養護理論．学術図書出版社，1986．
　　(26)吉澤英子編著：養護理論．光生館，1989．
　　(27)飯田　進・他：養護内容総論．ミネルヴァ書房，1989．
　　(28)全国社会福祉協議会養護施設協議会編：養護施設ハンドブック．1991．
　　(29)鈴木政次郎編：養護原理．ひかりのくに，1991．
　　(30)吉田宏岳監修：養護原理と内容．福村出版，1992．
　　(31)吉澤英子・小館静枝編：保育講座 養護原理．ミネルヴァ書房，1993．
　　(32)村春樹・北川清一編著：児童福祉施設と実践方法．中央法規出版，1994．
　　(33)竹中哲夫：現代児童養護論．ミネルヴァ書房，1995．
　　(34)入江　実：養護原理―実践と理論．さんえい出版，1995．
　　(35)加藤孝正編著：新しい養護原理．ミネルヴァ書房，1997．
　　(36)松本峰雄編著：子どもの養護．建帛社，1997．
　　(37)新・保母養成講座編纂委員会編：養護原理．全国社会福祉協議会，1998．
　　(38)吉田宏岳監修：最新児童養護の原理と内容．みらい，1999．

㉟鈴木政次郎編著：現代児童養護の理論と実践．川島書店，1999．
㊵浅倉恵一・峰島　厚編著：子どもの福祉と施設養護．ミネルヴァ書房，2000．

＊2　本研究で選出した日本の28カ所の施設は，社会的に評価されている施設，児童養護施設界で活躍されている施設長（うち9名は各都道府県の児童養護施設協議会の会長で，5名は全国児童養護施設協議会の役員。また28名のうち5名は大学でも教鞭をとっている），一法人多種施設のところ（うち14カ所），と歴史がある点（うち5カ所は明治時代に設立。創設して50年以上経つ施設は22カ所）である。中国の6カ所は調査が可能だった施設である。そのなかから先駆的な取組みを行っている施設，経済発展している地域と貧困地域の施設，そして歴史があるところを選択した。ここで選択した日本と中国の施設に共通していえることは，公私格差の平均化を図るために公立施設と民間施設の両方を取り入れた点である。

＊3　Ⅰ施設実態―本調査は施設の現状を把握するものであるが，背景を明らかにするため，9項目を設定した。創立の時期・創立者の方針，入所児数・入所理由，職員構成・勤務形態・職員の研修体制・職員の呼び方，運営に関するものなどである。Ⅱ施設長―主に施設長の思考に関する設問である。制度と施設機能の関係に関して，望ましい施設形態に関して，処遇に対する基本的考え方に関して，職員の日常的対応の評価に関して，職員採用に関して，今後の取組みに関してなどの15項目を設定した。Ⅲ養護実践―『養護原理』からまとめられた，①子どもの成長発達，②子どもへの個別的対応，③子どもへの集団的対応，④子どもへの治療教育，⑤家庭（家族関係）とのつながり，⑥地域との関連，以上6つの共通点を施設調査の視点とし，養護実践の場面で検証した。

＊4　施設長の自由回答から種々の説明内容を抽出し，その内容を共通項にまとめることにした。施設長によっては，多くの理由を枚挙する場合，そうでない場合に分かれるが，一人ひとりの施設長の回答からはすべての理由を拾い上げ，その理由内容を分析し，不確かな面は，再度確認した。

文　献

1) A.H.マスロー著，上田吉一訳：人間性の最高価値．誠信書房，1973．
2) V.E.フランクル著，霜山徳爾訳：死と愛―実存分析入門．みすず書房，1999．
3) V.E.フランクル著，霜山徳爾訳：夜と霧―ドイツ強制収容所の体験記録．みすず書房，2001（文面は筆者がまとめたものである）．

第 5 章

障害のある子どもの親がわが子を受容する過程と保健福祉の支援
―T地域療育センターの来所児と親へのかかわりを通して

佐鹿　孝子

（　　　　　　は　じ　め　に　　　　　　）

　障害受容の理論については、ドローター（Drotar,D.）らの段階説[1]が多く引用されている。一方、ウィクラー（Wikler,L.）らの「慢性的悲哀」[2]を要約して、中田洋二郎は障害受容の螺旋モデルを提案し、慢性的悲哀が障害児の家族において周期的な表れ方を示すと述べている[3]。
　筆者は、障害のある子どもの親は、障害受容の危機的状況を一度だけでなく、子どもが発達課題を達成しようとするときに繰り返し体験すると考え、ライフサイクルのなかでの障害のある子どもと親の危機的時期・状況の10段階を仮定した（表1）。その最初の時期は、障害があるかもしれないと親自身が気づいたときであり、次いで専門機関を紹介され子どもの障害について説明や告知を受ける時期で多くは乳幼児期である。さらに、幼児期に達し保育所や幼稚園を選ぶ時期であり、小学校を選択する時期である。その後は、子どもと家族がそれぞれの発達課題を達成するときが危機的状況と考えられる。
　そのため、子どもの障害が予測されるときには、子どもは早い時期から療育を受けることができ、親が子どもの発達過程に応じて子どもの障害を受け入れ、かつ子育てができるように、親に対する支援を充実することが望ま

さしか　たかこ　　昭和大学保健医療学部看護学科助教授

1 研究目的

親がわが子を受容し、子どもを生き生きと育てていくための課題を、障害児通園施設での実践と親への面接調査から導き出すことを本研究の目的とした。さらに、障害児通園施設の果たす役割と保健福祉の支援のあり方を検討することを目的とした。

2 本研究に取り組んだ意図

障害のある子どもは、乳幼児期において家庭や地域の環境および社会支援の内容により、成長発達に大きな影響を受ける。また、障害が予想されて専門機関を訪れ、障害を説明され受け入れていく最初の時期は乳幼児期であるため、保健福祉の専門職の支援が重要である。さらに、乳幼児期の子どもにとっては、親が安定した気持ちで育児できることは非常に重要である。そして、小学校就学にあたっては、親はわが子の障害を再度受けとめ、わが子が小学校という新しい環境に慣れていく過程を見守る時期である。

したがって、乳幼児期から学童前期は、親が障害のあるわが子を受け入れ

●表1 障害のある子どもと親の危機的時期・状況

①誕生（障害を受けた時期）から障害が予測されたとき	
②生後3カ月から3歳	乳幼児健康診査などで専門病院を紹介されたとき 専門病院などを受診しようとするとき・受診したとき 障害がわかったとき、診断・説明を受けたとき
③3歳から4歳	集団生活や幼児教育を選ぶとき
④小学校に入学する時期	就学前健診や小学校選択のとき
⑤中学校・高等学校入学時期	進学時の学校選択のとき（とくに肢体不自由児など）
⑥学齢期を終了するとき	高等学校卒業後の進路を選択する時期
⑦成人式を迎える時期	その後の生活を選択する時期
⑧30歳から40歳代	親の加齢が進んでくる時期
⑨50歳以上	親が自分の死後を考える時期
⑩一生を終える時期	（親よりも先のときがある）

ていく過程で非常に重要な時期である。そして、障害児通園施設は乳幼児期から学童前期における支援の役割を担う専門機関（施設）である。これらの時期の子どもと親への支援では実践的研究が少ないので、本研究を計画し実践的に取り組むことにした。

3　研究方法

1）研究の場
A市の障害児通園施設であるT地域療育センター（以下、センター）を研究の場とした。

2）研究対象の選定と研究方法
以下の2つの発達状況の子どもと親を対象として実践研究を行った。

（1）センターの外来に初めて来所した乳幼児とその親
1999（平成11）年6月から2000（同12）年3月までの間でセンターの外来に初めて来所した乳幼児とその親を対象とした。初回の受け入れ面接（以下、インテーク）の段階より、筆者はソーシャルワーカー（以下、SW）や他の看護師とともにかかわった。なお、親にはインテーク前に筆者が同席する趣旨を説明し同意を得た。親（とくに母親）がわが子に障害があるかもしれないと知ったときの心の状態、センターへの来所を続けながら障害のあるわが子を受容していく心の状態、およびスタッフのかかわりなどを分析した。初回は筆者が、2回目からは来所時に担当した看護師が、次の4つの視点で観察し記録した。さらに、SWの記録も参考とした。

　①親（とくに母親）が感情を表現できているか
　②親の行動や表情・身仕度などの観察
　③子どもの障害の内容などを正確に理解できているか
　④子どもの存在を肯定的にとらえ現実に適応しようとする態度の観察
　⑤子どもの成長・発達過程の様子（看護師による観察）

（2）センターを卒園し4月から小学校1年に就学した子どもの親
センターを2000年3月に卒園し小学校に入学して3〜4カ月後に、入学後

の子どもの様子と不安なことや希望などについて、筆者が親への聞き取り調査を行った。さらに、これまでの子どもの障害の受容過程について、親への面接を行い、以下の4項目などについて回答を得た。なお、親に対しては、事前に文書にて面接の趣旨を説明して面接調査への協力を依頼し、さらにセンターの外来を受診した当日にも承諾を得た。

①センターへの通園期間を通して、子どもの成長発達と親の変化
②小学校入学後の子どもの様子、気になること、不安など
③現在までの親の障害受容のありよう
④就学後にセンターに望むこと

4 研 究 結 果

1）センターの外来に初めて来所した乳幼児の事例とのかかわり

筆者がかかわった親子は、脳性麻痺、自閉症、知的発達障害などの15事例であった。そのうち家族のかかえている問題に対して継続して支援をする必要があると考えられたのは5事例であった。これら5事例について、障害の説明を受けた後の両親の変化や外来部門としての対応などは表2のとおりである。

（1）来所のきっかけ

継続的な支援を必要とした事例の来所の理由は、①保健所の乳幼児健康診査を通して紹介された（事例A・E）、②子どもの発達が気になり母親が直接センターに電話相談をしてきた（事例D）、③子ども専門病院の主治医から紹介された（事例B・C）であった。

事例Bだけが乳児期（7カ月）であった。他の4事例はいずれも幼児期であり、わが子の障害について認識していたが障害への対応は不十分であった。いずれの事例も、障害の見通しについての不安を抱いていた。センターへ来所した主訴は、子どもへの接し方や育児の方法についての指導などであり、療育の専門機関による援助を求めていた。

（2）障害の説明と説明を受けた後の親の様子

事例A・Eでは、親は子どもの発達の遅れについて気にしていた。しかし、

第5章 障害のある子どもの親がわが子を受容する過程と保健福祉の支援

保健所のフォローを受け入れる必要性を感じておらず、センターの医師から説明を受けてもなお障害があるとは思いたくない様子であった。

　事例Bは、低出生体重児で誕生し、子ども専門病院を継続して受診し、発達の遅れがあることを十分に説明されていた。この場合には、センターへの

●表2　初回の来所からかかわった乳幼児の事例

事例：性別・年齢 障害内容・主訴	説明を受けた後の気がかり・家族のかかえている問題	外来部門としての対応	経過・考察
事例A：男・2歳10カ月 自閉症 [主訴] まだ言葉が出ない。大人のいっていることをほとんど理解していない。人に興味を示さない。どうすればよいか知りたい。	保健所の保健師からセンターのSWにフォロー依頼の電話（初回から1カ月後）：保健師へ取り乱した母からの電話； いろんな人と話すのが苦手で、センターに行くたびに違う人と会い、誰に何を相談してよいかわからず疲れる。大学卒業後に予定しない妊娠で家庭に入った。この子が3歳になったら絶対に働こうと思っていたので、人生計画が狂った（姑との関係がよくない様子がうかがえた）。	外来カンファレンスで方針を検討し、SWが母へ電話連絡： 相談窓口はSW。 1月から外来グループに参加可能。 4月から通園への参加を検討中。 （他の気がかりはないか？と確認→通園の制度や利用料などを知りたいと返答あり→SWから回答した）	[4月より通園開始] SW、担当指導員、通園の看護師がフォローを継続している。 [職員間の連携] 親との応対の最後に、もう一度、聞き残しがないかなどを確認することで意思疎通が向上する。
事例B：男・0歳7カ月 脳室周囲白質軟化症 脳性運動障害 （低出生体重児） [主訴] ミルクの飲みが悪い。音に敏感で1日中泣いている。ゼーゼーしやすい。あまり笑わない。眼球振盪を起こすなど。	2回目受診時（初回から1カ月後）の訴え：病院通いや訓練のための交通費が高くて困る。 身障手帳のことなどをどこへ相談したらいいのか？（身障手帳を受けると、障害があるのだと思わなくてはならないのですね…） 訓練や病院のために上の子を保育園に入れたいがどこへ相談に行ったらよいか。 父はこの子の障害について、大変なことが起きているとは思っていない。 外来グループ（1月開始）時：離乳食を食べさせやすいスプーンを教えてほしい。 摂食クリニック時：スプーンを噛んでしまう。ミルクをあげないとすぐ泣いてしまう。	医師の助言：3歳まで乳幼児医療で無料です。身障手帳は1歳くらいまで様子をみましょう。 看護師の助言：訓練日にSWが相談を受けます。聞きたいことを整理しておきましょう。身障診断の診察には、夫に一緒に行こうと声をかけてください。夫婦で判断することがとても大切です。 OT：スプーンの大きさ、食べやすい大きさを指導した。 保育士：抱っこ・散歩・あそびの工夫を指導した。	母からの質問や訴えにはできるだけ迅速に対応する。 育児に関する質問には具体的方法を母と一緒に考えていく。 センターの職員間で連携を取り合う。 身障手帳（脳性麻痺2級）を申請できた。 現在も訓練と外来グループに通っている。

事例:性別・年齢　障害内容・主訴	説明を受けた後の気がかり・家族のかかえている問題	外来部門としての対応	経過・考察
事例C:女・2歳11カ月　運動発達障害　知的発達障害　[主訴]運動面の訓練を継続したい。知的障害なのか？（紹介状に知的発達障害とあり驚いた。その説明は受けてない）小学校までに知的面が追いついてほしい。	SWが保育所について面接（初回から半月後）：母は2カ所の保育所を考えていたが未見学であった。面接後に母との連絡が中断：母へ電話連絡をしても不在のことが多く、連絡がとれない。面接から2カ月後に連絡あり：独歩ができることを期待しており、月1回の訓練では不安だ。	年内に福祉事務所に相談に行くことを助言した。訓練キャンセルの電話時に、SWが保育所の件を尋ねた：保育所をあきらめ幼稚園にした。センターで、（知能検査の結果など）障害があると知りショックだった。気持ちが落ち込み福祉事務所に行く気になれず、これを機に仕事をやめ母親業に専念しようと思った。	SWが保健所、福祉事務所、保育所、幼稚園へ連絡し連携を開始した。（この幼稚園の対応に不満＝初回申し込み時に、手がかかるといわれた）母は迷っているようなのでフォロー継続とした。4月に、この幼稚園に入園した。
事例D:男・2歳4カ月　知的発達障害　低出生体重児　[主訴]自分や他児を叩く。一度怒ると泣くか勝手に走り出してしまう。接し方を知りたい。知恵遅れなのか知りたい。私が未熟だから子育てがうまくいかない。専門の人に助けてほしい（涙ぐむ）。	医師の説明中も固い表情で、質問に答えているだけであった（母自身が虐待を受けて育ったと思われた）。保健所の保健師からSWへの電話（初回から4カ月後）：センターでのフォロー計画と意義を母に伝えてほしい（なにも変わらないという疑問が寄せられた）。母から悩みの相談（電話）：育児に疲れた。夫から保育所に入れるようにいわれるが、育児を放棄しているようで抵抗がある。もっとできることがあるのではないか、でもできない、誰も助けてくれないと思いつめてしまう。	職員ミーティング：母への援助が必要。児童精神科へ併診。SWが母へ電話連絡し、母からの質問：医師のフォロー以外にセンターで受けられることは？心理相談を説明し、申し込みを受けた。外来グループや通園を利用できるか？心理判定後に検討すると伝えた。保育所の一時保育を勧めた。	[児童精神科]育児支援などを検討する（初回から2カ月後）。「疲れている。オムツがとれない。育児面でのフォローをしてほしい」（2カ月後）。「パニックになっても他児や自分を叩くことが減った」（3カ月後）。[看護師の記録]医師との関係ができてきたようであった。

第5章　障害のある子どもの親がわが子を受容する過程と保健福祉の支援

事例：性別・年齢 障害内容・主訴	説明を受けた後の気がかり・ 家族のかかえている問題	外来部門としての対応	経過・考察
事例E：女・3歳6カ月 知的発達障害(軽度) 言語発達遅滞 [主訴]聴力検査を受けたい。子への接し方や言葉を増やすための言葉かけを教えてほしい。	インテーク時と初回受診時： 　子どもにどう接したらよいかわからない。 医師：何か聞いておきたいことはありますか。→とくにありません(母)。 医師から子育てへのねぎらい：いろいろと頑張っていますね。→(涙ぐみ)仕事を始めたのも、子どもと一緒にいるとかえってよくない気がするから。保育所にいったほうが子どもは幸せかも…。	診察後の職員ミーティング： 　子どもへの接し方(短く言葉かけをするなど)を母へ指導するなどの対応をしていく。 受診時などでは、母親の不安や疑問に答え、毎日の子どもへの接し方などについても助言をする。	STが月1回、医師の診察が月1回でフォローした。言葉が増えてきているので、母親には、small stepでの取組みを助言していった。

註）SW：ソーシャルワーカー　ST：言語訓練・言語聴覚士　OT：作業療法士

　初回の受診時に、ミルクの飲みが悪いがどうしたらよいか、どのような訓練をしたら発達が促されるかなどの育児に関する具体的な質問が出され、事態に適応しているように推察された。

　事例Cは、子ども専門病院でフォローされていたが、医師より障害の内容などの十分な説明を受けておらず、紹介状をみてはじめて知った。このような場合には、驚きや不安が大きいことがうかがえた。

　事例Dは、子ども専門病院で知的発達の遅れがあると説明されていたが、センターでも改めて「知的障害はあるのか」と質問をした。運動発達が標準レベルであったので、親は知的な発達の遅れを受け入れがたい様子であった。

(3) 障害の説明を受けた後の気がかりや親のかかえる問題

　障害の説明を受けた状況やその後に親がかかえる問題はさまざまであった。

　事例Aでは親自身が混乱してしまい、保健所に援助を求めた。

　事例Cでは、いったんは子どもの生活に目を向け始めたと思われたが、障害の説明を受けたショックにより数カ月後に親が落ち込んでしまい適切な行動がとれなくなっていた。

　事例Dでは、センターの医師から保健所での発達検査結果を示しながら障

害について説明を受けたが、母親の表情は固く、インテークのときに「私が未熟だから子育てがうまくいかない。専門の人に助けてほしい」と涙ぐむ場面があり、育児支援を必要としていた。

（4）センターとしての対応と支援の経過

事例Aでは、保健所の担当保健師との連携を密にとりながら、センター内の外来部門を中心に各部門の職員間で協働して支援を行っていった。親子関係だけでなく、親子を取り巻く家庭（姑との関係）にも目を向け支援をしていく必要があった。そして、センターの通園部門に通い始めたので、成長発達への支援や親への支援を外来部門から通園部門へ引き継いで継続した。

事例Bでは、食事の介助や食事内容などの育児について母親より質問があり、実践しやすい方法を考え、センターで実践しながら母親が家庭で行うことができるように工夫した。現在のところ他機関との調整の必要性はないが、今後、成長発達に応じた問題が生じたときには、多機関との連絡調整が必要となるものと予想できる。

事例Cでは、集団生活の場の選択にあたって、福祉事務所、地域の保育所や幼稚園等との連携を図った。さらに、成長発達を促したいという親の希望を受け、地域の訓練会やセンターの外来グループを紹介し、保健福祉サービスに関して情報提供を行った。

2）小学校1年に就学した子どもの親とのかかわり

センターへの通園中に認められた子どもの成長発達、わが子の障害を受け入れてきた過程、小学校の担任教師との連携などは次のとおりである。

（1）事例の紹介

事例F：男児、6歳。髄膜脳炎後水頭症・知的発達障害、独歩、通園期間3年間

事例G：男児、6歳。アンゲルマン症候群（染色体異常）・右下肢麻痺・知的発達障害・てんかん、伝い歩き、通園期間2年間

事例H：女児、7歳。大脳形成不全・知的発達障害、独歩、通園期間4年間

事例Ⅰ：男児、6歳。ソトス症候群・知的発達障害、四つ這い、通園期間3年間

事例J：女児、7歳。知的発達障害・自閉症、運動発達障害はない、通園期間2年間
事例K：男児、6歳。知的発達障害・自閉症、運動発達障害はない、通園期間3年間
事例L：男児、7歳。知的発達障害・自閉症、運動発達障害はない、通園期間3年間
事例M：男児、6歳。知的発達障害・自閉症、運動発達障害はない、通園期間3年間

(2) 障害を受け入れてきた過程

事例Fは、子ども専門病院にて生後1カ月時に障害の診断と説明を受けていたが、疑問などを医師に質問したり相談をすることができず、一人で悩んでいることが多かった。しかし、センターの外来グループに通うようになり、ホッとできたり、障害のあるわが子の受け入れが進んだ。

事例Gは、生後6カ月時に専門機関で発達障害があると説明され、センターへ通園を始めた年の5歳の誕生日に正確な病名の診断がついた。それまでは発達障害があるという説明だけであったので、親は「自分が頑張れば子どもは伸びてくるのではないか」と期待をもっていた。その反面、「どこまで子どもに手をかけたらよいのか限界がわからない」など不安ももっていた。しかし、「診断を受けたことにより、頭で理解していたことと心が一致し、ホッとした」とも話していた。

事例Hでは、父親が障害を受容していなかったため、身体障害者手帳の申請ができなかった。しかし、乗用車購入の際に、身体障害者手帳があることが有利であることを夫婦で話し合い申請ができた。それでも子どもの障害を認めたくないという父親の思いは、障害の説明を受けた後も続いていた。母親は「夫婦であっても、個人の考えは違う」と受けとめることができた。

事例Iは、「センターにおける親同士の交流を通して、病名がそれぞれ違っていても悩みをうちあけることができて楽になった」と話しており、こうした交流が大きな援助となっていた。

事例Jは、乳幼児健康診査で「自閉傾向がある」と説明されショックを受けたが、夫が相談にのってくれるようになり気持ちが楽になったとも話して

いた。家族の危機的状況を乗り切るには、配偶者の存在が大きいことを示した事例であった。

事例Kでは、母親は1歳頃から「おかしい」と思いつつも、健康診査や専門機関の医師に障害名を告げられてショックであった。しかし、子どもがセンターに通園を開始して2年目になると、自分の身の回りのことが少しずつできるようになり、母子分離ができてきて母親も自由な時間をもてるようになって気持ちに余裕ができた。父親の障害受容過程は遅れて5歳頃であったが、そのきっかけは、センターの保護者会や学習会に参加し始めたからであった。

事例Lでは、父親は障害を説明されてもショックはなく、「何か1つ得意なことを伸ばしてあげたいと思った」と話していた。母親は「説明を受けたときはどうしたらよいかわからなかったが、センターへの通園を始めてから、接し方を教えてもらい子育ての見通しがついてきた。Lがセンターに通うことを楽しみにしてくれたことで障害を少しずつ受け入れられた」と話してくれた。父親の意識、子どもの変化や成長が母親の障害受容に大きく影響していると考えられた事例であった。

事例Mは、障害の説明を受けたときはショックが大きかったが、通園を開始してクラス担任の励ましの言葉や具体的な子どもへの接し方を知ることにより、落ち着いて育児ができるようになった。しかし、夫とは子どものしつけに対する考えが異なり困惑している事例であった。

(3) 小学校の担任教師との連携について

小学校の担任との関係については、8事例とも小学校入学前後に子どもの障害や親の心配と希望などについて話し合っており、面接時の1学期では特別に困っていることはなかった。

入学前に担任予定の教師と話し合いができたのは2事例であった。とくに事例Kでは、小学校の担任予定教師がセンターに来所して、親およびセンターの担任と話し合いを行っており、学校生活を円滑に送っていた。

他の6事例では、入学後に個人面談や授業参観、連絡ノートなどで子どもの情報交換をしたり、親の困っていることを相談できていた。事例Mでは教師が親の質問や相談に夜に電話で応じていた。

5　考　察

　障害受容について、ドローターらは、子どもの先天異常を知ったときの親の反応を、衝撃、否認、悲哀と怒り、適応、そして再起の段階で説明している（段階説）[1]。この反応は多くの障害にも通じると考えられ、発達障害児の親の適応過程として引用されることが多い。

　一方、障害のある子どもをもった親では、衝撃の後に悲哀が長く続くが、これに注目して親の心情を理解しようとする学説（慢性的悲哀説）がある。すなわち、オルシャンスキー（Olshansky,S.）は、「精神遅滞（知的発達障害）の子どもの親の慢性的悲哀について、これは正常な反応として認められる」と述べている[4]。また、ウィクラーらは、「常時、悲哀の状態を示しているわけではなく、悲哀は周期的な現象であるようにみえる」ということを実証した[2]。中田は、これらの両方の説を理解するモデルとして障害受容の螺旋モデルを提案した[3]。これによれば、障害のある子どもの親の障害受容は一度だけでなく、発達の過程で発達課題を達成しようとするたびに訪れてくると考えられる。

　筆者は、それらの障害受容の危機的状況をライフサイクルとの関連でとらえ、「障害のある子どもと親の危機的時期・状況」の10段階（表1）を仮定し、それぞれの危機的時期や状況を予測して子どもと親に対する支援を行っていくことが重要であると考えてきた。

　障害のある子どもにとって、親の障害受容がなぜ重要なのであろうか。障害をもつ人が成人であれば自分自身で障害を受容し自己実現をしていくが、子どもであれば親の養護のもとで、すなわち親子関係のなかで自己実現をしていく。障害のある子どもにとって、親が安定し、生き生きと子育てをしてくれることがwell beingになるのであるから、親が障害受容を子どものライフサイクルに応じて行えることが子どもにとっても重要なのである。

　さらに、家族危機について、岡堂哲雄は、「家族危機は、どの家族にも必然的な発達的危機と偶発的な状況的危機に大別できる。これら2種類の危機が複合した場合には解決が一段と難しくなりがちである」と述べている[5]。

加えて、「家族が直面する発達的危機は、家族関係の力動的過程の各段階に見られるが、子どもが思春期・青年期になった時に生じる親子の衝突はその典型である」とも述べている。

したがって、障害のある子どもの親の障害受容に対する支援では、子どものライフサイクルと発達課題、および、親のライフサイクルと発達課題を併せて検討する必要がある。つまり、吉澤英子[6]が述べているファミリーサイクルと親と子どもがかかえる問題や課題である。

さらに、児童家庭福祉[7]の理念をもとに、親のwell beingを通して子どもの生活の保障（well being）を達成していくための支援もある。児童家庭福祉の援助対象としては、①子ども自身の成長・発達の支援、②親になるためあるいは一人の社会人としての生活の支援、③親子関係の支援、④これらが存在する家庭および地域社会（育む環境）の育成の4つがある。

吉澤は「ウェルビーイングの考え方を具現化していくためには、児童期の生活の創造が重要課題になるのである。要するに、家庭という場での家族間の『関係過程』のあり方を見直していくことに大きな意味があるといえる」と述べている[6]。

岩間伸之は、「障害をもつ子どもの家庭福祉サービスには、援助の4つのベクトルがある」と述べている[8]。この4つのベクトルは、①行政改革という国全体の大きな改革の動き、②制定後50年の児童福祉法が現在の児童福祉問題に合致しなくなった、③社会福祉がもつノーマライゼーションの理念的流れ、④障害のある子どもがたどる固有のライフコースとファミリーサイクルの固有性に要約することができる。

1）センターの外来に初めて来所した乳幼児の事例とのかかわりを通して

障害の種類によっては障害の状態がわかりにくく、親が障害を受け入れがたいことを示した（事例D）。中田は、「自閉症や精神遅滞（知的発達障害）の一部は外見には異常が認められず発達の経過から障害が理解される場合が多い。（中略）一般的には親は発達に関する知識が少ないため、親にとって状態像を客観的に理解し障害を認めることは容易でない」と述べている[3]。

障害の説明の過程や説明を受けた後に、家族はさまざまな問題をかかえて

生活する。親自身が混乱してしまうことも多く（事例A）、「自分の人生計画が狂ってしまった」などという親の「思い」が子どもの障害を受け入れがたくしている場合がある。この事例では、療育の専門機関と専門職が連携して子どもの療育の方向性を提案したり、母親の「思い」に対処していくことが有効であった。まさに親のwell beingが子どものwell beingにつながっていると考えることができる。

　障害の説明を受けたときには子どもの生活に目を向けることができ始めたと思われても（事例C）、数か月後には落ち込んでしまうこともある。「これを機会に仕事をやめ母親業に専念しようと思っている」というように、子どもの問題が親自身の問題に波及していく。

　親は発達の遅れを認めながらも障害の診断を受け入れるのがむずかしい状況に陥ることもある（事例B）。受診のための交通費などに困り身体障害者手帳のための診断を受けたいが、そうすることにより子どもに障害があるのだと認めなくてはならないことに複雑な心境を訴えていた。医療や福祉サービスなどについて詳しく説明し、夫婦でよく話し合うことや両親そろって医師の説明を受けることを助言し支援していくことが重要であった。

　障害のある子であれば、母親は常に育児不安や育児の困難を感じており、自信をもてず、障害の受容にとって悲しみや不安が増加すると考えられた（事例D）。「私が未熟だから子育てがうまくいかないと思う。専門の人に助けてほしい」と涙ぐむ場面があり、育児支援の必要性は大きいと考えられた。

　事例Eでは、母親は「保育所で生活するほうが幸せだ」と考え仕事を始めていた。子どもと離れる時間があることは親子にとっては重要である。育児に対する助言を受けながら、親自身も自己実現へ向けて余裕をもって生活できる可能性が広がるからである。

　このように、障害のある子どもの親は、障害の受容過程でさまざまな問題をかかえていた。そのため、親の障害の受容過程では、子どもと家族のライフサイクルの状況によって、保健福祉の専門職による支援の必要性が多くの場面で生じてくる。多機関・多職種の連携による支援を行うためには、これらを調整する機能が有効でなければならない。この調整機能については、一つひとつの事例ごとに調整の経験を分析しながら確立していくことが大切で

ある。たとえば、事例Aでは保健所の担当保健師との連携を密にとりながら、親子関係だけでなく親子関係を取り巻く家庭（姑との関係）にも目を向けて支援をしていくことが必要であった。事例Cでは集団生活の場の選択にあたって、福祉事務所、地域の保育所や幼稚園などとの連携を図り、さらに、地域の機能訓練会やセンターの外来グループを紹介したことが有効であった。

2) 4月から小学校1年に就学した子どもの親とのかかわりを通して

　小学校に入学した時点での観察によると、親がわが子の障害を受けとめてきた過程には紆余曲折があった。

　生後1カ月という早期に障害の診断と説明を受けていても、疑問などを医師に質問をしたり相談ができないでいると、一人で悩む状態となり障害の受容が進まない（事例F）。

　また、発達障害の原因診断が不確定のままであると、混乱した状態に長期間にわたって陥ったままになる（事例G）。発達障害があるという大きな概念での説明を受けていたが、「自分が頑張れば子どもは伸びるのではないか」との期待と「なぜ自分の子が……」という思いで苦しみ、わが子の「障害を受けとめる」ことができないでいたと推察された。無理にわが子の障害を認めようと、自責の念にかられていたとも考えられる。診断名が確定したことにより、「ホッとした」と語ったが、できるだけ早く診断して説明をし、その後の育児に関してアドバイスすることの重要性を示唆していた。

　高松鶴吉は、「(障害児を)早くから(発達の)限界と捨てる冷たさに同意できず、療育の世界が生まれ、それなりに成果を得ています(中略)『あきらめる』ことで子どもに新たな成長の展望が生まれることがある」と述べている[9]。ここでの「あきらめる」とは「障害を受けとめる」ことだと考える。

　父親の障害受容ができていない（事例H）場合には、身体障害者手帳などの申請ができず、福祉からの支援が十分に提供できない状態が継続し、夫婦の障害受容への困難が増す。しかし、生活上での有利（乗用車の購入の必要性など）を含めて、夫婦間で話し合いを続けることで手帳の申請ができた。母親は、「夫婦であっても、個人の考えは違う」と受けとめ、落ち着いて子どもを受け入れていると推察された。

病名が違っても、親同士の交流のなかで悩みを打ち明けていくことにより障害の受容が促される（事例I）。このことは、親達の手記[10-14]の内容と同じである。小薗江陸子は、同じ疾患の子どもをもつ家族に紹介されて会い、「『大丈夫、とても楽しいわよ』と言われ、メソメソ、モヤモヤしていた心に明るい光がさし込んできたのを覚えています」と述べている[14]。
　家族の危機的状況を乗り切るには、配偶者の存在が大きい。夫に相談ができ夫に支えられているという心強さは、子どもを受け入れていくうえで重要なことであり（事例J）、一生を通しての絆である。
　子どもの通園療育が始まり、子どもへの接し方を教わり、また子どもも少しずつ身の回りのことができるようになると、母子分離も進んで母親も自由な時間をもつことができるようになり、気持ちに余裕が生じて子どもを受け入れやすくなる。通園療育や子どもの発達が支えとなる（事例K・M）。
　また、母親が障害を受容するよりも、父親の障害受容の過程が遅れやすい傾向がある。母親は日々直接に育児にかかわっており、「自分の子どもだから」などの受けとめがあるためと考えられる。親達の手記などでも母親が書く場合が多く、内容も一致している部分がある。
　一方、父親の受容が早いと母親の受容も促進される場合がある（事例L）。高木博子は、「『障害』の受容とは、あきらめでも居直りでもなく、『障害』に対する価値観の転換であり、（中略）積極的な生活態度に転ずることである」と述べている[15]。父親に、障害に対する予備的な知識と冷静な理解があると、早くに子どもの障害を受けとめうるのであろう。しかし、子どものしつけに対する考えなどが夫と異なったりすると母親は困惑する。このことは、障害の受容を困難にし、遅滞させる要因となりやすい。
　小学校に入学するにあたっては、小学校の担任予定教師と療育の担当者との連絡など、学校と療育機関の連携が重要である。佐鹿博信は、「就学前の療育機関で行なわれていた障害評価やプログラムが学校教育へ引き継がれるならば、障害児と親が就学時に混乱することが少なくなり、学校生活における特別なニーズに対応するうえでも、個別教育プログラムを作成するうえでも非常に有利になります（中略）（療育機関の）支援を受けて、学校は個別の支援ニーズに応えることができる」と述べている[16]。

3）障害のあるわが子を受容する過程で保健・福祉・教育に求められている支援と連携の実際および課題

　障害のある子どもの親が、幼児期に子どもの集団生活の場を選択するうえで困っている場合は、選択に必要な情報を提供し、親自身が判断できるようにすることも必要である。さらに、親との信頼関係を保ちながら必要時には

● 図1　子どものライフサイクルと家族のライフサイクルにおける危機と親の障害受容の過程

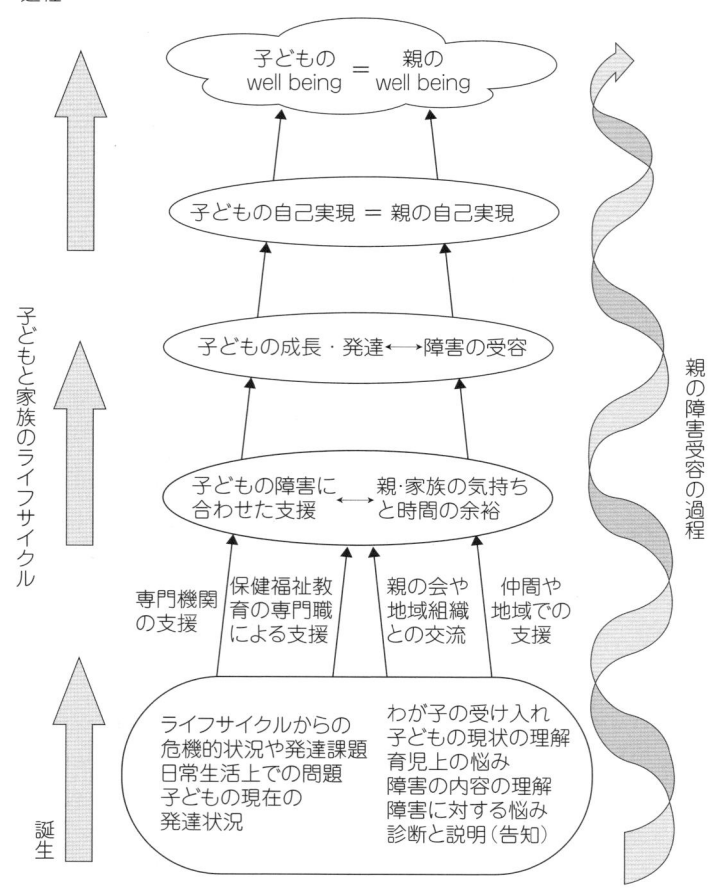

対応できるように、見守りの支援[17]も必要である。子どもと家族のライフサイクルにおける発達課題により、親の危機的状況は幾度となく訪れるので、その度ごとに支援の内容と必要性を評価してかかわる必要がある。

多くの事例では、学童前期までの間に、わが子の障害を受容する過程で、否定（落胆）と肯定（適応）の気持ちの両面をもっていた。中田[3]が、「親の内面には障害を肯定する気持ちと障害を否定する気持ちの両方の感情が常に存在する」と述べたことと一致した。このことを療育と保健福祉の専門職は常に認識し、障害のある子どもと親のライフサイクルにおける必然的な発達的危機と偶発的な状況的危機を予測することが大切である。図1に示したように、危機を通して親と子どもの人生をより豊かなものにすることができるように、自己実現とwell beingへ向けたサービスの目標を設定し、具体的な支援を提供することが重要である。

乳幼児や学童期の子どもが、家庭、保育所、幼稚園や学校という居住地域で生活を続けていくためには、居住地域内において直接的で継続的なサービスや支援を提供する施設や機能（地域訓練会、子ども家庭支援センター、A市の地域活動ホームなど）が必要である。これら身近な場での支援は、児童相談所などによる広域的な支援と統合され継続していなければならない。地域療育センター（障害児通園施設）は、乳幼児期から学童期を通して、障害のある子どもと親たちのwell beingを実現していくための専門的支援の中核として大きな役割を担っており、身近な場での支援と広域的な支援のための専門機関との連携や協働を積極的に行っていくことが大切である。

6 まとめ

筆者は、障害のある子どもの親の障害受容の危機的状況がライフサイクルのなかで10段階程度あると推察しているが、小学校入学の時期までの受容過程が実践のなかから裏づけされた。そのなかで障害のあるわが子を受容していく過程で、危機的状況を生じる要因として、以下を実践のなかから導き出すことができた。

（1）子どもの要因

①子どもの現在の発達状況、②子どもの日常生活上での問題、③子どものライフサイクルからの危機的状況や発達課題、④ノーマライゼーション、⑤子どもの各ライフステージでの支援とクォリティ・オブ・ライフ

（2）親の要因

①専門機関を受診するまでの過程と親の主訴や期待、②疾病・障害の診断と説明の状況、③親のライフサイクルからの危機的状況や発達課題、④障害の否定（落胆）と肯定（適応）、⑤親の育児観・人生観

（3）家族・社会の一員としての要因

①家族のなかでの子どもの状況（出生順位・きょうだい関係）、②家族のなかでの親の位置や状況（家族関係）、③親の社会的役割・責任、④地域社会での家族の相談相手・支援状況

これらの要因がいくつか複合したり、長期間にわたって解決されないまま潜在化していくと、ファミリーサイクルに応じて訪れる発達的危機に合わせて偶発的な状況的危機が生じやすくなると考えられた。

さらに、障害受容への保健福祉の専門職による支援では、子どもと親の発達課題に沿った危機的状況を早めに察知し、新たな発達課題が出てきたときに、その都度支援することが必要であった。また、その支援にあたっては、保健福祉の専門職間の協働と連携、専門機関間の連携が重要であるということを、事例への支援のなかから導き出すことができた。

それらの支援にとって大切なことは、以下の事柄であった。

①わが子の障害について親が説明を受けるときには、障害の内容や程度にかかわらず、専門職は親自身の育児不安や人生への不満などを知ったうえで対応する。

②説明やアドバイスに先立って、障害児通園施設に初めて来所するまでの経過と、子どもと親の発達状況やファミリーサイクルを把握する。

③ファミリーサイクルでの危機的状況を把握し、親の不安などに迅速に対応し、解決のための方向性を親自身が判断し選択できるように助言する。

④診断がつくことは、障害の見通しを含めて障害について学習を始める機会になり、障害を受け入れる契機になる。

⑤子どもが成長発達することによって子どもを受け入れやすくなり、子どもの言動の意味や理由がわかっていくことは受容していくきっかけになる。
⑥障害児通園施設では、子どもへのかかわり方の具体的な方法を相談でき、親同士の悩みなどを話し合う場となる。学習会や保護者会などを通して、父親が子どもの現状を知り、障害を受けとめる機会を提供している。
⑦親の障害受容を支援するうえでは、職種間で協働し、他機関（保健所、福祉事務所、保育所、幼稚園など）との連携と協力（協働）が有効である。

おわりに

　本論文をまとめるにあたって、平山宗宏先生から大きな視点のご指導を受けることができた。

　「働いているので少しずつまとめていきましょう」ということで、論文指導は毎週定期的に行っていただいた。これは私自身の苦しみであったが、大きな励みになった。また、文献検索が遅れていると、「この本は僕も読もうと思って買ってみたのでどうぞ！」とさりげなく声をかけてくださった。平山先生は最新の資料の宝庫でもあった。とくに厚生労働省や文部科学省などの資料はすばやく手に入った。

　私の最大の課題であった「子どものライフサイクルと家族のライフサイクルにおける危機と親の障害受容の過程」の概念は、平山先生による真剣な助言を得て、シェーマとして表すことができた。新卒の看護師として、障害のある子どもと家族に出会い、以来約30年にわたって私が思い描いていた内容を具現化できた。平山先生には研究指導のみならず、「教育とは」という原点も教えていただいた。今後の教育・研究活動に生かしていきたい。

　本論文は、大正大学大学院文学研究科修士課程（社会福祉学専攻）平成12年度修士論文の要約である。

謝辞：インテーク時の同席や面接に快く応じてくださった親の皆様、そして、子どもたちに心よりお礼を申し上げます。北村由紀子元センター長はじめ看護師や職員の皆様に感謝いたします。最後になりましたが暖かくご指導をいただいた平山宗宏教授に深謝いたします。

文　献

1) Drotar,D., Baskieriwicz,A., Irvin,N., et al. : The adaptation of parents to the birth of an infant with a congenital malformation ; A hypothetical model. Pediatrics 56(5):710-717, 1975.
2) Wikler,L., Wasow,M., Hatfield,E. : Chronic sorrow revisited ; Parent vs professional depiction of the adjustment of parents of mentally retarded children. American Journal of Orthopsychiatry 51(1):63-69, 1981.
3) 中田洋二郎：親の障害の認識と受容に関する考察―受容の段階説と慢性的悲哀．早稲田心理学年報 27:83-92, 1995.
4) Olshansky,S. : Chronic sorrow ; A response to having a mentally defective child. Social Casework 43:190-193, 1962.
5) 岡堂哲雄：家族関係の発達過程．岡堂哲雄編，講座家族心理学6　家族心理学の理論と実際，金子書房，1988, pp.30-51.
6) 吉澤英子：児童福祉と少子高齢社会．吉澤英子・小舘静江編，保育講座　児童福祉（新版），ミネルヴァ書房，1998, pp.3-4.
7) 山縣文治：子ども家庭福祉サービスの考え方．柏女霊峰・山縣文治編著，新しい子ども家庭福祉，ミネルヴァ書房，1998, pp.19-20.
8) 岩間伸之：障害系の子ども家庭福祉サービス．柏女霊峰・山縣文治編著，新しい子ども家庭福祉，ミネルヴァ書房，1998, p175.
9) 高松鶴吉：自立へ向かう療育．ぶどう社，1994, p13.
10) 発達協会編：わたしの子育て日記―障害を持つ子の親29人の記録．大揚社，1996.
11) 野辺明子・加部一彦，他編：障害をもつ子を産むということ―19人の体験．中央法規出版，1999.
12) 児玉真美：私は私らしい障害児の親でいい．ぶどう社，1999.
13) 西脇美代子：あんたがいたから―障害児の親とともに歩んで．かもがわ出版，1998.
14) 小薗江陸子：泣いていても変わらない．発達協会編，わたしの子育て日記―障害を持つ子の親29人の記録．大揚社，1996, p.62.
15) 高木博子：母親の「障害」受容過程について．三重大学教育学部特殊教育特別専攻科研究論文集 11, 1987, pp.31-33.
16) 佐鹿博信：学齢期の障害児への支援―療育と教育の連携．日本リハビリテーション連携科学学会編，リハビリテーションにおける連携とケアマネジメント，リハビリテーション連携科学 1(1):31-37, 2000.
17) 安梅勅江：保健福祉専門職とその専門性．高山忠雄編著，保健福祉学，川島書店，1998, pp.171-172.

第5部

記念誌特別インタビュー

遙かなる頂を求めて

―私たちの歩んだ途

小松源助、吉澤英子、平山宗宏 全仕事

第5部 記念誌特別インタビュー

遥かなる頂を求めて──私たちの歩んだ途

小松　源助
吉沢　英子
平山　宗宏

1　生い立ちなど、それぞれの出発

戦争が示してくれたこと

司会（野田）　それでは3先生のインタビューを始めさせていただきます。まずはレディファーストで吉澤先生からお願いします。先生の生い立ちというか、そもそも福祉に入っていかれる前段というのはどのようなものだったのでしょう。

吉澤　少女時代は戦争の末期でした。福祉の仕事をしたのは戦争と大いに関係がありますね。戦争後の子どもたちへの悲惨な思いがそうさせたのです。

司会　それはまたどういう……。

吉澤　戦争で、私が長女ですから、小さい妹たちと一緒に親代わりのような気持ちで疎開先の福島で過ごし、そこから帰ってきたときに上野駅やらその近辺で、栄養失調でお腹の膨らんだ、すすだらけの浮浪児の多くと出会ったわけですよ。そういう状況をみて何とかしなければというのが少女時代の印象で、そのときの強い思いなどもあって社会福祉の道を選んだわけです。

司会　たとえば病める者とか障害をもった者、あるいは弱者というか、そういうものに対する特別な思いがあったわけですか。

司会：野田　文隆　のだ　ふみたか　大正大学人間学部人間福祉学科教授

吉澤　いや、弱者とか障害とかということではなくて、私は「子ども」の存在に大変興味をもちました。

司会　そもそものご興味を保育とか児童教育といったものに結びつけずに「福祉」と結びつけたのは……。

吉澤　私はどちらかといえば、そういう学校の先生のような立場ではなくて、生活を共にするということを大事にしたかった。だから、児童指導員というかたちで施設に住み込んだりしたわけです。それができるのが「福祉」という領域でしたから。

司会　で、日本女子大をとくに選んで進まれたわけは？

吉澤　わけといっても、実際それしかなかったんです。男女席を同じうすべからずの時代でしたから。

司会　なるほど、わかりました。
　それでは次に平山先生、先生はご幼少の頃はどういうご少年だったのでしょう。

教師体験が下敷きとなって

平山　今と同じように気の弱い、まじめな子どもでした（笑）。私は高校は浦和でしたが、親父が医者だったので何となく医者になるつもりで、戦時中は、当時理乙といっていたコースへ進み、高校2年のときに終戦を迎えました。その後、大学受験を迎えるわけですが、不勉強がたたって大学がなかなか入れてくれないものですから（笑）、浦和のそばの、当時まだ農村部だったところで中学の先生をしておりましたね。

司会　それはおいくつぐらいのときですか、10代ですか。

平山　まだ18、9の頃ですね。とにかく人がいなかった。それで中学校の教師をしてみたら、「中学生というのはまだ小さくてかわいいな」という感じをもちまして、そんなことがきっかけで医者になってから小児科を選んだということはあります。

司会　先生はその後、東京大学の医学部へ行かれるわけですが、最初から小児科をやろうと思われたわけですか。

平山　そうですね。あまり血を見るのが好きなほうではなかったから、内科

系ということで小児科を選んだということです。

出会い、機会に後押しされて

司会　小松先生はお生まれはどちらですか。

小松　長野県です。

司会　信州人ということで、やはり子どもの頃から勉強とかがお好きだった……。

小松　いや、それはどうですかね。ただ、病気はよくしました。田舎ですから、大事にならずによくなりましたけれどもね。その後、中学4年のときに海軍経理学校に合格して入っております。

司会　陸の長野の人がどうしてまた海軍へ……？（笑）。

小松　軍の学校ですと授業料が免除なんです。お金をくれるぐらいですから、それは助かりますよ。みんな兵隊に行けといわれていましたけれども、私は目が悪くて行けなかった。でも入学して1年後に終戦でした。東京へ働きに行こうかと思ったら、上官に、「君、将来があるのだから勉強しなさい」といわれましてね。その助言に従って旧制の松本高校へ編入学したわけです。

司会　で、そのまま今度は大学で福祉をやられるわけですか。

小松　いえ、松本高校卒業後、軽井沢中学の校長が私のことを知って、ぜひ教員として来てくれといわれましてね、軽井沢中学の教員になったんです。あの当時はなれたわけです。

司会　その経験が後年、福祉へと向かわせたと。

小松　ええ。私のいた中学は、農家の出身者とハイクラス出身の子どもがごっちゃになっていまして、それで教え方などどうしたらいいのか、いろいろ先輩に教えを乞うわけです。その先輩のなかに清原健司という先生がおりましてね。その先生はあとで、長野県の中央児童相談所の職員から早稲田大学の教授までなさった方ですけれども、その先生からいろいろアドバイスをもらったわけです。その先生の影響でいろいろ学んだことがきっかけになったと思いますね。

司会　そのあとですね、日本社会事業専門学校へ行かれたのは？

小松　ええ、そうです。「東京の日本社会事業専門学校に1年間の研究科がある。そこへ行って勉強したらどうか」と勧めてくれた人がいましてね、それで思い切って受けたのです。研究科1年でいろいろ勉強しました。ちょうどその頃でしょうか、市川にできた国立の精神衛生研究所で募集がありまして、ある先生に、いい機会だから受けてみてはどうかと勧められて受けたわけです。そうしたら通ってしまって（笑）。……昭和27年のことです。

司会　国立精神衛生研究所にはどういう職種として入られたわけですか。

小松　ソーシャルワーカーです。当初から、精神研は医師とサイコロジストとソーシャルワーカーのチームでなければいけないということでした。そこで1年ぐらい仕事をしているうちに、今度は熊本から話がありましてね。熊本に短期大学ができたのだけれども、教員のなり手がない、何とか来てくれないかという要請があったわけです。私も独身でしたし、「誰も行かないのなら行ってやろう」という気持ちになりまして、そこで社会福祉を教えることになった。

2　研究と実践、それぞれの足跡

地域に出て、地域のなかで

司会　吉澤先生にお聞きしますが、先生が社会福祉を選ばれて、これをやっていこうと思われたときの勉強のやり方とかスタイル、あるいはそのために動機づけが強固になったというようなことは何かございますか。

吉澤　私は最初、シュバィツァーに憧れて医者になろうと思ったのです。無医村で子どもの診療をしようと思ったわけですが、それを家から強く反対されまして、それで社会福祉学科を選んだわけです。

司会　でも、基本的には子どものことが根底にある。

吉澤　そうです。私は当時、若気の至りかもしれませんが、福祉の研究領域として実践と並行しなければだめだと思っていましたから、大学時代はいろいろな活動をしました。東京の下町へもよく行きましたし、水天宮では水上生活者の生活も経験しました。親はずっと船に乗っているわけですけれども、子どもはいっとき陸で勉強する、そういう子どもたちに対する水

上生活学校での学習指導、家庭教師、いわゆるボランティア活動ですね。水天宮には芸者置屋もありましたから、その置屋の子どもたちを集めて、学習指導やレクリエーション活動などをしていました。

司会 要するにフィールドに出ていたわけですね。

吉澤 そうです。そういうなかで実際にどうまとめるかということを自分なりに考えていたわけです。あまり理論家ではありませんけれどもね。

司会 そんなにフィールドに出ていた先生が、結局、学究の道を行こうと思われたのはどうしてですか。実際に活動にのめり込んでしまうようなことはなかったのでしょうか。

吉澤 放っておいたらのめり込んでいたかもしれませんね。大学を出る頃には、すでに内定をとっていたある施設へ行こうと思っていたのですが、学科長や恩師からすすめられたこともあって、活動を通して学究的にものをまとめていくことにより大きな意義を見出したということです。

司会 それで大学では助手として残った。

吉澤 そうです。

司会 先生がそうしていろいろなフィールドに出て実践された、その考え方というものを根底で支えていたものは何ですか。

吉澤 支えていたものと一口にはいえませんが、とにかく子どもたちが好きで常に子どもたちと共にあること、子どもたちの生活のレベルアップの必要性を実感していたことでしょうかね。

司会 でも当時は、先生のように福祉のフィールドに直に出ている人というのは随分と少なかったわけでしょう？ 現今のような福祉ブームもありませんし……。

吉澤 そうですね。ある意味、全く時代が違いますし、「社会」とつくだけで「アカ」と他からいわれるような時代でしたから。

司会 なるほど……。ところで、先生は先ほど「地域へ出て、地域のなかで」ということをおっしゃったと思いますけれども、そういう先生の独自の勉強の仕方といいますか、ご自分なりにポリシーとしていたものがありましたら教えてください。

吉澤 ポリシーといっていいのかどうかわかりませんが、いろいろなことを

考えるきっかけになったのは良寛とシュバイツァーの生き方ですね。ご承知のようにシュバイツァーは、「人類への直接奉仕」という理念のもとに医学を修め、すべてを現場のなかから発想して自らの哲学を築き上げた人です。その『文化哲学』という書物のなかで、生きとし生けるものを畏れ敬う、「生への畏敬」の倫理について論じていますが、ああいう展開ができないだろうかと考えたわけです。また、良寛の「そこのけ　そこのけ　お馬が通る」といった句のなかにも生き物に対する畏敬の念が脈打っていますが、これも現場というか、現実のなかから導き出された考え方が根底に潜んでおり、哲学ですよね。

司会　ポリシーというより、生き方の師として良寛とシュバイツァーがいたと。

吉澤　ええ、生き方としてですね。ですから、こういう生き方としての研究というものがいかにして可能となるのか、あるいはこれをどう人に伝えたらいいのかというのが常にありましたね。

司会　なるほど、よくわかりました。

ところで平山先生は、大学へ行かれて「小児保健学」というか、後々「保健」と呼ばれる領域に興味をもたれたのは学生時代からですか。

研究は仲間とともに

平山　私が小児科に入った頃というのは、まだ「保健」という概念はなかった。で、当時の私は、たまたま小児科の教室にあった研究グループの1つ、ウイルスのグループからお呼びがかかりウイルス研究に入ったわけです。当時はとにかく臨床の勉強をする一方で、研究室の仕事ばかりしていました。

司会　当時の教授というのはどなたですか。

平山　小児科の教授は高津忠夫という、小児科臨床では大変な実績のある方で、弟子たちには好きな研究を自由にやらせてくださった先生です。ウイルスのほうは甲野礼作先生といって、当時国立公衆衛生院におられたのですが、後に京都大学ウイルス研究所の教授になられた方です。この甲野先生にくっついて1年ほど京都に行っていたこともあります。ですから、当

時の私の恩師は2人いたことになります。

　こんなわけで、たまたまウイルス研究に携わった私は、当時子どもの間で非常にこわい病気として恐れられていたポリオをやり始めた。そこへ、奇しくも昭和35年、ポリオの大流行が起こるわけです。このとき、高津教授を臨床側のまとめ役として、生ワクチンの導入を巡るパイロットスタディや全国調査が実施され、まだ30そこそこの若僧だった私も高津先生のもとで懸命に下働きをしました。

司会　ただ、研究というのも一種の競争ですから、今とは多少違うにしても、やはり早く自分のオリジナリティを出さなければといったプレッシャーはありませんでしたか。

平山　私たちがやっていたのは疫学とか臨床に近い仕事ですから、オリジナリティを人に取られるかどうかといった、いわゆるノーベル賞にかかわりそうな研究の仕方はしたことがないのです。疫学的な仕事というのは、むしろ他の大学の仲間と組んでやることが多く、東京大学以外の、同時期ぐらいの年代の友人があちこちにいて、いまだによく付き合っていますね。

司会　何か、ものごと全体を大づかみにみるような視点がお好きだということですか。

平山　そうですね。それとやはり、どこかで何か病気が流行していると聞けば、とにかく行ってみなければわからないからすぐ飛んでいく、ある種の現場主義でしょうかね。

現場へ行ってやってこい

司会　小松先生は中学の教員から180度転換して日本社会事業大学へ行かれ、そこで本格的に福祉の勉強をなさったわけですよね。

小松　ええ、研究科は1年間だけでしたけれども、その生活は充実しておりましたね。1年間はきちんとやるということで、種々調査をしたり、勉強会なども積極的にやっておりました。私はそこで実際に農村調査もやったわけですけれども、こうした実践を通して、さっきも話に出たフィールドというものを大事に、つまりは現実をふまえて取り組むという基礎的な態度が身についたように思います。ですから私は熊本へ行っても、よく学生

を引き連れていろいろな調査をやっておりました。

司会　そうした研究の方法を、その後自分なりに色づけするというか、開拓していったということですね。

小松　ええ。私の場合、まず何はさておき家庭訪問を実施して事情を聴取し、それらを丹念に集めて全体的にまとめていくというやり方ですね。ですから量的研究というよりも、質的なものも含めた調査研究の方法ですね。

司会　その当時、何かとくに苦労されたことはございますか。

小松　苦労といえば、何といっても水俣病の調査でしょうね。それに熊本には例のらい問題が多かったですから、それに巻き込まれていろいろな運動、活動もしました。そんなこんなでもう少しケースワーカーとして実践経験を積まなければと考え、教職を捨ててケースワーカーとして大阪に出たわけです。

司会　大阪のどちらへ行かれたのですか。

小松　精神衛生相談所です。

司会　そうしますと、大学の助教授の先生が一人のワーカーとして衛生相談所に勤められたと。

小松　そうです。

司会　そんなケースは他にないのではありませんか。

小松　あまりないと思いますね。

吉澤　私も大学助教授の栄光を振り切ってなどと変り種物語として福祉新聞に書かれましたよ。

司会　先生はどちらへ？

吉澤　児童養護施設です。昭和32、3年頃ですね。

司会　小松、吉澤先生ともに、1回ずつそういう現場実践を積んで、もう1回大学に戻られたという感じですね。

小松　そういうことになりますね。その点、今の教員には多少物足りないものを感じます。正直、「現場に行ってやってこい」と一言いいたくなることが少なくありませんね。いわゆる現場の飯を食った経験というのがないでしょう、それではやはりだめなんですよ。

3 保健と福祉、それぞれの到達点

感性を磨くこと

司会　ところで、吉澤先生が敢えて学究生活と実践者、社会人としての生活の両方をやられた理由というのは何なんでしょう。

吉澤　一つには、先ほどもいいましたように大学に残って専任講師、助教授にはなったものの、机上の学問だけではどうもという気持ちがムラムラと起きて、周りの反対を押し切って一時学校を去ったわけです。そうして入ったのが愛隣会の若葉寮という、駒場にある児童養護施設です。

司会　ソーシャルワーカーとしてですか。

吉澤　ええ、児童指導員としてです。実質的にはソーシャルワーカーですね。で、そこへ行きました当初というのは、中学や高校の子どもたちが新入りの私をみて、いろいろと試してくるわけです。蛇をもってきたり、毛虫をくっつけたりしてね。しかしこうしたことを繰り返しているうちに、子どもたちもだんだん私のことを認めてくれようになりました。

司会　そのときは本当に、いわゆる学究生活をやめると決めて行かれたわけですか。

吉澤　いや、そうではなくて、少し現場体験というものを積んだうえで、それを一度きちんとまとめておきたいと思ったわけです。その成果を、後に拙いながらも「養護原理」関連の何冊かの本にまとめました。しかし、その2年弱の児童養護施設での無理がたたり、遂に病気療養を余儀なくされたわけです。

司会　燃え尽きてしまったわけですね。

吉澤　まあ、そういうことですね。結核を患ってちょうど1年ほど入院しました。そのときはこの世をはかなんで死のうとさえ思ったのですが、何とかもちこたえて元気になりました。

司会　それからまた大学に戻られたわけですか。

吉澤　いや、横須賀の基督教社会館というところでしばらく働いたあと、3〜4年経った昭和37、8年頃に専任のかたちで日本女子大に戻ったわけで

す。そしてその5、6年後、ちょうど学科長をやっておりましたときに学園紛争に遭遇しまして……。

司会　昭和43年頃ですね。

吉澤　そうです。……日本女子大では社会福祉学科でとくに紛争が激化しておりまして、授業がなくなるわ、教授会ではやっつけられるは、学生からは吊るし上げをくうというように大変な思いをした日々でした。それでも何とか卒業生を出さなければというので、ある時期、宣言をして授業を再開し、3月31日まで授業を取り戻すために闘って、それでやめたわけです。教授会でも「もう大学人にはならん」などと啖呵を切りましてね。

司会　それでどこへ行かれたのですか。

吉澤　基本的にはブラブラしていたわけですけれども、その一方では、地域のいろいろな活動に参加するなどしてボランティアの振興に走り回っていました。そしたら、「老後だって考えなさいよ」と周りからさんざんいわれ、最終的に関東学院大学へ行くことになったわけです。

司会　お話のように、実践と大学とやってこられていろいろあったわけですけれども、そのなかで先生がつくり上げてきたスタイルというか、学問と実践をやるときに貫かれているものというのは何だとお考えですか。

吉澤　それはむしろ私のほうからお聞きしたいくらいですが、やはり前にも申しましたように「実践のなかから理論を生み出す」ということ、これに尽きると思います。

司会　ただ、今の若い人たちをみておりますと、そういう明確な方法論をもたないというか、ただ闇雲にやっていてもと思うことが少なくないのですけれども。

吉澤　大変おこがましい言い方になりますが、やはり実践をやりながらそこから何かを引き出せる眼と、いわゆる分析力と感性ですね。私、感性というのはとても大事だと思います。

司会　極端な言い方をしますと、適性のないやつは適性がないと。

吉澤　いや、そこまではいいませんが、ある意味では「やる気」と「自己覚知」への努力さえあればと思います。

司会　たとえば研究者としてのセンスとか、この子は伸びるなと感じられる

のはどんなときでしょう。

吉澤 やはり実際に現場に出て、その現場体験に基づいたディスカッションのなかで、こちらもなるほどと教えられるような視点やものの見方が出てきたときに、そこに一つ伸びる芽があるなと感じますね。

司会 ところで、先生がこれまでおやりになったお仕事のなかで、ご自分でいちばんいとおしく思っておられることというのは……。

吉澤 いとおしいといいますか、今でも私の印象に強く残っておりますのは、昭和40年代の半ばから50年の初めにかけてですけれども、建築関係者や造園の関係者、子どもの遊具をつくる会社の経営者、小児科の医者や教育関係者など、実にさまざまな分野の人たちと子どもの生活というものをテーマに研究会をもったことでしょうか。この人たちと一緒に海外へ（そんなに長期ではないですけれども）「子どもの生活の場」について調査に行っていたこともあります。このときの多様な分野の方々とのディスカッションの場というのが、私にとってはとても大きな学びでしたね。

司会 非常に学際的なグループですね。新しい言葉でいえば「コンソーシアム」ということになりましょうか。

吉澤 そうですね。

良きチームをつくること

司会 平山先生は、いわば日本の復興期の間ずっと、感染症のはやりすたりとその対策の歴史にかかわってこられたわけですが、その間ご自身の研究生活と臨床生活のなかで柱になっていたものは何だとお考えですか。

平山 ご承知のように感染症というのは病気になってから治すというより、いかに予防するかが基本ですから、予防医学的な考え方を柱にしてきたわけですけれども、たまたま昭和41年に、東京大学医学部に新設された保健学科（衛生看護学科から名称変更）のなかに、小児科の教授が兼務するかたちで母子保健学をスタートさせることになり、私に助教授で行けというお声がかかったわけです。こうして保健に移ることになったのですが、そうこうしているうちに感染症だけでなしに、子ども・乳児の健診システムづくりや先天異常のマススクリーニングなど、子どもをめぐる予防医学

の分野でさまざまな動きが出てきまして、以後、比較的行政に近いところで仕事を続けてきたという経緯があります。私はそれまで、福祉については貧者救済という古い考え方しか知らないこともありまして、施しの分野かなと思っていたわけですけれども、私の理解では今から20年ほど前頃から福祉の考え方もかなり大きく変わってきました。これはおそらく老人福祉、老人保健というものがクローズアップされたのがきっかけだろうと思います。老人というのは別に経済問題でも障害の問題でもなく、いってみれば誰でもなるもの、明日はわが身ですから、その福祉ということになれば、結局のところキーワードは「健康」になります。それは保健のキーワードと同じで、いわばそんな時代になってきたわけです。母子についても同じことがいえるわけで、児童福祉の最先端にある保育所が何をやるかといえば、結局いちばんの基本になるのはやはり「健康」でしょう。また、地域の母子保健の現場では、保健師の仕事の最も重要な部分が、乳幼児の健診や家庭訪問による育児支援になってきた。福祉としても同様に、各保育所は育児支援をやりなさいということになってきたわけです。つまり、保健も福祉も目指すところは同じなのだから、保健、福祉ともに仲良く一緒にやろうではなくて、完全に統合ないし融合しなければいけない時代になったのではないかと。こんなふうに感じ始めたのが保健福祉というものを意識し始めた最初ということになりますね。

司会 先生がやってこられたお仕事というのは戦後日本の復興と、感染症が駆逐されていくプロセスとぴったりマッチングしていて、非常に意味のあるお仕事をされたと思うのですが、先生ご自身、やはりそういう手応えを常々感じておられましたか。

平山 ええ、手応えはありましたね。たとえば1歳半健診というのを考える前に、まず乳児健診があり3歳児健診があるけれども、その間のどこかでもう1回健診をやってはどうかという話が出てくる。では何カ月、あるいは何歳でやるのがいいかを臨床のほうから追いかけていくと、どうも1歳半というところがいろんな面でいちばんよさそうだということになる。ならば1歳半で健診やることにしたらどうかという結論が出て、それで当時、厚生省が1歳半健診を始めましょうということになった。で、結局、い

ずれ全部の健診を市町村がやるようになるのは目にみえているから、その練習の意味で1歳半健診は市町村に委託するかたちでやりましょうということでスタートしたわけです。この辺の流れというのは、私自身が研究としてやっていたことと、行政が取り上げていく道筋とがうまく合致していましたから、あまり悩まずにやってこれたというところがあります。ですから私の場合、人様にいえるほどの苦労話というのは何もないんですよ（笑）。

司会 でも、先生のお仕事の場合、それこそいろんな学際的な人たちを集めて共同研究をやるわけですから、リーダーシップをとるとか、人をどう動かすかというところでは大変な思いをなさったのではありませんか。

平山 さっきもちょっとお話ししましたけれども、昔流の研究ではオリジナリティを大事にしますから、どうしても人に取られないようにしようという考えが先立ちますが、保健にしろ公衆衛生にしろ、やはり一人でやれることなどたかが知れているわけです。さまざまな立場の専門家が寄り集まって一緒にやらないかぎり、健診一つ満足にできないということなんです。そういう意味では、ある程度リーダーシップも必要ではありましょうが、私の場合、やはりチームでやるということを基本にやってきたということですね。ですから、これから保健・福祉的な立場で仕事をやろうという人は、多様な考え方の人をうまく束ねて一つの方向へもっていくような、そういう力を仕事のなかで十分身につけていってほしいと思いますね。

司会 では、先生ご自身、いちばん印象に残るお仕事というか、ご自分で最も誇れるお仕事というのは……。

平山 印象に残っているといえば、やはりポリオの生ワクチン導入をめぐる一連の仕事でしょうか。日本では今やポリオもなくなり、生ワクチンをやめられる時代がほどなく、おそらくは私の目の黒いうちにやってくるだろうと思うと、あの当時を知る人もほとんどいなくなりましたから、なおのこと感慨無量ですね。

司会 ところで、吉澤先生のいうシュバイツァーとか良寛にあたるような人はいらっしゃいますか。

平山 そうですね。私は恩師にも大変恵まれまして、小児科臨床では高津忠

夫先生、ウイルス学を教わった甲野礼作先生、それからアメリカに2年間ばかり勉強に行ったときのボス、ロマリンダ大学小児科のクリガン (Quilligan, J.J.) 先生、このお3人がいわゆる私の恩師ですけれども、お3人ともに非常に人柄のいい方でしたから、とても伸び伸びと仕事ができたという印象が強いですね。そういう意味では非常に恵まれていたと思います。

司会 先生ご自身、自由な学風をおもちですし、大変温厚でいらっしゃいますが、それでも敢えて、学問の姿勢としてこれだけはどうもというようなことは何かございますか。

平山 そうですね、数としてはそう多くはないけれども、みんなして共同でやった仕事なのに、あたかも自分一人でやった仕事のようにしてしまう、そういう傾向のある方というのは非常にいやですね。ま、そういう方というのはあまり長持ちしませんけどね（笑）。

視野を広め、深めること

司会 小松先生にお聞きしますが、先生は大阪の精神衛生相談所に行かれて4、5年間一人のワーカーとして実践を積まれたわけですが、大学を飛び出してそこでとくに獲得されたものというか、ご自身これはと実感されたことは何かございますか。

小松 何といっても、現場実践を通して問題意識が高められたことがいちばん大きいでしょうね。現場にはこういう問題もあり、ああいう問題もあると。私はこうした現場に直結した問題意識を継承して、これをいわば大学人の自信の源として研究を続けてきたわけです。

司会 ところで、先生のこれまでのお仕事のなかでご自身としていちばん印象深いというか、思い入れの深いお仕事というのは何でしょうか。

小松 そうですね、いろいろありますけれども、私が一貫して取り組んできたのは、いわゆる多問題家族へのアプローチですね。この辺のことは今も私の頭のなかにあって、絶えずそういう視点から事例をみていくという姿勢は変わっていませんね。

司会 多問題家族が先生のライフワークの一つだと。

小松　ええ、ライフワークの一環といっていいでしょうね。

司会　では、そういう先生の目から最近の若い研究者をご覧になって、いわゆる研究の姿勢に関するご不満なり願望なり、何かとくにお感じになっていることはございますか。

小松　私がかかわっているのは今のところ大学院生だけですが、その限りにおいて申し上げますと、みなそれなりに問題点をはっきりさせて、課題を整理し深めていくという取組みをしていますから、私は大変いい方向に進んでいるのではないかと思っています。ただ、残念ながら、語学の力が足りないから、同じような研究をすでに諸外国で行っていてもそれをきちんと受け入れて、自分の研究と結びつけ深めていくということがうまくできないでいるという印象が強い。この点がとても残念ですね。

司会　外国の文献を読んでいないということですか。

小松　文献を読む読まないというよりも、諸外国の研究を視野に置きつつ、時にこれを取り入れて自らの研究なり考え方を深めていこうという姿勢ですね。これがまだまだ弱いというか、希薄だという感じがします。一方、大学の教員もこの点をしっかり押さえて学生に対しているとはいえないのが実情ではないかと思います。

司会　なるほど、よくわかりました。……ところで、先生ご自身の人生を通じての理想モデルというかそういう人物はおもちですか。

小松　たくさんおりますよ、世界的にみた場合ね。たとえばリッチモンド（Richmond, M.）もそうですし、トール（Towle, C.）も、レイノルズ（Reynolds, B.）もそうですね。スモーレイ（Smalley, R.）という方もいます。ついでながら、ここで敢えて若い研究者たちのために一言つけ加えるなら、こういう人物の一人なり二人を選んで、技術の結果だけをかすめとるような勉強をするのではなくて、その技術なり理論なりの体系化が目指されてきた背景にはどういう生き方があり、どういう経過をたどってそれが達成されたのか、そしてそれは現在どのようなかたちで深められているのかを一度きちんとみておいてほしいということです。

司会　最後に、今後の研究のご予定は……。

小松　まずは、これまでに引き続き「ストレングズ視点」に関連した問題、

エンパワメントですね。それから最近では、スピリチュアリティの問題にも関心をもって文献を集めています。というのは、精神障害者や増える一方の老人に対応するためには従来の技術だけではどうにもなりませんから、もっとスピリチュアルなものを織り込んで考えていく必要がある。そう思って今、盛んに文献検索を始めているところです。

4 次世代研究者に贈る言葉

司会 最後に、この論集を読んでいる若い人たちのために、お一言ずつメッセージをいただければと思います。まず吉澤先生から……。

吉澤 私はまず「熱き胸と冷たき頭」という、経済学者マーシャルの言葉にプラスして、とくに「実践力」ないし「行動力」をしっかり身につけてほしいと申し上げたい。もう一つは、先ほども話に出ましたが、地域で活動していくに際しては、異質な人たちといかに統合していくか、つまり「異質の統合」ということにとくに心して活動してほしい。

司会 学際で異質を統合するというのは、いうほどにたやすくはないでしょうが。

吉澤 むずかしくても、そうする努力はしなければいけないのではないかと思いますが……。

司会 異質は必ずコンフリクトを生みますね。

吉澤 そうです。だからこそまた、そのコンフリクトを乗り越える能力が大切になってくるということでしょう。最後に、「教育は共育」だということをとくに強調しておきたいですね。

司会 平山先生、いかがでしょうか。

平山 吉澤先生が今おっしゃったことに全く同感ですね。もし一つつけ加えるとすれば、研究者ないし学者になろうと思って福祉学を勉強するのであれば、社会科学関連のものだけでなく、いわゆる自然科学的な研究の仕方ないしまとめ方というものを、考え方の枠組みの一つとして習得しておくと、将来の自分の研究にも大いに役に立ちますよと申し上げたい。

司会 小松先生からもお一言メッセージを……。

小松 一緒に集まって意見交換なりディスカッションをすることも大切ですが、日頃自分が考えていることをきちんと書き残すことも大事だと思いますね。努めてそうしないとみんな忘れてしまうことになりかねませんから、極力書き残す、表現する機会をつくって、それを文集なりに残すようにできたらと思います。とにかく表現するということですね。そういうことが日常的にできたら本当に素晴らしいと思いますね。

司会 本日は、ますます意気軒昂な先生方のお話に心底、感銘を受けました。長時間、本当にありがとうございました。

(文責：野田　文隆)

●執筆者一覧　[執筆順]

石川　到覚	大正大学人間学部人間福祉学科教授　[第1部第1章]
坂本智代枝	大正大学人間学部人間福祉学科専任講師　[第1部第2章(1)]
河野　聖夫	医療法人財団加納岩加納岩総合病院医療福祉相談課長　[第1部第2章(2)]
奥田　啓子	武蔵野大学現代社会学部・東邦大学医学部ほか非常勤講師　[第1部第2章(3)／第4部第3章]
中山　幸代	第一福祉大学人間社会福祉学部介護福祉学科教授　[第1部第3章]
佐藤　祐香	山梨県石和保健所理事長　[第1部第3章]
新保　祐元	東京成徳大学人文学部福祉心理学科教授　[第1部第3章]
君島　菜菜	社団法人エイジング総合研究センター調査研究部門研究員　[第1部第3章]
鈴木　孝子	埼玉県立大学保健医療福祉学部社会福祉学科助教授　[第1部第3章]
廣澤　昇	埼玉県朝霞保健所精神保健福祉士　[第1部第3章]
荒田　寛	国立精神・神経センター精神保健研究所社会精神保健部社会福祉研究室長　[第1部第3章]
浅沼　太郎	大正大学人間学部人間福祉学科専任講師　[第1部第4章]
西郷　泰之	大正大学人間学部人間福祉学科教授　[第2部第1章・第4章]
山本　真実	淑徳大学社会学部社会福祉学科専任講師　[第2部第2章(1)]
加藤　博仁	吉備国際大学社会福祉学部社会福祉学科助教授　[第2部第2章(2)]
金　潔	北海道浅井学園大学人間福祉学部生活福祉学科講師　[第2部第2章(3)／第4部第4章]
吉田　眞理	大正大学大学院人間学研究科博士課程　[第2部第3章]
熊澤　桂子	財団法人児童育成協会こどもの城企画研修部主任指導員　[第2部第3章]
村田　紋子	児童養護施設救世軍世光寮　[第2部第3章]
高橋　一弘	大正大学人間学部人間福祉学科専任講師　[第2部第3章]
井上　陽	横浜国際福祉専門学校児童福祉学科教員・社会福祉士　[第2部第4章]

中村　　敬	大正大学人間学部人間福祉学科教授［第3部第1章・第2章］	
川井　　尚	社会福祉法人恩賜財団母子愛育会日本子ども家庭総合研究所愛育相談所長［第3部第1章］	
小山　　修	日本子ども家庭総合研究所研究企画・情報部長［第3部第1章］	
佐鹿　孝子	昭和大学保健医療学部看護学科助教授［第3部第2章／第4部第5章］	
福田　智雄	埼玉県南児童相談所相談援助担当部長［第3部第2章］	
吉野　綾子	東大和療育センター看護師［第3部第3章］	
蛭田　由美	藍野学院短期大学看護科教授［第3部第3章］	
大川健次郎	高崎健康福祉大学健康福祉学部保健福祉学科助手［第3部第3章］	
本間　　歩	大正大学社会福祉学専攻社会福祉実習指導室実習教務職員［第3部第3章］	
萬歳芙美子	小児療育相談センター診療相談部福祉相談室精神保健福祉士［第3部第3章］	
古山　明子	東京都立北療育医療センター訓練科理学療法士［第3部第3章］	
根本　浩典	社会福祉法人恩賜財団母子愛育会日本子ども家庭総合研究所嘱託研究員［第3部第4章］	
須加　美明	武蔵野大学現代社会学部社会福祉学科助教授［第4部第1章］	
川西　恭子	社会福祉法人全国精神障害者社会復帰施設協会事務局［第4部第2章］	
野田　文隆	大正大学人間学部人間福祉学科教授［第5部］	

| **JCLS** 〈(株)日本著作出版権管理システム委託出版物〉

> 本書の複製権・翻訳権・上映権・譲渡権・公衆送信権
> (送信可能化権を含む)は株式会社へるす出版が保有します。
> 本書の無断複写は著作権法上での例外を除き禁じられています。複写される場合は,その都度事前に(株)日本著作出版権管理システム(電話 03-3817-5670, FAX 03-3815-8199)の許諾を得てください。

創ること　護ること　探ること‥福祉社会を拓く途
小松源助、吉澤英子、平山宗宏 全仕事

定価（本体価格4,400円＋税）

2004年2月14日　　第1版第1刷発行

編　集	大正大学社会福祉学会記念誌編集委員会
発行者	長谷川恒夫
発行所	株式会社 へるす出版
	〒164-0001 東京都中野区中野2-2-3
	TEL 03-3384-8035（販売）03-3384-8177（編集）
	振替 00180-7-175971
制　作	株式会社 へるす出版事業部
	ＤＴＰ　株式会社 ナポ
	印刷所　三報社印刷株式会社

落丁本、乱丁本はお取り替えいたします。　　　　　　　　　　　　［検印省略］
© 2004. Printed in Japan. ISBN4-89269-470-3